Albrecht Beutelspacher
Jörg Schwenk
Klaus-Dieter Wolfenstetter

Lang Kurt

Moderne Verfahren der Kryptographie

Albrecht Beutelspacher
Jörg Schwenk
Klaus-Dieter Wolfenstetter

Moderne Verfahren der Kryptographie

Von RSA zu Zero-Knowledge

4., verbesserte Auflage

vieweg

Die Deutsche Bibliothek – CIP-Einheitsaufnahme
Ein Titeldatensatz für diese Publikation ist bei
Der Deutschen Bibliothek erhältlich.

Prof. Dr. *Albrecht Beutelspacher*
Justus-Liebig-Universität Gießen
Mathematisches Institut, Arndtstraße 2
D-35392 Gießen
E-Mail: albrecht.beutelspacher@math.uni-giessen.de

Prof. Dr. *Jörg Schwenk*
Fachbereich Informatik
Georg-Simon-Ohm-Fachhochschule Nürnberg
Keßlerplatz 12
D-90489 Nürnberg

Klaus-Dieter Wolfenstetter
Technologiezentrum in der T-Nova/T-Systems
Am Kavalleriesand 3
D-64295 Darmstadt
E-Mail: klaus-dieter.wolfenstetter@t-systems.de

1. Auflage 1995
2., verbesserte Auflage 1998
3., verbesserte Auflage 1999
4., verbesserte Auflage Juni 2001

Der Verlag Vieweg ist ein Unternehmen der Fachverlagsgruppe BertelsmannSpringer.
www.vieweg.de
vieweg@bertelsmann.de

Gedruckt auf säurefreiem und chlorfrei gebleichtem Papier

Konzeption und Layout des Umschlags: Ulrike Weigel, www.CorporateDesignGroup.de
Druck und buchbinderische Verarbeitung: Lengericher Handelsdruckerei, Lengerich
Printed in Germany

ISBN 3-528-36590-0

Vorwort

Es gibt zwei Welten der Kryptographie.
Der *einen* Welt scheint, von außen betrachtet, ein Hauch von Abenteuer und Romantik anzuhaften. Man denkt an Sherlock Holmes und James Bond, sieht Massen von Menschen mit Codebüchern operieren und lange Buchstabenkolonnen statistisch untersuchen; es ist die Welt der ENIGMA und anderer Chiffriermaschinen, bei deren Anblick das Herz jedes Antiquitätensammlers höher schlägt. Dies ist die Welt der „klassischen" Kryptographie.
Demgegenüber ist die *andere* Welt, die der modernen Kryptographie, bestimmt durch Stichworte wie e-Commerce, Public Key-Infrastuktur, digitale Signatur oder Chipkarte. Die Menschen, die man hier trifft, sind Medienexperten, Banker, Mathematiker und Informatiker.
Dieses Buch handelt von der modernen Kryptographie.

Die Unterscheidung in zwei Welten ist nicht nur äußerlich, sondern auch entscheidend durch die innere Entwicklung der Kryptologie geprägt. Für die moderne Kryptographie sind die Jahreszahlen 1976 und 1985 wichtig.
Im Jahre 1976 veröffentlichten Whitfield Diffie und Martin Hellman das Prinzip der Public-Key-Kryptographie. Mit ihrer bahnbrechenden Arbeit (und dem zwei Jahre später veröffentlichten RSA-Algorithmus) wurde ein jahrtausendealtes „unlösbares" Problem denkbar elegant gelöst: Während in der Welt der alten Kryptologie je zwei Teilnehmer, die geheim miteinander kommunizieren wollten, schon *vorher* ein gemeinsames Geheimnis haben mußten (ihren „geheimen Schlüssel"), ist dies in der Public-Key-Kryptographie nicht mehr der Fall: Jeder, auch jemand, der mit mir noch nie Kontakt hatte, kann mir eine verschlüsselte Nachricht schicken, die nur ich entschlüsseln kann.
Das zweite wichtige Datum ist die Entdeckung der Zero-Knowledge-Protokolle durch Shafi Goldwasser, Silvio Micali und Charles Rackoff im Jahre 1985 (und die sich daran anschließende Veröffentlichung des Fiat-Shamir-Algorithmus). Diese Protokolle lösen ein noch paradoxer erscheinendes Problem: Ich kann jedermann von der Existenz eines Geheimnisses überzeugen, ohne ihm das Geringste zu verraten. Anders gesagt: Ein Zero-Knowledge-Protokoll ist eine Unterhaltung, an deren Ende mein Gegenüber davon überzeugt ist, daß ich ein Geheimnis kenne, sonst aber nichts erfahren hat; insbesondere weiß er nichts, aber auch gar nichts über das Geheimnis.
Zero-Knowledge-Verfahren benutzen Basistechniken der Public-Key-Kryptographie; zum Beispiel ist die verwendete Mathematik die gleiche. Entscheidend kommt aber jetzt der Protokollaspekt hinzu: In einem Zero-Knowledge-Protokoll müssen die Partner nicht nur etwas berechnen, sondern sie müssen sich gemäß genau festgelegter, ausge-

klügelter Regeln unterhalten. Das Ziel wird nur durch diese Kombination erreicht: Die Mechanismen der Public-Key-Kryptographie sind die Bausteine, die Protokolle sind die Bauregeln für komplexe Verfahren.
Kurz gesagt: Moderne Kryptologie ist „Public-Key, Zero-Knowledge und die Folgen“. Davon handelt dieses Buch.

Unser Ziel ist es, entscheidende Entwicklungen der letzten Jahre konzentriert und verständlich darzustellen. Im einzelnen geht es um folgende Themen:
Kapitel 1 und 2 können als schnelle Einführung in die Kryptologie betrachtet werden. Die dort vorgestellten Begriffe und Ergebnisse sind für das ganze Buch wichtig.
Im dritten Kapitel werden die grundlegenden („klassischen“) Protokolle der modernen Kryptographie dargestellt: Challenge-and-Response, Diffie-Hellman-Schlüsselvereinbarung und blinde Signaturen.
Kapitel 4 ist zentral, denn dort werden nicht nur die berühmten Zero-Knowledge-Protokolle vorgestellt, sondern auch die darauf aufbauenden Entwicklungen der letzten Jahre, wie etwa Witness-Hiding und nichtinteraktive Zero-Knowledge-Protokolle, präsentiert.
Im fünften Kapitel geht es um Verfahren, wie zwei oder mehr Parteien etwas gemeinsam berechnen können, und zwar so, daß dabei niemand betrügen kann. Zum Beispiel wird das Problem, mit verschlüsselten Daten zu rechnen, gelöst. Besonders spektakulär ist die Frage, ob es bei elektronischer Kommunikation auch möglich ist, Skat zu spielen, das bedeutet die Karten so zu verteilen, daß sich anschließend niemand beschweren kann.
Das sechste Kapitel behandelt Fragen der Anonymität. Kann man über Computer anonym kommunizieren oder ist der Computer notwendigerweise der „Big Brother“, der alles beobachtet?
Schließlich werden in Kapitel 7 noch einige wichtige Fragen studiert, nämlich Schlüsselmanagement und „oblivious transfer“. Nicht zuletzt findet sich hier auch eine Einführung in das faszinierende Gebiet der Quantenkryptographie.
Im letzten Kapitel wird die benötigte Mathematik zusammengestellt und Bezeichnungsweisen festgelegt; in diesem Kapitel können Sie auch eventuell unklare mathematische Begriffe nachlesen.

Wie ist das Buch geschrieben?
Obwohl wir versuchen, den wissenschaftlichen Fortschritt der letzten Jahre vorzustellen, ist das Buch leicht und weitgehend ohne spezielle Voraussetzungen lesbar. Dazu dienen vor allem drei Mittel.

- Zunächst werden alle benötigten Ergebnisse über Mathematik und Kryptologie innerhalb des Buches bereitgestellt.
- Des weiteren haben wir einen modularen Aufbau gewählt. Das bedeutet, daß die einzelnen Kapitel weitgehend unabhängig voneinander gelesen werden können. Es ist sogar möglich, einzelne Abschnitte herauszugreifen. Dadurch können Sie sich schnell über ein bestimmtes Stichwort informieren.

- Schließlich haben wir die Themen auf verschiedenen Ebenen dargestellt, die jeweils mit Gewinn gelesen werden können. Jedes Thema wird zunächst möglichst anschaulich erklärt. Dazu gehört in der Regel ein nichtmathematisches Beispiel und häufig ein Bild. Die zweite Ebene ist die mathematisch präzise Darstellung, wobei wir auch hierbei keinem übertrieben Formalismus frönen. Insbesondere formulieren wir die Ergebnisse nicht auf der sprachlichen Ebene der Turingmaschinen. Schließlich erfolgt in vielen Fällen eine Analyse, die Stärken und Schwächen des behandelten Protokolls aufzeigt.

Für wen ist dieses Buch?

Aus der obigen Beschreibung wird deutlich, daß sich das Buch für eine große Leserschaft mit unterschiedlichen Ansprüchen, Zielen und Voraussetzungen eignet.

- Auf dem Weg in die Informationsgesellschaft sind vielfältige Sicherheitsprobleme zu lösen. In diesem Buch finden Techniker, Manager, Anwender und andere technisch und organisatorisch Verantwortliche aufbereitete Informationen über die wichtigsten Entwicklungen der letzten zehn Jahre.
- Für Studierende der Mathematik, Informatik und Elektrotechnik ist das Buch eine ideale Ergänzung zum Standardlehrstoff; es zeigt deutlich, daß zur Lösung praktischer Probleme Mathematik und theoretische Informatik mit Erfolg eingesetzt werden können.
- Schließlich wendet sich das Buch an all diejenigen, die sich über eine der faszinierendsten Entwicklungen der Mathematik und Informatik der letzten Jahre kundig machen wollen.

Einige Bemerkungen zum Text.

Sie werden relativ häufig englische Ausdrücke finden: Zero-Knowledge, oblivious transfer, challenge and response, ... Das liegt einfach daran, daß sich diese Ausdrücke eingebürgert haben, so daß sich jeder Versuch einer Übersetzung lächerlich anhört. Wir bitten alle Sprachpuristen um Nachsicht.

Um Nachsicht bitten wir auch in einer anderen Sache. Man kann sich stundenlang und erbittert streiten über mögliche Unterschiede der Begriffe „Kryptographie“ und „Kryptologie“ sowie „Authentikation“, „Authentifikation“, „Authentisierung“ usw. Wir machen diesen Streit nicht mit. In diesem Buch verwenden wir die Kr-Begriffe und die Au-Begriffe synonym. Dies wird nicht zu sachlichen Schwierigkeiten führen.

Protokolle sind geregelte Unterhaltungen zwischen Personen oder Instanzen. In vielen Fällen geht es um zwei Parteien, die sich manchmal vor einer gefährlichen dritten Partei schützen wollen. In der englischsprachigen Literatur werden die zwei oft mit Alice und Bob bezeichnet; dabei ist Alice diejenige, die etwas sendet und Bob ist der Empfänger. Auch bei uns treten diese Personen auf. Manchmal heißen sie nur A und B; aber auch dann ist A weiblich und B männlich. Die böse dritte Partei ist meist männlich, manchmal aber auch (Gnade!) weiblich.

Dieses Buch wäre ohne die tatkräftige Unterstützung zahlreicher Kolleginnen und Kollegen nicht, oder jedenfalls nicht so, zustande gekommen. Wir danken ganz besonders Klaus-Cl. Becker, Jörg Eisfeld, Klaus Huber, Annette Kersten, Ute Rosenbaum, Frank Schaefer-Lorinser, Alfred Scheerhorn, Beate Schwenk und Friedrich Tönsing für ihre aufmunternden, bösartigen, charmanten, detaillierten, emotionalen, fehlenden, globalen, hämischen, indiskutablen, jammervollen, kryptischen, langweiligen, mathematischen, nichtssagenden, offenen, positiven, quälenden, ratlosen, soliden, treffenden, unsachlichen, vernichtenden, witzigen und zynischen Bemerkungen.

Inhaltsverzeichnis

1 Ziele der Kryptographie

Wie jede Wissenschaft geht auch die Kryptographie von Grundproblemen aus und hat das Ziel, diese zu lösen. Dieses Kapitel ist eine Einführung in diese Probleme. Für weitergehende Information verweisen wir auf die Literatur (siehe etwa [Beu94] und die dort angegebenen Bücher).

Um dieses Ziel zu erreichen, wurden in den letzten Jahren immer raffiniertere Methoden entwickelt, die man kryptographische Protokolle nennt. Was unter dieser Bezeichnung zu verstehen ist, werden wir im letzten Abschnitt erläutern.

1.1 Geheimhaltung

Wie kann ich mit jemandem vertraulich kommunizieren, also so, daß kein Unbeteiligter Kenntnis von der übermittelten Nachricht erhält?

Dies ist ein Problem, das auch im täglichen Leben hin und wieder auftritt. Die Situationen reichen von heimlichem Liebesgeflüster zur Vereinbarung des nächsten Rendezvous über die Verschickung der EC-Geheimzahl im verschlossenen Umschlag bis hin zu abhörsicheren Telefongesprächen.

Man kann das Problem der Übermittlung und Speicherung geheimer Nachrichten prinzipiell auf drei verschiedene Weisen lösen.

- *Organisatorische Maßnahmen:* Dazu gehört ein einsamer Waldspaziergang zum Zwecke der heimlichen Verlobung ebenso wie die Übermittlung einer Nachricht durch einen vertrauenswürdigen Boten oder die Einstufung vertraulicher Dokumente als „Verschlußsache".
- *Physikalische Maßnahmen:* Man kann eine Nachricht in einem Tresor verstecken oder sie in einem versiegelten Brief übermitteln. Eine andere Methode ist, die Existenz der Nachricht selbst zu verheimlichen, indem man Geheimtinte benutzt.
- *Kryptographische Maßnahmen:* Dabei entstellt man die Nachricht so, daß sie für jeden Außenstehenden völlig unsinnig erscheint, der berechtigte Empfänger diese aber leicht „entschlüsseln" kann. Zu diesem Zweck braucht der Empfänger etwas, was ihn vor allen anderen auszeichnet. Diese geheime Zusatzinformation des Empfängers bezeichnet man als „Schlüssel".

Kryptographische Verfahren werden hinsichtlich des Verschlüsselungsvorgangs unterschieden. Man kann sie so organisieren, daß auch der Sender den geheimen Schlüssel des Empfängers braucht; dann schützen sich Sender und Empfänger durch ihr gemeinsames Geheimnis gegen die Außenwelt. Der Empfänger kann unter Verwendung dieses Geheimnisses auch senden, der Sender auch empfangen. Diese Verfahren nennt man **symmetrisch**, da die Rollen von Sender und Empfänger symmetrisch sind. Es gibt aber auch Verfahren, bei denen der geheime Schlüssel exklusiv beim Empfänger verbleibt, und der Sender nur mit Hilfe öffentlich zugänglicher Daten verschlüsselt. Solche Verfahren heißen **asymmetrische** Verfahren oder **Public-Key-Verfahren**.

1.2 Authentikation

Wie kann ich mich gegenüber einem anderen zweifelsfrei ausweisen? Wie kann ich sicher sein, daß eine Nachricht wirklich von dem angegebenen Sender stammt?
Im täglichen Leben sind Antworten auf diese Fragen meist so offensichtlich, daß sie uns kaum bewußt werden: Ich werde zum Beispiel an meinem Aussehen oder meiner Stimme erkannt und den Brief meiner Freundin erkenne ich an ihrer Handschrift.
Diese alltäglichen Mechanismen funktionieren in der Regel nicht mehr, wenn wir mit elektronischen Medien kommunizieren.
Die Methoden zur Lösung dieser Probleme fallen unter den Begriff **Authentikation** („authentisch" bedeutet „echt"). Man unterscheidet **Teilnehmerauthentikation** („peer entity authentication"), deren Ziel es ist, die Identität einer Person oder Instanz nachzuweisen, und **Nachrichtenauthentikation** („message authentication"), bei der es sowohl darum geht, den Ursprung einer Nachricht zweifelsfrei zu belegen als auch Veränderungen der Nachricht zu erkennen.

Teilnehmerauthentikation

Ein typisches Beispiel für die Teilnehmerauthentikation ist der Nachweis meiner Identität einem Rechner gegenüber, etwa einem Geldausgabeautomaten. Jeder solche Automat muß sich überzeugen, daß wirklich derjenige vor ihm steht, dem die Karte gehört, die er eben gelesen hat. Dieses Beispiel zeigt auch, wie ich den Beweis meiner Identität erbringen kann, nämlich durch Eingabe meiner Geheimzahl.
Allgemein gilt offenbar: Ich weise meine Identität dadurch nach, daß ich nachweise, etwas zu haben, was kein anderer hat.
Wir unterscheiden drei verschiedene Arten von „Objekten", die nur mir eigen sind. Zunächst kann es sich um eine mich eindeutig kennzeichnende biologische Eigenschaft handeln: Einen Fingerabdruck, meine Stimme oder meine Unterschrift. Zweitens könnte ich meine Identität nachweisen, indem ich nachweise, etwas Einzigartiges zu haben, etwa meinen Personalausweis. Schließlich kann ich versuchen, meine Identität durch Wissen nachzuweisen; dabei muß es sich aber um Wissen handeln, das grundsätzlich anderen nicht zur Verfügung steht. Wir sagen dazu auch „Geheimnis".
In der Kryptographie beschäftigen wir uns vor allem mit dem Nachweis der Identität durch geheimes Wissen. Das heißt: Ich stelle meine Identität dadurch unter Beweis, daß ich nachweise, eine bestimmtes Geheimnis zu besitzen. Je nach Zusammenhang wählt man verschiedene Namen für dieses Geheimnis, zum Beispiel „Geheimzahl", „PIN" (Persönliche Identifizierungsnummer) oder „kryptographischer Schlüssel".

Das „einzige" Problem, welches man klären muß ist die Frage, *wie* ich einen anderen davon überzeugen kann, daß ich ein bestimmtes Geheimnis besitze. Man kann hierzu prinzipiell zwei Unterscheidungen treffen. Zum einen könnte man unterscheiden, ob ich mein Geheimnis dem Gegenüber direkt (ungeschützt) übermittle, oder ob das Geheimnis selbst nicht übertragen wird, sondern nur indirekt erschlossen wird. Die zweite Dimension der Unterscheidung besteht darin zu fragen, ob mein Gegenüber zur Verifikation mein Geheimnis braucht oder ob er dafür mit allgemein zugänglichen öffentlichen Daten auskommt.

Nachrichtenauthentikation

Die Authentizität eines Dokuments wird im täglichen Leben u.a. auf folgende Weisen gewährleistet.

- *Unterschriften:* Durch eine Unterschrift, ein Siegel oder einen Dienststempel wird der Aussteller des Dokuments identifiziert, also die Herkunft eines Dokuments festgehalten.
- *Echtheitsmerkmale:* Ein weiteres wichtiges Beispiel sind die Echtheitsmerkmale in Geldscheinen (Silberfaden, Wasserzeichen, Kippeffekt usw.) In diese Rubrik fällt auch der fälschungssichere Personalausweis: Durch das Einschweißen in Plastik wird das Dokument unmanipulierbar.

Wenn man diese Beispiele vom höheren Standpunkt aus betrachtet, erkennt man: Der Ersteller der Erklärung besitzt eine Information oder eine Fähigkeit, die für ihn charakteristisch ist. Er verknüpft diese Information mit dem Dokument bzw. nutzt seine Fähigkeit, es zu gestalten, und erhält so ein authentisches Dokument. Anders ausgedrückt: Der Ersteller besitzt ein „Geheimnis", mit dessen Hilfe er das Dokument authentisch macht.
Wie bei der Teilnehmerauthentikation unterscheiden sich die einzelnen Authentikationsverfahren danach, ob man zur Überprüfung das Geheimnis benötigt oder nicht. Wenn zur Verifikation kein Geheimnis benötigt wird, spricht man von einem **Signaturverfahren**.

1.3 Anonymität

Kann ich, auch wenn ich elektronisch kommuniziere, meine Privatsphäre schützen? Genauer gefragt: *Kann ich mit jemandem kommunizieren, vielleicht ein Geschäft abwic??keln, ohne daß anschließend jemand weiß, daß ich daran beteiligt war?*
In vielen Situationen soll nicht nur der Inhalt einer Nachricht geheim bleiben, sondern auch der Sender, der Empfänger oder sogar die Tatsache, daß diese beiden kommunizieren:

- Das Bezahlen mit Bargeld ist ein anonymer Geschäftsvorgang. An den Münzen, mit denen ich bezahlt habe, kann niemand meine Identität erkennen.

- Anrufe bei karitativen Organisationen (Telefonseelsorge, Anonyme Alkoholiker, ...) müssen so erfolgen, daß der Anrufer jedenfalls diesen Organisationen gegenüber anonym bleiben kann. Eine entsprechende Garantie wünschen sich viele auch bei den anonymen Newsgroups in elektronischen Netzen.
- Bei Chiffreanzeigen in Zeitungen bleibt der Name desjenigen, der die Annonce aufgegeben hat, unbekannt.

Bei elektronischer Kommunikation ist es schwierig, die Forderungen nach Anonymität und Verläßlichkeit in Einklang zu bringen. Die üblichen Verfahren zum elektronischen Bezahlen (electronic cash) sind nach dem Modell des Schecks entwickelt und gewähren keinerlei Anonymität. Auf den ersten Blick scheint es so zu sein, daß der Händler den Namen des Kunden kennen muß, um den elektronischen Zahlungsvorgang vollständig abwickeln zu können.

Wir werden aber sehen, daß auch in elektronischen Netzen Anonymität auf sehr hohem Niveau möglich ist.

1.4 Protokolle

Wenn mehrere Personen oder Instanzen gemeinsam ein Ziel verfolgen, müssen sie kooperieren und zu diesem Zweck sinnvoll kommunizieren. Um ein Ziel durch Kommunikation zu erreichen, müssen sich die Personen an gewisse Regeln halten; solche Regeln können sie sich selbst geben oder von außen übernehmen. Die Gesamtheit dieser Regeln nennt man ein **Protokoll**.

Im alltäglichen Sprachgebrauch kennen wir das Wort „Protokoll“ aus der Politik („diplomatisches Protokoll“). Tatsächlich stellt zum Beispiel die Geschäftsordnung des Deutschen Bundestags ein Protokoll dar; denn dort sind die Verfahren festgelegt, welche die Mitglieder des Bundestags einhalten müssen, um die Ziele (etwa die Verabschiedung des Haushaltsgesetzes) zu erreichen.

Ein anderes Beispiel für ein Protokoll sind die Regeln, nach denen ein Kunde sich an einem Geldausgabeautomaten Geld holen kann: Nach Einführen der Karte wird der Kunde aufgefordert, seine Geheimzahl einzugeben. Danach wählt er den Betrag aus und erhält dann das Geld.

Warum spielen kryptographische Protokolle in den letzten Jahren eine so herausragende Rolle? Dies hat verschiedene Gründe:

- Die Public-Key-Kryptographie wurde ursprünglich dazu erfunden, die Hauptprobleme der klassischen Kryptographie, nämlich Schlüsselaustausch und elektronische Unterschrift, zu lösen (vgl. hierzu [Dif92]). Es zeigte sich jedoch bald, daß diese neue Methode ein wesentlich größeres Potential in sich birgt; die Grundmechanismen der Public-Key-Kryptographie dienen als Bausteine für komplexe Protokolle. Noch allgemeiner: Durch die Public-Key-Kryptographie wurde die Anwendungsmöglichkeit weiter Teile der Mathematik entdeckt; prominentestes Beispiel hierfür ist die

Zahlentheorie. Dies hat die Phantasie der Wissenschaftler stimuliert, die dort die richtigen Bausteine für ihre Protokolle fanden.
Kurz: Die Wissenschaftler haben Protokolle studiert und erarbeitet, weil sie endlich das Grundmaterial dafür zur Verfügung hatten.

- In den letzten Jahren erleben wir eine verstärkte Nachfrage nach höherwertigen Sicherheitsdienstleistungen. Man möchte nicht nur Basisdienste, wie etwa Verschlüsselung und Authentikation, sondern auch komplexe Anwendungen realisieren. Dazu gehören die elektronische Geldbörse, elektronische Verträge, abhörsichere Mobilfunksysteme usw.
  Um solche Dienstleistungen zu realisieren, braucht man hochwertige kryptographische Protokolle.
  Der zweite Grund für die intensive Beschäftigung mit Protokollen besteht also darin, daß Sicherheitsdienstleistungen nachgefragt wurden, die nur mit komplexen Protokollen zu realisieren sind.
- Dadurch, daß heute kryptographische Dienste nicht nur auf kleine geschlossene Benutzergruppen beschränkt sind, sondern auf große und offene Systeme, wie etwa das Internet, angewandt werden, wird auch bei traditionellen Anwendungen der Protokollaspekt deutlich. Eine Mindestanforderung an solche Systeme ist ein ausgefeiltes Schlüsselmanagement, das über entsprechende Protokolle realisiert werden muß.

2 Kryptologische Grundlagen

In diesem Kapitel werden grundlegende kryptologische Mechanismen dargestellt. Diese wurden zunächst dafür entwickelt, die in Kapitel 1 dargestellten Ziele zu verwirklichen. Für uns sind diese Mechanismen vor allem deswegen wichtig, weil sie als Grundbausteine komplexer Protokolle Verwendung finden.

2.1 Verschlüsselung

Der älteste Zweig der Kryptographie beschäftigt sich mit der Geheimhaltung von Nachrichten durch Verschlüsselung. Das Ziel ist dabei, die Nachricht so zu verändern, daß nur der berechtigte Empfänger, aber kein Angreifer diese lesen kann. Damit dies möglich ist, muß der Empfänger dem Angreifer eine Information voraushaben. Diese geheime Information wird **Schlüssel** genannt; mit Hilfe des Schlüssels kann der Empfänger den empfangenen Geheimtext **entschlüsseln**.
In der klassischen Kryptologie wird dies so realisiert, daß auch der Sender diesen geheimen Schlüssel besitzt, und sich Sender und Empfänger mit Hilfe ihres geheimen Schlüssels gegen die Außenwelt schützen. Man nennt solche Verfahren auch **symmetrische** Verschlüsselungsverfahren (siehe Bild 2.1).

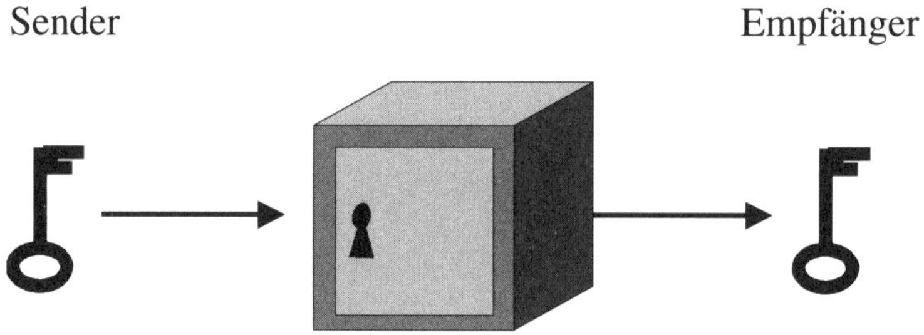

Bild 2.1: Symmetrische Verschlüsselung.
Verschlüsselung schützt die Nachricht vor dem Gelesenwerden. Man kann sich vorstellen, daß der Sender die Nachricht in einen „Tresor“ legt und diesen mit Hilfe seines „Schlüssels“ abschließt. Dann schickt er Tresor samt Inhalt an den Empfänger. Nur dieser hat einen Zweitschlüssel, um den Tresor zu öffnen und die Nachricht zu lesen.
In der Kryptographie werden die Nachrichten allerdings nicht durch physikalische Maßnahmen geschützt, sondern durch wesentlich elegantere, sicherere und kostengünstigere mathematische Methoden.

Genauer gesagt: Ein symmetrischer Verschlüsselungsalgorithmus besteht aus einer Funktion f mit zwei Eingabewerten, dem **Schlüssel** k und dem **Klartext** m, und einer Ausgabe, dem **Geheimtext** c, der sich aus k und m ergibt.

Eine Verschlüsselungsfunktion f muß **umkehrbar** sein, d. h. es muß eine Funktion f^* geben, welche die Wirkung von f rückgängig macht. Das heißt, daß f^* unter dem gleichen Schlüssel k aus dem Geheimtext c wieder den Klartext m rekonstruiert.
Der Sender verschlüsselt eine Nachricht m, indem er

$$c = f(k, m)$$

berechnet, wobei k der gemeinsame geheime Schlüssel von Sender und Empfänger ist. Alternativ dazu schreiben wir auch $c := f_k(m)$. Der Empfänger kann, mit Hilfe desselben Schlüssels k den Geheimtext entschlüsseln, indem er

$$f^*(k, c) = m$$

berechnet. Dieser Vorgang ist schematisch in Bild 2.2 dargestellt.

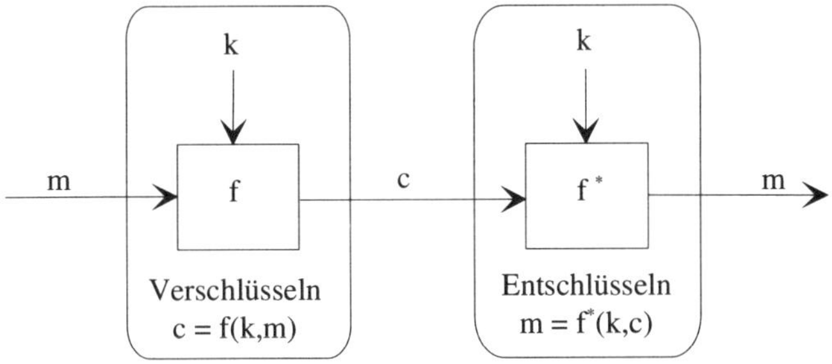

Bild 2.2: Funktionsschema der symmetrischen Verschlüsselung
Verschlüsselung und Entschlüsselung müssen in einer sicheren Umgebung stattfinden. Dies ist im Bild durch die Kästen dargestellt.

Man muß grundsätzlich davon ausgehen, daß sowohl Ver- als auch Entschlüsselungsfunktion bekannt sind (**Kerckhoffssches Prinzip**). Es gibt zwar auch geheime Verfahren, doch jeder praktisch eingesetzte Algorithmus geht bei der Entwicklung, Spezifikation, Normung, Programmierung, Evaluierung und Implementierung durch so viele Hände, daß es großer Sicherheitsvorkehrungen bedarf, um ihn geheimzuhalten.
Eine Verschlüsselungsfunktion f ist **sicher**, wenn sie die folgenden Angriffe übersteht:

- **Ciphertext-only attack**: Der Angreifer kennt eine begrenzte Anzahl von Geheimtexten und möchte daraus die zugehörigen Klartexte bzw. den verwendeten Schlüssel berechnen.
- **Known-plaintext attack**: Der Angreifer kennt eine begrenzte Anzahl von Geheimtexten mit den zugehörigen Klartexten und möchte daraus den verwendeten Schlüssel bzw. den Klartext zu einem weiteren Chiffretext berechnen.
- **Chosen-plaintext attack**: Der Angreifer hat sich Zugang zu der mit dem Schlüssel k parametrisierten Verschlüsselungsfunktion f verschafft. Er kann den Schlüssel k zwar nicht auslesen, aber bestimmte von ihm ausgewählte Klartexte (z.B. spezielle Klartexte wie „100000000“) mit Hilfe von f_k verschlüsseln. Mit Hilfe dieser Information möchte er andere Geheimtexte entschlüsseln bzw. den Schlüssel k berech-

nen. (Dieser Angriff erscheint zunächst etwas akademisch, er stellt aber bei der im nächsten Kapitel eingeführten Public-Key Kryptographie eine echte Bedrohung dar.)

- **Chosen-ciphertext attack**: Der Angreifer hat sich Zugang zu der mit dem Schlüssel k parametrisierten Entschlüsselungsfunktion f^* verschafft. Er kann den Schlüssel k zwar nicht auslesen, aber bestimmte von ihm ausgewählte Geheimtexte mit Hilfe von f_k^* entschlüsseln. Mit Hilfe dieser Information versucht er, den Schlüssel k zu berechnen.

Die Algorithmen zur symmetrischen Verschlüsselung von Daten unterteilt man in **Blockchiffren** und **Stromchiffren**.

Bei einer **Blockchiffre** wird die Nachricht in Blöcke $m_1, m_2, m_3, \ldots$ fester Länge eingeteilt (eine typische Zahl ist 64 Bit), und jeder Block m_i wird unter Verwendung des Schlüssels einzeln verschlüsselt:

$$c_i = f(k, m_i) \quad \text{für} \quad i = 1, 2, 3, \ldots$$

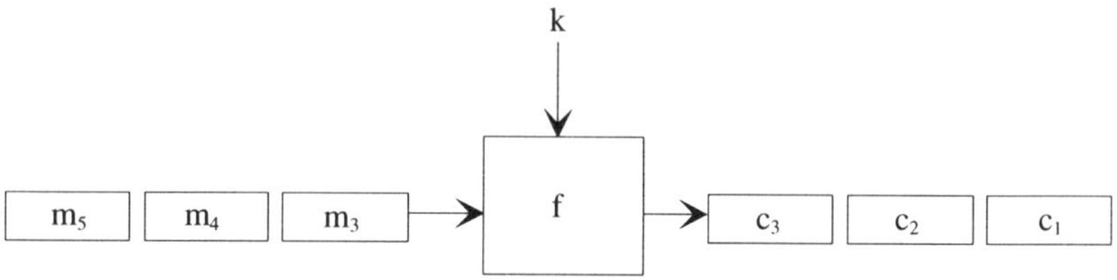

Bild 2.3: Blockchiffre

Beispiele für Blockchiffren sind der **DES** (Data Encryption Standard) und der IDEA (International Data Encryption Algorithm). Beides sind Algorithmen mit einer Blocklänge von 64 Bit; beim DES werden Schlüssel mit 56 Bit benutzt, während ein IDEA-Schlüssel aus 128 Bit besteht.

Der DES wurde 1977 veröffentlicht und hat sich als sehr zuverlässig erwiesen; er ist der im kommerziellen Bereich am häufigsten eingesetzte Algorithmus. Allerdings ist seine Schlüssellänge von nur 56 Bit der heute verfügbaren Rechenleistung nicht mehr gewachsen: Am 19. Januar 1999 wurde ein DES-Schlüssel mit einer known-plaintext attack durch vollständige Suche in nur 22 Stunden und 15 Minuten berechnet [EFF99].

Der Nachfolger des DES ist der **AES** (Advanced Encryption Standard), der nach langen und intensiven Studien am 2. 10. 2000 veröffentlicht wurde. Es handelt sich um eine von J. Daemen und V. Rijmen entwickelte Blockchiffre, die Blocklängen von 128, 192 und 256 Bit und Schlüssellängen von 128, 192, 256 Bit zulässt. Intern werden die Daten als Folge von Bytes behandelt, die in einer vierzeiligen Matrix angeordnet sind. Neben der Addition entsprechender Rundenschlüssel besteht die Verschlüsselungsoperation aus einer Byte-Substitution, einer zyklischen Verschiebung der Zeilen der Matrix und einer Transformation der Spalten der Matrix; diese Operationen werden in jeder Runde wiederholt. Bei der ersten und dritten Operation wird in wesentlicher Weise die Tatsa-

che benützt, dass man ein Byte auch als Element des Körpers $GF(2^8)$ auffassen kann (siehe [Mey76]). Für weitere Details siehe [NIST00].
Blockchiffren können in verschiedenen Modi betrieben werden, die z.B. in [Bih93] beschrieben werden.Weitere Informationen über diese und andere Blockchiffren findet man in dem schönen Buch von Fumy und Ries [FR94].

Bei einer **Stromchiffre** wird eine Nachricht zeichenweise verschlüsselt. Hierzu wird ein Schlüsselstrom erzeugt, der die gleiche Länge hat wie der Klartext, so daß jeweils ein Klartextzeichen mit einem Schlüsselzeichen zu einem Chiffretextzeichen verknüpft werden können. Während also bei einer Blockchiffre (jedenfalls im Grundmodus) gleiche Klartextblöcke in gleiche Geheimtextblöcke überführt werden, so wird (und sollte) eine Stromchiffre gleiche Klartextzeichen nicht in gleiche Geheimtextzeichen verschlüsseln.
Der Prototyp aller Stromchiffren ist das **One-time-pad**. Dazu muß die Nachricht als Folge von Bits vorliegen. Der Schlüssel ist ebenfalls eine Folge von Bits, die (im Gegensatz zu den Bits der Nachricht) zufällig und unabhängig voneinander gewählt wurden. Die Verschlüsselung ist denkbar einfach: Entsprechende Bits des Klartextes und des Schlüssels werden modulo 2 addiert, das heißt nach den Regeln

$$0 \oplus 0 = 0,\ \ 0 \oplus 1 = 1 \oplus 0 = 1 \ \text{ und } \ 1 \oplus 1 = 0$$

verknüpft.

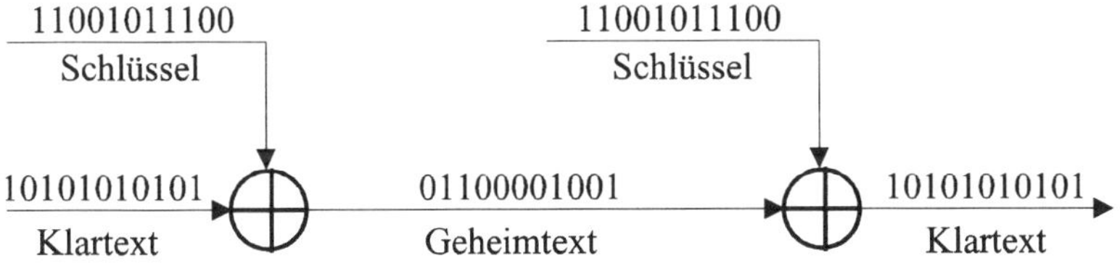

Bild 2.4: One-time-pad

In diesem Fall verläuft die Entschlüsselung genauso wie die Verschlüsselung, es ist also $f^* = f$: Zur Geheimtextfolge wird die Schlüsselfolge modulo 2 addiert, und man erhält wieder den Klartext.
Wenn der Schlüssel nur einmal verwendet wird, ist dies ein absolut sicheres („perfektes“) Verfahren, dessen Sicherheit sogar theoretisch bewiesen werden kann. Allerdings hat es den Nachteil, daß der Schlüssel genauso lang sein muß wie der Klartext [Sha49]. Wird derselbe Schlüssel mehrmals verwendet, so kann das System mit einem Known-Plaintext-Angriff gebrochen werden.
Bemerkung: Unter einem One-time-pad kann man sich einen Abreißblock vorstellen. Auf jedem Blatt steht ein Schlüsselbit; wenn dieses verwendet wurde, wird das Blatt abgerissen und weggeworfen.

In der Praxis benutzt man in der Regel keine perfekten Stromchiffren, sondern setzt zur Erzeugung der Schlüsselfolge einen Pseudozufallsgenerator ein (siehe 8.6). Der Vorteil ist dabei, daß nur eine kurze geheime Information zur Initialisierung des Pseudozufallsgenerators benötigt wird; wie bei den Blockchiffren muß also nur eine kurze geheime Information vom Sender zum Empfänger übertragen werden.

Man kann die Herausforderung, die in der Konstruktion praktischer symmetrischer Verschlüsselungsalgorithmen liegt, wie folgt ausdrücken: Man konstruiere ein Verfahren, mit dem man die vertrauliche Übertragung beliebig vieler, beliebig langer Nachrichten auf die einmalige geheime Übermittlung eines kurzen Datensatzes (nämlich des Schlüssels) zurückführen kann.

2.2 Asymmetrische Verschlüsselung

Wir haben uns im vorigen Abschnitt klargemacht, daß zumindest der Empfänger einer verschlüsselten Nachricht einen geheimen Schlüssel braucht. Jahrtausendelang ging man davon aus, daß auch der Sender einen geheimen Schlüssel, und zwar den gleichen wie der Empfänger, benötigt. Die Geburtsstunde der **asymmetrischen Kryptographie** (oder **Public-Key-Kryptographie**) schlug, als die Frage, ob dies so sein müsse, ernsthaft gestellt wurde. Die sich daran anschließenden Überlegungen führten W. Diffie und M. Hellman 1976 zum Konzept des asymmetrischen Verschlüsselungsverfahrens [DH76].

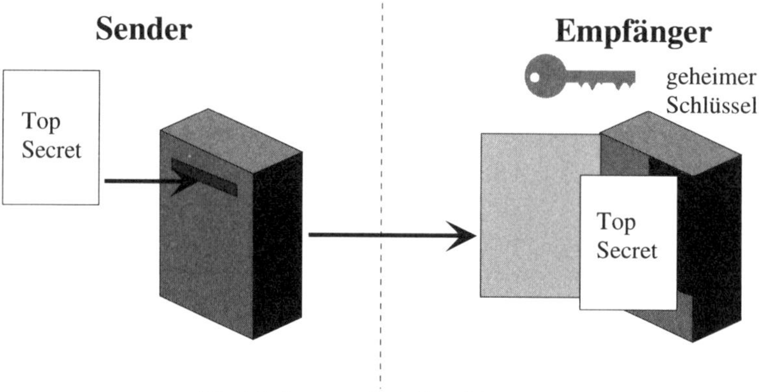

Bild 2.5: Asymmetrische Verschlüsselung

In einem asymmetrischen Verschlüsselungsschema kann jeder einem Empfänger eine verschlüsselte Nachricht schicken – ohne irgendeine Geheiminformation zu besitzen. Aber nur der Empfänger kann die Verschlüsselung rückgängig machen.

Man kann sich vorstellen, daß der Sender die Nachricht in den „Briefkasten“ des Empfängers wirft. Das Einwerfen der Nachricht in den Briefkasten entspricht der Verschlüsselung mit dem öffentlichen Schlüssel des Empfängers: Jeder Teilnehmer kann das machen. Nur der Empfänger ist aber in der Lage, mit seinem geheimen Schlüssel den Briefkasten zu öffnen und die Nachricht zu lesen.

Jedem Teilnehmer T des Systems wird ein **privater Schlüssel** $d = d_T$ und ein sogenannter **öffentlicher Schlüssel** $e = e_T$ zugeordnet. Wie die Namen der beiden Schlüssel schon andeuten, ist dabei nur d_T geheimzuhalten; er ist der eigentliche Schlüssel im Sinne von Abschnitt 2.1 und wird daher auch oft als **geheimer Schlüssel** bezeichnet. Im Gegensatz dazu sollte e_T möglichst vielen Personen zugänglich sein.
Der Algorithmus f ordnet unter einem öffentlichen Schlüssel e jedem Klartext m einen Geheimtext

$$c = f_e(m)$$

zu. Umgekehrt ordnet f unter jedem privaten Schlüssel d jedem Geheimtext c einen Klartext

$$m' = f_d(c)$$

zu. Durch Parametrisierung der Funktion f mit e erhält man also die Verschlüsselungsfunktion f_e, bei Parametrisierung mit d die Entschlüsselungsfunktion f_d. Dabei müssen die folgenden Eigenschaften erfüllt sein:

Korrekte Entschlüsselung: Bei der Entschlüsselung muß der korrekte Klartext reproduziert werden; das bedeutet

$$m' = f_d(c) = f_d(f_e(m)) = m$$

für alle Klartexte m.

Public-Key-Eigenschaft: Es ist praktisch unmöglich, aus der Kenntnis des öffentlichen Schlüssels e auf den privaten Schlüssel d zu schließen.

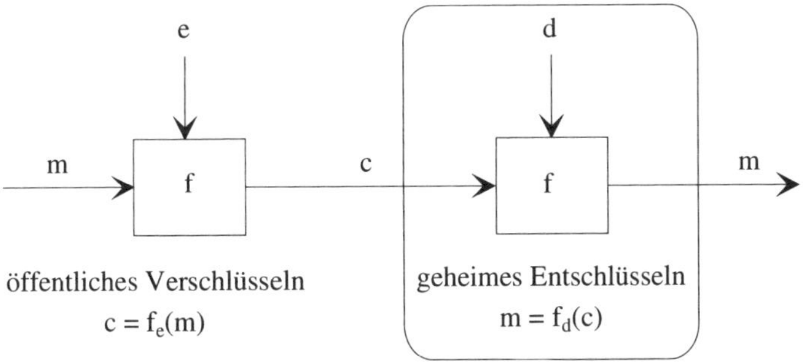

Bild 2.6: Funktionsschema der asymmetrischen Verschlüsselung
Nur die Entschlüsselung muß in einer sicheren Umgebung vonstatten gehen.

Um einem Teilnehmer T eine verschlüsselte Nachricht zu senden, muß man zunächst den öffentlichen Schlüssel $e = e_T$ der Person T ermitteln, welche die Nachricht empfangen soll (Suche in einem elektronischen „Telefonbuch“).

Dann wendet man die Funktion f_e auf die zu verschlüsselnde Nachricht m an und schickt den so erhaltenen Geheimtext

$$c = f_e(m)$$

an T. Nur dieser kann mit Hilfe seines privaten Schlüssels $d = d_T$ die Funktion f_d bilden und damit m entschlüsseln:
$m = f_d(c) = f_d(f_e(m))$.

Bemerkungen: 1. Die Bezeichnungen e und d für den öffentlichen und den geheimen Schlüssel sind in Anlehnung an die englischen Worte „encryption“ (Verschlüsselung) und „decryption“ (Entschlüsselung) gewählt worden.
2. Oft schreibt man auch E(m) und D(c) statt $f_e(m)$ und $f_d(c)$.

Der RSA-Algorithmus ist der Prototyp für Public-Key-Kryptographie schlechthin; er wird in Abschnitt 2.8 behandelt.

2.3 Einwegfunktionen

Eine Einwegfunktion ist eine Funktion, die einfach auszuführen, aber schwer – praktisch unmöglich – zu invertieren ist. Etwas genauer formulieren wir: Eine **Einwegfunktion** ist eine Abbildung f einer Menge X in eine Menge Y, so daß f(x) für jedes Element von X leicht zu berechnen ist, während es für (fast) jedes y aus Y extrem schwer ist, ein Urbild x (d. h. ein x mit f(x) = y) zu finden.
Wenn eine Einwegfunktion f bijektiv, also eine Permutation ist, so spricht man auch von einer **Einwegpermutation**.
Eine Einwegfunktion heißt **kollisionsfrei**, falls es praktisch unmöglich ist, zwei verschiedene Werte x und x' in der Urbildmenge X zu finden mit f(x) = f(x').
Es ist klar, daß jede Einwegpermutation kollisionsfrei ist, denn hier gibt es keinen Funktionswert mit zwei verschiedenen Urbildern, da jeder solche Wert nur genau ein Urbild hat. Weitere Eigenschaften von Einwegfunktionen werden z.B. in [MOV97] diskutiert.

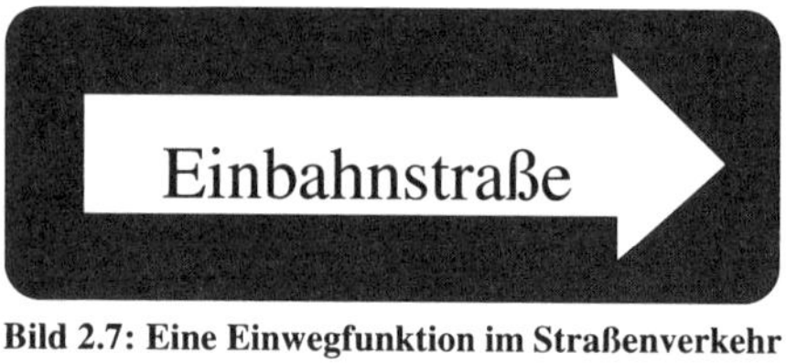

Bild 2.7: Eine Einwegfunktion im Straßenverkehr

Ein alltägliches Beispiel für eine Einwegfunktion ist ein Telefonbuch; die auszuführende Funktion ist die, einem Namen die entsprechende Telefonnummer zuzuordnen. Da die Namen alphabetisch geordnet sind, ist diese Zuordnung einfach auszuführen. Aber ihre Invertierung, also die Zuordnung eines Namens zu einer *gegebenen* Nummer, ist offensichtlich viel schwieriger, wenn man nur ein Telefonbuch zur Verfügung hat.

Einwegfunktionen spielen sowohl in der theoretischen als auch in der praktischen Kryptographie eine entscheidende Rolle. Zum Beispiel kann man fast alle kryptographischen Begriffe auf den Begriff der Einwegfunktion zurückführen.
Leider weiß man bis heute nicht, ob es Einwegfunktionen überhaupt gibt. Man kann zeigen, daß Einwegfunktionen genau dann existieren, wenn **P ≠ NP** gilt (vgl. [BDG88], S. 63). Diese berühmte Vermutung aus der Komplexitätstheorie (siehe Abschnitt 8.7) widersteht aber bisher erfolgreich allen Bemühungen, sie zu beweisen. Nach heutigem Wissensstand sind die diskreten Exponentialfunktionen ebenso wie das Quadrieren modulo n (mit $n = pq$) Einwegfunktionen (vgl. die Abschnitte 8.3 und 8.4).
Eine wichtige Klasse von Einwegfunktionen sind die, die man aus symmetrischen Verschlüsselungsverfahren konstruieren kann. Dazu wählt man ein solches Verfahren $f(,)$, eine feste Nachricht m_0 und erhält die Einwegfunktion

$$F(\cdot) := f(\cdot, m_0),$$

indem man das Argument von F anstelle des Schlüssels in $f(, m_0)$ einsetzt. Bei einem symmetrischen Verschlüsselungsverfahren muß es auch bei Kenntnis von Klar- und Geheimtext unmöglich sein, auf den verwendeten Schlüssel zu schließen („Known-Plaintext-Attacke“); diese Eigenschaft von f garantiert, daß die Funktion F eine Einwegfunktion ist.
Achtung: Die oben beschriebene Konstruktion ist nicht symmetrisch bezüglich der beiden Argumente von f. Wählt man anstelle eines konstanten Klartextes einen konstanten Schlüssel, so ist die sich daraus ergebende Funktion $G(\cdot) := f(k_0, \cdot)$ *keine* Einwegfunktion, denn man kann für einen Wert y leicht ein Urbild $x := f^*(k_0, y)$ berechnen.

2.4 Kryptographische Hashfunktionen

In der Kryptographie dienen Hashfunktionen dazu, einen unmanipulierbaren „Fingerabdruck“ von Nachrichten herzustellen. Eine **Einweg-Hashfunktion** ist eine kollisionsfreie Einwegfunktion, die Nachrichten beliebiger Länge auf einen Hashwert einer festen Länge (typischer Wert: 128 Bit) komprimiert. Man nennt Einweg-Hashfunktionen manchmal auch **kryptographische Hashfunktionen**.
Dies entspricht genau der Vorstellung eines Fingerabdrucks: Aus einem Fingerabdruck kann ich nicht auf den zugehörigen Menschen schließen, und keine zwei Personen haben denselben Fingerabdruck.
Prüfsummen („checksums“) sind nicht brauchbar zur Bildung von kryptographischen Hashfunktionen, da es leicht möglich ist, verschiedene Nachrichten mit derselben Prüfsumme zu konstruieren: Stellen wir uns eine Überweisung vor, bei der ein Betrag von DM 2580,– auf das Konto 82677365 übertragen werden soll. Die Prüfsumme sei die Quersumme aller in dieser Überweisung auftretenden Ziffern. Braucht nun ein Angreifer mit der Kontonummer 71234599 Geld, so muß er nur zusätzlich zur Kontonummer noch den Betrag in DM 2980,– abändern, und die Prüfsumme merkt den Betrug nicht:

$$2+5+8+0+8+2+6+7+7+3+6+5 = 59 = 2+9+8+0+7+1+2+3+4+5+9+9$$

Es scheint in der Praxis außerordentlich schwierig zu sein, gute kryptographische Hashfunktionen zu finden. Häufig werden Blockchiffren im CBC-Mode als Hashfunktionen eingesetzt (siehe [FR94] Kapitel 5). Praktisch eingesetzte Hashfunktionen sind MD4, MD5, RIPEMD und SHA; vom Einsatz von MD4 ist abzuraten, da man hier Kollisionen konstruieren kann [Dob96]. Einen Überblick zu diesem Thema findet man in [PGV93].

Ein Beispiel aus dem täglichen Leben ist der Übergang von einem Rezept zum Essen bzw. Getränk. So scheint es beispielsweise weder möglich zu sein, aus der Analyse von Coca-Cola auf das Rezept zu schließen (Einwegeigenschaft), noch kann man ein anderes Rezept (eine Kollision) für dieses Getränk finden.

2.5 Trapdoor-Einwegfunktionen

Einwegfunktionen werden zwar in der Kryptographie angewendet (insbesondere als Hashfunktionen), ihr Einsatzbereich ist aber nur auf die Berechnungen beschränkt, die von *allen* Beteiligten durchgeführt werden dürfen. Für die moderne Kryptographie benötigt man daher noch ein weiteres Konzept, nämlich das der Trapdoor-Einwegfunktion.

Eine **Trapdoor-Einwegfunktion** ist eine Einwegfunktion, also eine außerordentlich schwer zu invertierende Funktion, zu der es aber eine Geheiminformation („Geheimtür", englisch „trapdoor") gibt, mit Hilfe derer man die Funktion leicht invertieren kann.

Zum Beispiel ist das Quadrieren

$$x \mapsto x^2 \bmod n$$

für $n = pq$ eine Trapdoor-Einwegfunktion, denn ohne Kenntnis der Faktorisierung von n ist es praktisch unmöglich, diese Funktion zu invertieren; mit Kenntnis der Faktorisierung ist dies allerdings einfach (siehe Abschnitt 8.3). Die Trapdoorinformation ist in diesem Fall also die Faktorisierung von n bzw. die Faktoren p und q.

Allgemein kann man zeigen, daß die **Potenzfunktion**

$$x \mapsto x^e \bmod n$$

für $n = pq$ eine Trapdoor-Einwegfunktion ist. Eine Trapdoorinformation ist dabei wiederum die Faktorisierung von n. Diese Trapdoor-Einwegfunktion wird (allerdings mit einer anderen Trapdoorinformation) beim RSA-Algorithmus verwendet.

Trapdoor-Einwegfunktionen können auch mit anderen mathematischen Strukturen konstruiert werden. So muß der Empfänger einer verschlüsselten Nachricht im ElGamal-Verschlüsselungsverfahren (Abschnitt 3.5) als Trapdoorinformation den diskreten Logarithmus t seines öffentlichen Schlüssels τ kennen, um den Schlüssel k zur Entzifferung der Nachricht berechnen zu können.

2.6 Commitment und Bit-Commitment

Durch Anwendung von Einwegfunktionen kann man auch das Problem des „Commitments" lösen; wir werden diesem Problem im Laufe des Buches noch häufig begegnen.
Auf eine Ausschreibung hin reichen mehrere Firmen ein Angebot ein, das auch einen Kostenvoranschlag enthält. Die Firmen befürchten aber, daß das erste Angebot ihren Konkurrenten bekannt wird und diese ihren Preis anschließend entsprechend anpassen. Daher möchten sie ihren Kostenvoranschlag geheim halten; andererseits müssen sie sich natürlich auch auf einen bestimmten Betrag festlegen.
Im Alltag könnte man wie folgt vorgehen: Jede Firma hinterlegt den Preis für ihr Angebot in einem Tresor. Dieser wird verschlossen der ausschreibenden Stelle übergeben, während der Schlüssel bei der Firma bleibt. Wenn alle Angebote vorliegen, übersenden die Firmen ihre Schlüssel und die Tresore werden geöffnet.
Allgemein gesprochen geht es beim **Commitment** (englisch für „Festlegung") darum, daß eine Person A eine Nachricht so hinterlegt, daß sie

- von niemandem gelesen werden kann und
- von niemandem, insbesondere nicht von A, verändert werden kann.

Im Prinzip kann man ein Commitment für eine Nachricht m so erreichen, daß man sie einer kollisionsfreien Einwegfunktion f unterwirft und den Wert $c = f(m)$ veröffentlicht. (Der naheliegendste kryptographische Ansatz, die Nachricht verschlüsselt zu hinterlegen, funktioniert nicht ohne weiteres. In diesem Fall könnte A bei der Offenlegung der Nachricht vorsätzlich einen falschen Schlüssel angeben und so das Ergebnis der Entschlüsselungsoperation beeinflussen.) Dabei ist die Einwegeigenschaft dafür verantwortlich, daß niemand m berechnen kann (1). Die Kollisionsfreiheit garantiert, daß niemand ein anderes m' mit $f(m') = c$ finden kann; somit kann auch A seine Nachricht nicht von m in m' abändern (2).
Ein Commitment-Protokoll besteht aus zwei Phasen, dem **Festlegen** und dem **Öffnen** des Commitments. Eine Partei A legt sich B gegenüber auf einen Datensatz m fest, indem sie $c = f(m)$ berechnet und c an B sendet. A öffnet das Commitment, indem sie B das Urbild m von c mitteilt.

Bit-Commitment

Ein besonderer Fall tritt auf, wenn m sehr kurz, im Extremfall nur ein Bit lang ist. Dies liegt daran, daß es keine Einwegfunktionen auf der Menge $\{0, 1\}$ gibt (da überhaupt nur wenige Abbildungen von $\{0, 1\}$ in sich existieren).
Dieses **Bit-Commitment-Problem** kann aber wie folgt gelöst werden: Man legt sich nicht nur auf das Bit b, sondern zusätzlich noch auf eine hinreichend große Zufallszahl r fest. Dazu veröffentlicht man den Funktionswert f(b, r), wobei f eine Einwegfunktion ist, für welche die Kollisionsfreiheit allerdings nur für das erste Argument garantiert sein muß. D.h. für alle Zufallszahlen r, s muß gelten $f(0,r) \neq f(1,s)$.

Eine bekannte Realisierung einer solchen Funktion f ist die folgende:

$$f(b, r) := y^b r^2 \bmod n,$$

wobei $n = pq$ das Produkt zweier großer Primzahlen und y ein fester quadratischer Nichtrest modulo n mit Jacobisymbol +1 ist (siehe Abschnitt 8.3). Die Gesamtfunktion ist eine Einwegfunktion, aber nicht kollisionsfrei, da die Zahl r^2 insgesamt vier Quadratwurzeln modulo n besitzt. Sie ist aber kollisionsfrei bezüglich der ersten Komponente, da $f(0, r)$ immer ein quadratischer Rest und $f(1, r)$ immer ein quadratischer Nichtrest ist.

2.7 Digitale Signatur

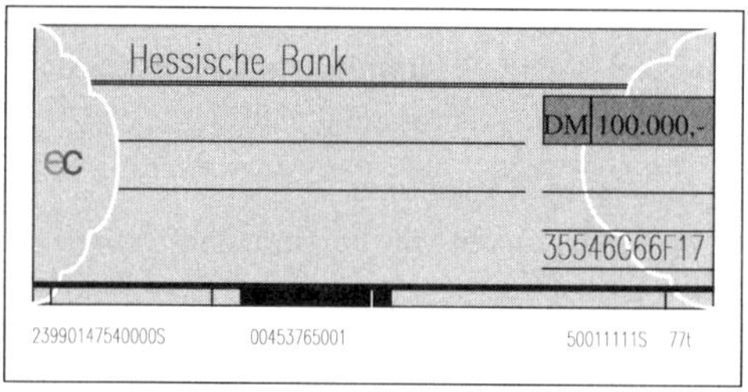

Bild 2.8: Ein Scheck mit elektronischer Unterschrift

Das Ziel einer **digitalen Signatur** oder **elektronischen Unterschrift** ist es, einige wesentliche Eigenschaften der handschriftlichen Unterschrift in elektronischer Form zu realisieren. Bei einer handschriftlichen Unterschrift bzw. beim handschriftlichen Unterschreiben lassen sich grundsätzlich die folgenden Eigenschaften unterscheiden (siehe dazu [GS91]):

- **Echtheitseigenschaft:** Diese stellt sicher, daß das Dokument wirklich vom Unterschreibenden stammt. Hier wird gefordert, daß ein enger Zusammenhang zwischen Dokument und Unterschrift besteht. Dies wird etwa dadurch erreicht, daß die Unterschrift und die unterschriebene Erklärung auf demselben Blatt stehen.
- **Identitätseigenschaft:** Jede digitale Signatur ist persönlich, d. h. sie kann nur von einem einzigen Menschen ausgestellt werden. Dies basiert auf der Schwierigkeit, eine handschriftliche Unterschrift zu fälschen.
- **Abschlußeigenschaft:** Diese signalisiert die Vollendung der Erklärung. Dies wird dadurch ausgedrückt, daß die Unterschrift am Ende der Erklärung steht.
- **Warneigenschaft:** Diese soll den Unterzeichnenden vor einer Übereilung bewahren. Die handschriftliche Unterschrift ist hinreichend komplex, und besteht zum Beispiel nicht nur aus einem Kreuz.

Außerdem weisen wir noch auf die **Verifikationseigenschaft** hin:

- Jeder Empfänger einer unterschriebenen Erklärung kann die Unterschrift verifizieren, etwa durch einen Unterschriftenvergleich.

Mit Hilfe kryptographischer Mechanismen lassen sich fast alle dieser Eigenschaften übertragen, allerdings nicht die Warneigenschaft.
Wir definieren ein **Signaturschema** wie folgt: Jedem Teilnehmer T des Systems sind eine **Signaturfunktion** s_T und eine **Verifikationsfunktion** v_T zugeordnet. Dabei ist s_T geheim, also nur T bekannt, während v_T eine öffentlich zugängliche Funktion ist. Es ist praktisch nicht möglich, aus der öffentlichen Funktion v_T auf die geheime Funktion s_T zu schließen.

Bild 2.9: Gläserner Tresor als Modell für die digitale Signatur

Die Funktionsweise eines Signaturschemas kann man sich am Modell eines gläsernen Tresors verdeutlichen. Nur der Eigentümer des Tresors besitzt den Schlüssel zum Öffnen, nur er kann also Nachrichten im Tresor deponieren. Daher muß man davon ausgehen, daß jede Nachricht im Tresor nur von dessen Eigentümer stammen kann. Eine Nachricht wird also durch Einschließen in den gläsernen Tresor signiert und kann dann von jedem anderen Teilnehmer verifiziert werden

Ein Teilnehmer T unterschreibt eine Nachricht m, indem er seine Signaturfunktion anwendet; er erhält daraus die digitale Signatur

$$sig = s_T(m).$$

Er sendet sowohl m als auch sig an einen beliebigen Empfänger. Dieser ist in der Lage, aus m und sig mit Hilfe der öffentlichen Verifikationsfunktion v_T die Korrektheit der Signatur zu überprüfen.
Es gibt eine Klasse von Signaturschemata (zu denen beispielsweise der RSA-Algorithmus, siehe 2.8, gehört), für die man die Verifikationsfunktion einfach beschreiben kann. Bei diesen Verfahren ist die Verifikationsfunktion die Umkehrung der Signaturfunktion, es gilt also

$$v_T(sig) = m.$$

Mit anderen Worten: Bei einer Verifikation wird überprüft, ob die Anwendung von v_T auf sig die Ausgangsnachricht wieder rekonstruiert.
Die Bildung einer digitalen Signatur ist deutlich zu unterscheiden von der Anwendung einer kryptographischen Hashfunktion (vgl. 2.4). Zwar ist auch der Hashwert vom Do-

kument abhängig, aber eine Hashfunktion ist nicht persönlich, sondern in der Regel öffentlich. Hashfunktionen erfüllen somit nicht die Identitätseigenschaft.
Hashfunktionen spielen aber bei der praktischen Anwendung von Signaturschemata eine wichtige Rolle. Das hat zwei Gründe: Zum einen sind die heutigen Signaturverfahren sehr langsam, man kann mit ihnen nicht lange Dokumente in vernünftiger Zeit signieren. Zum anderen ist die digitale Signatur stets etwa so lang wie das unterschriebene Dokument; man möchte aber eine kurze Signatur fester Länge haben.
Deshalb berechnet man in der Praxis Signaturen auf die folgende Weise (vgl. Bild 2.10): Zur Signaturerzeugung wird das Dokument zunächst durch eine öffentliche Hashfunktion h auf einen Wert $h(m)$ fester Länge komprimiert; danach wird dieser Hashwert der Signaturfunktion unterworfen: $sig = s_T(h(m))$.

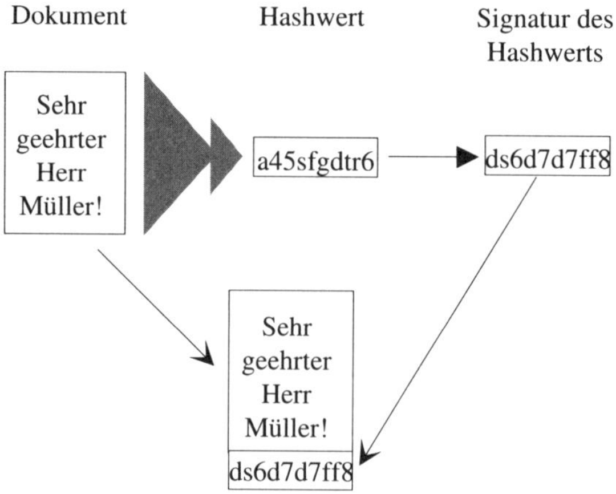

Bild 2.10: Signieren einer Nachricht unter Verwendung einer Hashfunktion

Bei der Verifikation bildet man ebenfalls zunächst $h(m)$ und überzeugt sich dann, daß sig die zu $h(m)$ gehörende digitale Signatur ist.
Am 13.6.1997 wurde vom Deutschen Bundestag das „Signaturgesetz" [SigG97] verabschiedet. Zusammen mit der am 8.10.1997 von der Bundesregierung beschlossenen Signaturverordnung [SigV97] schafft es einen Rahmen, der es ermöglicht, unter gewissen Voraussetzungen die digitale Signatur einer handschriftlichen Unterschrift rechtlich gleichzustellen. Für eine Diskussion der damit verbundenen rechtlichen Probleme verweisen wir auf [Bie96]. Eine überarbeitete Version des Signaturgesetztes, das die deutsche Umsetzung/Realisierung der entsprechenden EU-Richtlinie aus dem Jahre 2000 darstellt, wurde am 15.2.2001 vom Bundestag verabschiedet [SigG01]. Eine Sammlung aller amtlichen Veröffentlichungen zu diesem Thema findet man unter [SigG].

2.8 Der RSA-Algorithmus

Der **RSA-Algorithmus** wurde 1978 von R. Rivest, A. Shamir und L. Adleman erfunden, als sie zu zeigen versuchten, daß Public-Key-Kryptographie unmöglich sei. Dieser Algorithmus kann sowohl zur Verschlüsselung als auch zur Erzeugung digitaler Signaturen verwendet werden.

Dem RSA-Algorithmus liegt folgende mathematische Tatsache zugrunde (vgl. Abschnitt 8.2):

> *Sei* $n = pq$ *das Produkt zweier verschiedener Primzahlen* p *und* q. *Dann gilt für jede natürliche Zahl* $m \leq n$ *und jede natürliche Zahl* k *die Gleichung*
>
> $$m^{k(p-1)(q-1)+1} \bmod n = m.$$

Zur Realisierung des RSA-Algorithmus wählt man zwei natürliche Zahlen e und d, deren Produkt von der Form

$$e \cdot d = k(p-1)(q-1)+1$$

mit $k \in \mathbf{N}$ ist. Dann gilt

$$(m^e)^d \bmod n = m \quad \text{und}$$

$$(m^d)^e \bmod n = m.$$

Konkret geht man zur Schlüsselerzeugung wie folgt vor: Für jeden Teilnehmer werden zwei verschiedene große Primzahlen p und q gewählt, deren Produkt $n = pq$ und die Zahl $\varphi(n) = (p-1)(q-1)$ berechnet.

Dann wählt man eine natürliche Zahl e, die teilerfremd zu $\varphi(n)$ ist und berechnet (etwa mit Hilfe des erweiterten euklidischen Algorithmus, siehe Abschnitt 8.1) eine Zahl d mit

$$ed \bmod \varphi(n) = 1,$$

also

$$ed = 1+k(p-1)(q-1)$$

für eine natürliche Zahl k.

Dann bildet e zusammen mit n den öffentlichen Schlüssel, und d ist der geheime Schlüssel des Teilnehmers. Die Zahlen p, q und $\varphi(n)$ sind ebenfalls geheimzuhalten; sie können aber auch vernichtet werden, da sie im laufenden Betrieb nicht benutzt werden müssen.

Der RSA-Algorithmus als asymmetrisches Verschlüsselungsverfahren

Korrektes Entschlüsseln: Wenn man Potenzieren mit e als Verschlüsseln und Potenzieren mit d als Entschlüsseln interpretiert, so garantiert der Satz von Euler, daß korrekt entschlüsselt wird.

Verschlüsselung: $f_e(m) := m^e \bmod n$.

Entschlüsselung: $f_d(c) := c^d \bmod n$.

Korrektheit: $f_d(f_e(m)) = (m^e)^d \bmod n = m$.

Public-Key-Eigenschaft: Wenn man nur die Zahl n kennt (und nicht etwa die Faktoren p und q oder die Zahl $\varphi(n) = (p-1)(q-1)$), so kann man aus e nicht d berechnen.

Der RSA-Algorithmus als Trapdoor-Einwegfunktion

Das Potenzieren mit e modulo n ist eine Einwegfunktion; ihre Umkehrfunktion ist das Potenzieren mit d. Die Zahl d ist allerdings nur eine von vielen möglichen Trapdoorinformationen: Auch die Kenntnis der Zahl $\varphi(n)$ oder der Faktorisierung von n kann dazu benutzt werden, eine Umkehrfunktion zu konstruieren.

Der RSA-Algorithmus als Signaturverfahren

Signaturfunktion: Die Signatur wird gebildet, indem auf die (eventuell gehashte) Nachricht m der geheime Schlüssel d des Unterschreibenden T angewandt wird:

$$sig = s_T(m) := m^d \bmod n.$$

Verifikationsfunktion: Eine Signatur sig wird dadurch verifiziert, daß auf sie der öffentliche Schlüssel e des Unterschreibenden T angewandt wird und das Ergebnis mit der Nachricht m verglichen wird:

$$v_T(sig) := sig^e \bmod n \stackrel{?}{=} m.$$

Bemerkungen: 1. Die Sicherheit des RSA-Algorithmus hängt stark von der Schwierigkeit ab, große Zahlen zu faktorisieren; es ist aber nicht bewiesen, daß diese beiden Probleme gleichwertig sind.

2. Derzeit werden für n Zahlen zwischen 512 und 2048 Bit Länge benutzt. Nach den jüngsten Faktorisierungsergebnissen [CG399], bei denen die RSA-140-Challenge gebrochen, also eine 465 Bit-Zahl faktorisiert wurde, ist eine Schlüssellänge von mindestens 768 Bit zu empfehlen.

3. Es gibt sowohl für asymmetrische Verschlüsselungsverfahren als auch für Signaturverfahren andere Beispiele. Wir nennen die ElGamal-Algorithmen (siehe 3.5 und 3.6), das McEliece-Verfahren [McE78] (basierend auf fehlerkorrigierenden Codes), das Merkle-Hellman-Verfahren [MH78] und das Chor-Rivest-Verfahren [CR88] (die beide „Rucksack"-Verfahren sind). Der RSA-Algorithmus spielt in diesem Buch nicht nur wegen seiner Eleganz und Durchsichtigkeit eine wichtige Rolle, sondern ist auch Grundbaustein für komplexere Protokolle.

Attacken auf den RSA-Algorithmus

Wegen der enormen Bedeutung des RSA-Algorithmus für die moderne Kryptographie sollen an dieser Stelle noch einige Attacken auf den RSA-Algorithmus erklärt werden. Es muß betont werden, daß die zahlreichen Angriffe auf den RSA-Algorithmus immer nur auf Spezialfälle anwendbar sind. Im allgemeinen ist der RSA-Algorithmus ungebrochen. Die Kenntnis der hier angeführten Angriffe hilft aber dabei, die Parameter für eine sichere Implementierung richtig zu wählen.
Da es leider immer noch keine umfassende RSA-Monographie gibt, sei im folgenden auf die Artikel [Moo92], [Mas90] und [KR95] verwiesen, denen auch die meisten der unten angeführten Beispiele entnommen sind.
Die Homomorphie-Eigenschaft von RSA: Für den öffentlichen Schlüssel (e, n) eines RSA-Systems gilt

$$m_1^e m_2^e \bmod n = (m_1 m_2)^e \bmod n.$$

Man kann daher die Nachricht $m_1 m_2$ verschlüsseln, ohne m_1 und m_2 zu kennen. Der gleiche Angriff trifft auch auf das RSA-Signaturverfahren zu: Aus den Signaturen $m_1^d \bmod n$ und $m_2^d \bmod n$ kann man eine gültige Signatur $(m_1 m_2)^d \bmod n$ der Nachricht $m_1 m_2$ bilden, ohne den privaten Schlüssel zu kennen.
Normalerweise erkennt man diesen Angriff daran, daß die Nachrichten m_1 und m_2 einen Sinn ergeben, die Nachricht $m_1 m_2$ aber nicht. Das liegt daran, daß durch die Multiplikation die Redundanz der Nachrichten (z.B. die Redundanz der natürlichen Sprache) zerstört wird. Möchte man nicht-redundante Werte signieren (etwa Meßwerte), so muß man vor dem Signieren Redundanz einfügen.
Generieren eines gültigen Nachricht-Signatur-Paares: Man kann mit dem RSA-Verfahren leicht aus einer Signatur eine Nachricht erzeugen, die diese Signatur besitzt. Dazu wählt man sig aus und bildet dazu $m := sig^e \bmod n$. Die Überprüfung der Signatur $m^d = sig^{ed} = sig \bmod n$ ergibt dann das korrekte Ergebnis. Auch diesen Angriff kann man vermeiden wenn man verlangt, daß die Nachricht m redundant sein muß.
Verwendung kleiner Exponenten: Aus Effizienzgründen wird die Verwendung von $e = 3$ als Exponenten des öffentlichen Schlüssels für verschiedene Moduli vorgeschlagen. Wenn jedoch in einem solchen System drei Teilnehmer die gleiche Nachricht verschlüsseln, so können wir aus den Kryptogrammen leicht den Klartext berechnen: Seien

$$y_1 = m^3 \bmod n_1,$$

$$y_2 = m^3 \bmod n_2,$$

$$y_3 = m^3 \bmod n_3$$

die von den einzelnen Benutzern gebildeten Chiffretexte. Dann können wir mit Hilfe des chinesischen Restsatzes die eindeutige Lösung

$$y = m^3 \bmod n_1 n_2 n_3$$

berechnen. Die Nachricht m muß kleiner sein als jeder der drei Moduli n_1, n_2 und n_3, also ist m^3 auch kleiner als $n_1n_2n_3$. Dies hat aber zur Folge, daß

$$y = m^3 \bmod n_1n_2n_3 = m^3$$

ist, d. h. man kann m ganz einfach dadurch aus y berechnen, indem man in **Z** die dritte Wurzel aus y zieht.

Gleicher Modul für mehrere Benutzer: Verwenden zwei Benutzer A und B den gleichen RSA-Modul $n = pq$, so kann jeder die Nachrichten des anderen lesen. Der Benutzer B kennt nämlich die Exponenten e_A, e_B und d_B. Er berechnet

$$h = \frac{e_B d_B - 1}{\mathrm{ggT}(e_A, e_B d_B - 1)} = \frac{\mathrm{kgV}(e_A, e_B d_B - 1)}{e_A}.$$

Die Zahl h ist ein Vielfaches von $\varphi(n) = (p-1)(q-1)$ und teilerfremd zu e_A; also kann man mit Hilfe des erweiterten Euklidischen Algorithmus die Vielfachsummendarstellung

$$c \cdot h + d \cdot e_A = 1$$

berechnen. Da $c \cdot h \bmod \varphi(n) = 0$ gilt, hat B so eine Zahl d gefunden, die $d \cdot e_A \bmod \varphi(n) = 1$ erfüllt. Er kann also durch Potenzieren mit d alle Nachrichten von A entschlüsseln.

Verschlüsselung von Nachrichten, die in einer algebraischen Beziehung zueinander stehen. Die wichtigsten aktuellen Angriffe auf das RSA-Verfahren stammen von oder sind unter Mitwirkung von Don Coppersmith entstanden ([Cop97], [CFPR96]). Als frappierendes Beispiel für diese neuen Attacken wollen wir hier zeigen, wie einfach man auf m schließen kann, wenn man nur die Chiffretexte von m und m+1 kennt, und wenn zur Verschlüsselung der lange Zeit sehr beliebte Exponent $e = 3$ benutzt wird. Sei also $c_1 = m^3 \bmod n$ und $c_2 = (m+1)^3 \bmod n$. Dann gilt

$$\frac{c_2 + 2c_1 - 1}{c_2 - c_1 + 2} = \frac{(m+1)^3 + 2m^3 - 1}{(m+1)^3 - m^3 + 2} = \frac{3m^3 + 3m^2 + 3m}{3m^2 + 3m + 3} = m.$$

Dieser Angriff ist z.B. unmittelbar auf die Verschlüsselung von Sequenznummern mit RSA anwendbar. In [CFPR96] wurde dieser Angriff wesentlich erweitert und einige weitere Beispiele für seine Anwendbarkeit gegeben.

3 Grundlegende Protokolle

Einige der in Kapitel 1 formulierten Ziele können mit den im vorigen Kapitel beschriebenen Basismechanismen nicht oder nur teilweise erreicht werden. Für diese Ziele werden komplexere Interaktionen zwischen den beteiligten Instanzen als das einfache Senden verschlüsselter oder signierter Nachrichten benötigt. In diesem Kapitel stellen wir einige grundlegende Protokolle vor, die sich als erstaunlich leistungsfähig erweisen werden.

Damit ein kryptographisches Protokoll sinnvoll eingesetzt werden kann, muß es mindestens die beiden folgenden Bedingungen erfüllen:

- **Durchführbarkeit**: Wenn sich die am Protokoll beteiligten Instanzen alle gemäß den Spezifikationen des Protokolls verhalten, muß das Protokoll auch immer (bzw. mit beliebig hoher Wahrscheinlichkeit) das gewünschte Ergebnis liefern. Im Englischen wird diese Eigenschaft eines Protokolls „completeness“ genannt.
- **Korrektheit**: Versucht einer der Teilnehmer in einem Protokoll zu betrügen, so kann dieser Betrugsversuch mit beliebig hoher Wahrscheinlichkeit erkannt werden. Das bedeutet, daß die Wahrscheinlichkeit, daß ein Teilnehmer erfolgreich betrügen kann, vernachlässigbar klein ist.

Jedes kryptographische Protokoll muß auf diese beiden Eigenschaften hin überprüft werden. Wir werden die im Rest dieses Buches nicht immer explizit tun, aber wir geben Hinweise, wie diese Eigenschaften nachgeprüft werden können.

3.1 Paßwortverfahren (Festcodes)

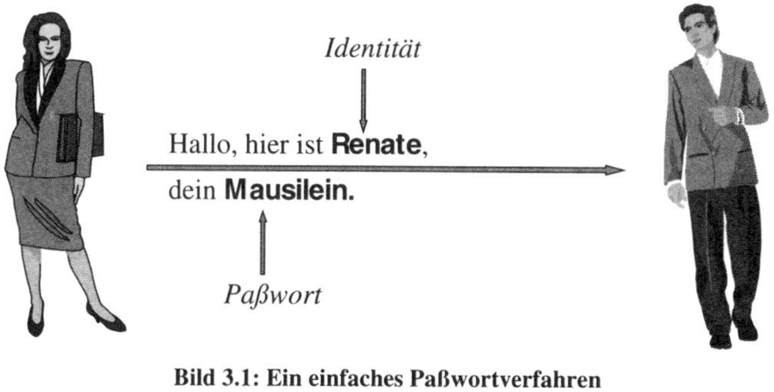

Bild 3.1: Ein einfaches Paßwortverfahren

In Abschnitt 1.2 haben wir uns klargemacht, daß eine Person ihre Identität nachweisen kann, indem sie beweist, ein bestimmtes Geheimnis zu kennen. Die einzelnen Verfahren zur Teilnehmerauthentikation unterscheiden sich nur dadurch, *wie* dieser Beweis erfolgt. Die einfachsten Verfahren, die Kenntnis eines Geheimnisses nachzuweisen, sind die **Paßwortverfahren**.

Solche Verfahren werden in der Regel in Situationen eingesetzt, in denen sich Personen gegenüber einer zentralen Stelle authentifizieren müssen. Jeder Teilnehmer besitzt ein individuelles Geheimnis (sein **Paßwort** oder seine Persönliche Identifizierungs Nummer, kurz **PIN**), und alle diese Geheimnisse sind der zentralen Stelle bekannt.

Die Authentikation erfolgt so, daß der einzelne Teilnehmer der Zentrale zusammen mit seiner Identität auch sein Geheimnis übermittelt. Diese überprüft, ob das empfangene Geheimnis dasjenige ist, das zu der empfangenen Identität gehört.

Paßwortverfahren sind *durchführbar*, da jeder Teilnehmer sein Paßwort kennt (wenn er es nicht gerade vergessen hat). Sie sind *korrekt*, solange nur der Teilnehmer und die Zentrale das Geheimnis kennen. Ein Betrüger muß nämlich in der Regel das Paßwort raten, und die Wahrscheinlichkeit, daß er richtig rät, ist bei einem gut gewählten Paßwort sehr klein.

Paßwortverfahren haben grundlegende Schwächen, die man durch zusätzliche organisatorische oder technische Maßnahmen teilweise beheben kann. Einige dieser Schwächen und mögliche Gegenmaßnahmen sind:

- Da es nur sehr wenige „sinnvolle" Paßwörter in der Menge aller möglichen Zeichenfolgen gibt, und weil diese wegen ihrer guten Merkbarkeit sehr beliebt sind, können solche Paßwörter geraten oder durch Ausprobieren aller möglichen Einträge eines „Wörterbuchs" gefunden werden. Als Paßwörter sollten daher möglichst unsinnige Zeichenkombinationen gewählt werden, z.B. Kombinationen aus Buchstaben und Zahlen (auch bei verschlüsselter Abspeicherung).
- In der zentralen Stelle müssen alle Paßwörter gespeichert werden. Jeder, der sich Zugang zu dieser Datei verschafft, kennt die Geheimnisse aller Teilnehmer. Dieses Problem kann dadurch gelöst werden, daß die Paßwörter mit einer Einwegfunktion f verschlüsselt und nur die Ergebnisse gespeichert werden. Genauer gesagt wird anstelle eines Paßworts PW nur der Wert $f(PW)$ gespeichert. Wenn die Zentrale ein vorgebliches Paßwort PW^* (unverschlüsselt) erhält, so berechnet sie $f(PW^*)$ und vergleicht dies mit dem gespeicherten Wert $f(PW)$. Dies ist allerdings kein Schutz gegen schlecht gewählte Paßwörter (siehe [Schn96], Abschnitt 3.2).
- Die Übertragung der Paßwörter erfolgt offen; ein einmal abgehörtes Paßwort kann während der Lebensdauer dieses Paßworts mißbräuchlich verwendet werden. Im Rahmen von Paßwortverfahren kann man dieser Gefahr nur dadurch begegnen, daß man die Gültigkeitsdauer der Paßwörter kurz hält, im Extremfall so kurz, daß jedes Paßwort nur einmal benutzt werden kann. Dies wird zum Beispiel beim *Homebanking* praktiziert, wo sogenannte **Transaktionsnummern** (**TAN**) nur einmal verwendet werden. Dies kann aber bereits als ein Wechselcodeverfahren angesehen werden.

Wir werden weiter unten Verfahren vorstellen, die eine oder beide dieser Gefahren völlig ausschalten.

3.2 Wechselcodeverfahren

Eine grundlegende Schwäche von Paßwortverfahren besteht darin, daß nicht nur das Geheimnis statisch ist, sondern daß auch die zur Authentikation eines Benutzers gesendeten Nachrichten immer gleich sind.
Alle weiteren hier vorgestellten Verfahren zur Authentikation zweier Instanzen haben das Ziel, bei festem Geheimnis die übermittelten Nachrichten variabel und möglichst unvorhersagbar zu gestalten.
Einfache Verfahren, die dies leisten, sind die **Wechselcodeverfahren**: Für jeden Authentikationsvorgang berechnet der Teilnehmer nach einem genau festgelegten Verfahren aus seinem (konstanten) individuellen Geheimnis und einem anderen veränderlichen Wert einen Authentikationscode, den er zusammen mit seiner Identität an die Zentrale übermittelt. Diese kennt ebenfalls sein individuelles Geheimnis und den veränderlichen Wert, kann also die Berechnung des Teilnehmers wiederholen und die beiden Ergebnisse vergleichen. Nur wenn diese übereinstimmen, erkennt die Zentrale die Identität des Teilnehmers an.
Wechselcodeverfahren sind wie die Paßwortverfahren **unidirektionale** Verfahren, das heißt, daß die für die Authentikation relevanten Informationen nur in einer Richtung übermittelt werden. Dies unterscheidet sie zum Beispiel von den Challenge-and-Response-Verfahren, die im nächsten Abschnitt vorgestellt werden.
Das Beispiel der Transaktionsnummern wurde schon im vorigen Abschnitt erwähnt. Hier wird das Problem, die gesendeten Nachrichten bei festem Geheimnis zu variieren, dadurch gelöst, daß das Geheimnis sehr lang gewählt wird: Anstelle eines Paßworts gibt es eine ganze Liste von TANs.
Ein anderes Beispiel kann man auf folgende Weise mit Hilfe einer Verschlüsselungsfunktion f erhalten: Eine Partei A will sich gegenüber B authentisieren. Beide Parteien haben einen gemeinsamen geheimen Schlüssel k und einigen sich auf eine natürliche Zahl, den *Anfangszählerstand* z. Beim ersten Authentisierungsvorgang sendet A den Wert $f(k, z+1)$, beim zweiten $f(k, z+2)$, usw.

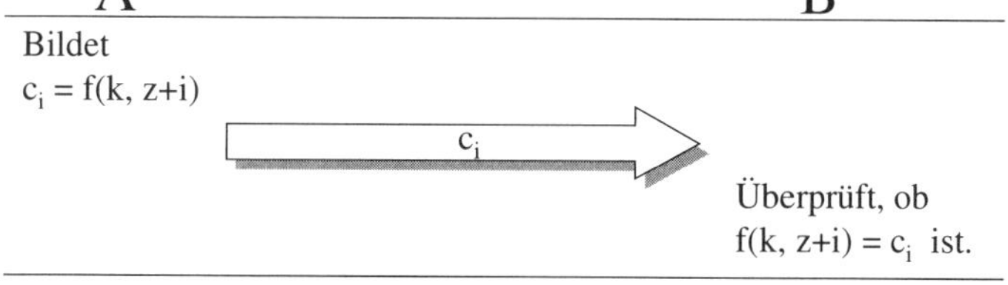

Bild 3.2: i-te Authentikation bei einem Wechselcodeverfahren mit Anfangszählerstand z.

Dieses Verfahren ist *durchführbar*, da beide Parteien den gleichen Schlüssel und den gleichen Zählerstand kennen und somit die im Protokoll auftretenden Werte bilden bzw. verifizieren können; es ist *korrekt*, denn die Wahrscheinlichkeit, den Wert c_i ohne Kenntnis des Schlüssels zu bilden, ist verschwindend klein.
Diese Wechselcodes bieten im Vergleich zu Paßwortverfahren bereits ein wesentlich höheres Sicherheitsniveau. Eine mögliche Angriffssituation entsteht dann, wenn ein Angreifer die Partei A dazu bringen kann, ihm die nächste Identifikationsnachricht $c_{i+1} = f(k, z+i+1)$ zu schicken (etwa indem er sich als B ausgibt). Mit Hilfe dieser Nachricht könnte der Angreifer dann B gegenüber die Rolle von A spielen. Man kann die Auswirkungen eines solchen Angriffs zum Beispiel dadurch beschränken, daß man anstelle des Zählers z das aktuelle Datum und die aktuelle Uhrzeit verwendet und festlegt, daß jede solche Authentikationsnachricht nur kurze Zeit gültig ist.
Es ist klar, daß man anstelle des symmetrischen Algorithmus f auch ein Signaturverfahren (vgl. Abschnitt 2.7) verwenden kann. Dies hat den Vorteil, daß (ein eventuell nicht vertrauenswürdiger) B das Geheimnis von A nicht zu kennen braucht.
Frage: Ist dazu wirklich ein aufwendiges Signaturverfahren notwendig?
Die überraschende Antwort ist „nein“: Mit einer pfiffigen Idee kann man ein Wechselcodeverfahren realisieren, bei dem B das Geheimnis von A nicht zu kennen braucht.
Die Teilnehmer A und B brauchen dazu eine Einwegfunktion f. A wählt einen Startwert z_0 und schätzt ab, wie oft sie das Wechselcodeverfahren wohl benutzen wird. Sie kommt beispielsweise zu dem Schluß, daß $n = 10000$ ausreichen wird und berechnet nacheinander die Werte

$$z_{i+1} := f(z_i)$$

für $i = 0, 1, ..., 9999$. Dann übermittelt sie den Wert $z_n = z_{10000}$ ihrem Partner B und teilt diesem mit, daß sie diejenige ist, die die Werte $z_0, ..., z_{9999}$ kennt. Wollen die beiden dann anschließend elektronisch kommunizieren, so sendet A zu ihrer Authentikation den Wert z_{9999} an B. Falls

$$f(z_{9999}) = z_{10000}$$

ist, weiß B, daß am anderen Ende der Leitung A sitzt. Für die nächste Identifikation sendet A dann z_{9998} an B, der sich den letzten Wert z_{9999} gemerkt hat und deshalb die gleiche Überprüfung durchführen kann. So geht es weiter mit z_{9997}, z_{9996} usw.
Das Verfahren ist *korrekt*, weil niemand die Einwegfunktion f umkehren kann. Das kann A zwar auch nicht, aber A kennt den geheimen Startwert z_0 und kann deshalb f immer in der richtigen Richtung anwenden; also ist das Protokoll auch *durchführbar*.

3.3 Challenge-and-Response

Der im vorigen Abschnitt beschriebene Angriff auf Wechselcodeverfahren beruht darauf, daß man Authentikationsnachrichten „vorproduzieren“ kann. Bei Challenge-

and-Response-Verfahren ist dieser Angriff nicht möglich, da die Nachrichten, die B erwartet, von A jeweils „frisch" produziert sein müssen.
Die Idee besteht darin, daß B eine unvorhersagbare Frage stellt, auf die A mit Hilfe seines geheimen Wissens die richtige Antwort berechnen und an B senden muß. Da Nachrichten sowohl von A nach B als auch umgekehrt fließen, spricht man hier von einem **bidirektionalen** Verfahren.
Ein Beispiel aus dem (hoffentlich nicht täglichen) Leben ist folgendes: Bei Entführungsfällen will sich die Polizei oft überzeugen, ob der Entführte noch lebt. Dazu stellt sie eine Frage, die nur der Entführte beantworten kann.

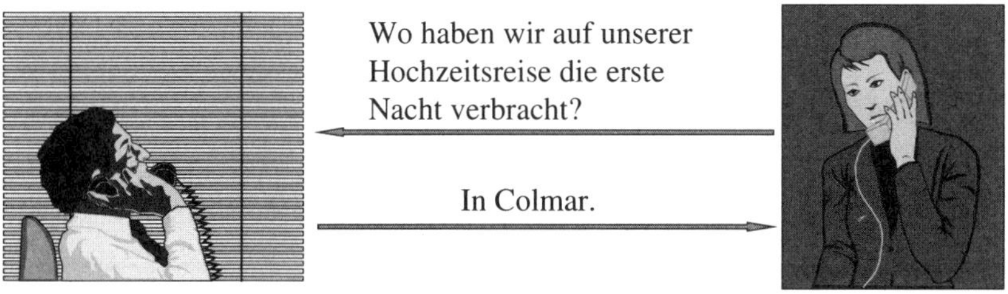

Bild 3.3: Ein einfaches Challenge-and-Response-Verfahren

In technischen Anwendungen geht man wie folgt vor: Beide Seiten kennen eine Einwegfunktion f_k, die von einem Schlüssel k abhängt. (Eine solche Einwegfunktion erhält man z.B. durch $f_k(x):=f(k||x)$, wobei f eine beliebige Einwegfunktion und $k||x$ die Konkatenation von k und x ist.) Die unvorhersagbare Frage, die B stellt, ist eine Zufallszahl RAND (die „challenge"); A wendet die Einwegfunktion unter dem Schlüssel k auf RAND an, erhält die Antwort RES (die „response", manchmal auch SRES, „signed response" genannt wird) und sendet diese an B. Dieser überprüft, ob die empfangene Antwort RES mit dem von ihm berechneten Wert $f_k(RAND)$ übereinstimmt.

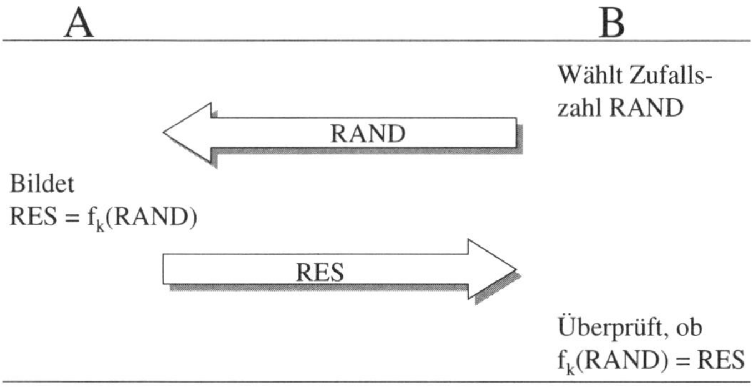

Bild 3.4: Challenge-and-Response mit schlüsselabhängiger Einwegfunktion.

Anstelle eines symmetrischen Algorithmus f kann man auch ein Signaturverfahren verwenden. Dies hat den gleichen Vorteil wie in 3.2 bereits beschrieben, nämlich daß B das Geheimnis von A nicht zu kennen braucht.
Challenge-and-Response-Verfahren gibt es auch in einer anderen Variante, bei der die Inhalte von Frage und Antwort vertauscht sind: Die Challenge besteht aus der verschlüsselten Zufallszahl f_k(RAND), und als Response wird die Zufallszahl RAND erwartet. Diese Variante kann nur dann verwendet werden, wenn ein „starker" Zufallszahlengenerator zur Verfügung steht, der unvorhersagbare Ergebnisse produziert. Sonst müßte ein Angreifer nicht mühsam f_k(RAND) entschlüsseln, sondern könnte versuchen, RAND direkt zu raten. In der Regel sollte daher die erste Variante benutzt werden.

3.4 Diffie-Hellman-Schlüsselvereinbarung

In den ersten drei Abschnitten dieses Kapitels wurden grundlegende Verfahren zur Authentifikation vorgestellt. In den folgenden Abschnitten geht es um Protokolle, die andere Ziele haben. Zunächst behandeln wir das berühmte Protokoll von Diffie und Hellman zur Vereinbarung eines geheimen Schlüssels, das bereits 1976 in der ersten Arbeit zur Public-Key-Kryptographie enthalten ist [DH76].
Die Mechanismen und Algorithmen der klassischen Kryptographie greifen erst dann, wenn die Teilnehmer bereits einen geheimen Schlüssel ausgetauscht haben. Im Rahmen der klassischen Kryptographie führt kein Weg daran vorbei, daß Geheimnisse kryptographisch ungesichert ausgetauscht werden müssen. Die Sicherheit der Übertragung muß hier durch nicht-kryptographische Methoden erreicht werden. Man sagt dazu, daß man zum Austausch der Geheimnisse einen **geheimen Kanal** braucht; dieser kann physikalisch (technisch abhörsichere Übertragung) oder organisatorisch (Überbringung durch einen vertrauenswürdigen Boten) realisiert sein.
Das Revolutionäre der modernen Kryptographie ist unter anderem, daß man keine geheimen Kanäle mehr braucht: Man kann geheime Schlüssel über nicht-geheime, also öffentliche Kanäle vereinbaren.
Wir veranschaulichen uns das Problem wie folgt: Für einen Börsenmakler ist es entscheidend, über die jeweils aktuellen Angebote der Konkurrenten Bescheid zu wissen und andererseits seine Pläne vor den Kollegen geheimzuhalten. Mitunter ergibt sich spontan während der Börse eine Situation, in der zwei Makler zusammenarbeiten müssen, um ihre Chancen zu wahren. Dazu müssen sie ihre Informationen vertraulich austauschen. Das geht während des Börsengeschäfts nur mit Verschlüsselung. Da sie spontan zusammenarbeiten, haben sie allerdings vorher noch keinen gemeinsamen geheimen Schlüssel vereinbart.
Was tun? Es ist klar, daß sie sich den Schlüssel nicht zurufen können. Sie bräuchten eine Methode

- bei der sie eine offene Unterhaltung führen können,

- an deren Ende beide das gleiche Geheimnis kennen,
- das ihre aufmerksam lauschenden Kollegen aber nicht erraten können.

Dem Protokoll von Diffie und Hellman, das dieses Problem löst, liegt die diskrete Exponentialfunktion

$$a \mapsto \alpha := g^a \bmod p \quad (a \in \mathbf{N})$$

zugrunde, die außer ihrer Einwegeigenschaft noch die Kommutativität der Exponenten mitbringt, die für die Durchführbarkeit des Protokolls wichtig ist. (Vergleichen Sie hierzu die Abschnitte 8.4 und 2.3.)

Genauer lautet das Protokoll für die **Diffie-Hellman-Schlüsselvereinbarung** wie folgt: Beide Teilnehmer brauchen eine Primzahl p und eine natürliche Zahl g. Diese Zahlen müssen nicht geheim sein. (Das bedeutet für unser Börsenbeispiel, daß die beiden Personen sich diese Zahlen laut mitteilen dürfen.)

Zunächst wählen sich die beiden Teilnehmer je eine geheime Zahl a bzw. b. Daraus bilden sie durch Potenzieren der Basis g die Werte $\alpha = g^a \bmod p$ und $\beta = g^b \bmod p$. Dann werden die Zahlen α und β ausgetauscht. Schließlich potenziert jeder den erhaltenen Wert mit seiner geheimen Zahl und erhält $\beta^a \bmod p$ bzw. $\alpha^b \bmod p$.

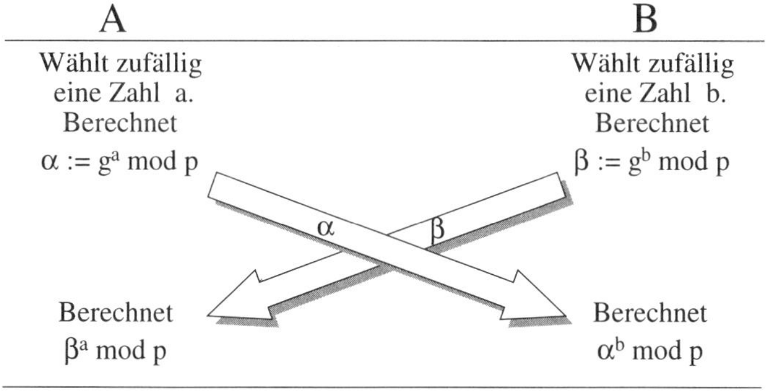

Bild 3.5: Diffie-Hellman-Schlüsselvereinbarung

Was haben A und B damit gewonnen?

1. Das Protokoll ist *durchführbar*, denn A und B haben einen gemeinsamen Wert erhalten:

   $$\beta^a \bmod p = (g^b)^a \bmod p = g^{ba} \bmod p = g^{ab} \bmod p = (g^a)^b \bmod p = \alpha^b \bmod p.$$

   Also sind die jeweiligen berechneten Werte gleich. Wir nennen diesen Wert k.
2. Der Diffie-Hellman Schlüsselaustausch ist *korrekt*, da der gemeinsame Wert k geheim ist, das heißt niemand außer A und B ihn berechnen kann:

   Ein Angreifer, der die öffentlichen Daten p und g kennt, kann sich durch Abhören der Unterhaltung auch α und β verschaffen. Bis heute ist keine effiziente Methode bekannt, aus diesen Informationen auf k zu schließen. Ein möglicher Angriff besteht darin, den Wert k auf dieselbe Weise wie A, das heißt als $k = \beta^a \bmod p$ zu berechnen. Dazu müßte ein Angreifer aber die Zahl a kennen, also müßte er den diskreten Logarithmus von α zur Basis g berechnen können.

Man sieht, daß die Sicherheit des Diffie-Hellman Protokolls eng mit der Schwierigkeit der Berechnung des diskreten Logarithmus modulo p zusammenhängt. Es wird sogar vermutet, daß diese Probleme äquivalent sind [Mau94].

Bei diesem Protokoll handelt es sich um eine *Schlüsselvereinbarung* und nicht um einen *Schlüsselaustausch*, da beide Parteien an der Erzeugung des geheimen Werts k beteiligt sind.

3.5 Das ElGamal-Verschlüsselungsverfahren

Indem man das Diffie-Hellman Schlüsselvereinbarungsprotokoll leicht variiert, kann man einen asymmetrischen Verschlüsselungsalgorithmus erhalten. Diese Beobachtung geht auf Taher ElGamal zurück [ElG85].

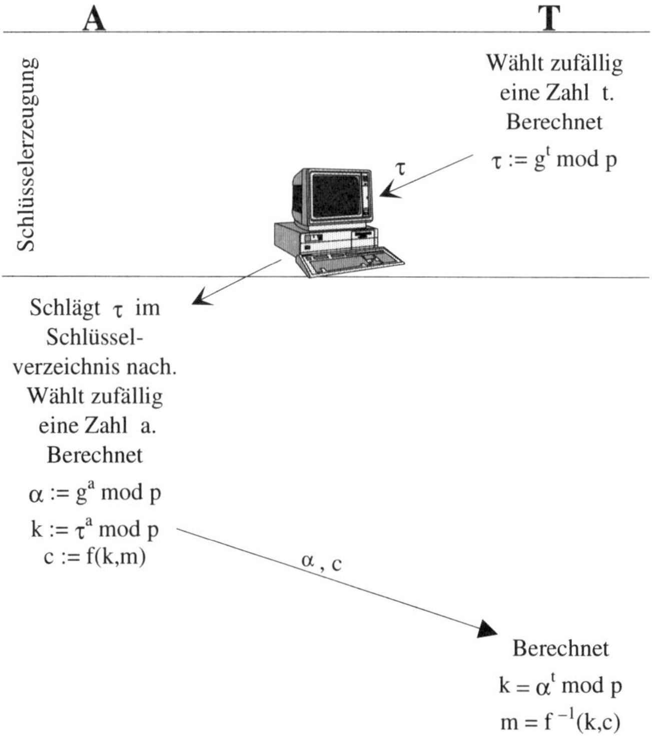

Bild 3.6: Das ElGamal-Verschlüsselungsverfahren

Wie beim Diffie-Hellman Verfahren braucht man eine Primzahl p und eine natürliche Zahl g, die öffentlich sind.
Jeder Teilnehmer T wählt sich eine natürliche Zahl t als seinen privaten Schlüssel, berechnet $\tau := g^t \bmod p$ und veröffentlicht τ als seinen öffentlichen Schlüssel. Man kann vom öffentlichen Schlüssel τ nicht auf den privaten Schlüssel t schließen, da dies äquivalent zur Berechnung des diskreten Logarithmus von τ zur Basis g ist.
Um an den Teilnehmer T eine verschlüsselte Nachricht zu schicken, geht der Sender wie folgt vor: Er wählt eine natürliche Zahl a und berechnet zwei Dinge, nämlich

$$\alpha = g^a \bmod p \quad \text{und} \quad k = \tau^a \bmod p.$$

Dann verschlüsselt er die Nachricht m unter dem Schlüssel k mit Hilfe eines beiden bekannten symmetrischen Algorithmus f und sendet den Geheimtext $c = f(k, m)$ zusammen mit α an T.
Der Empfänger potenziert α mit seinem geheimen Schlüssel t und erhält dadurch k. Damit kann er c entschlüsseln.
Dieses Protokoll ist eine Variante des Diffie-Hellman-Protokolls in dem Sinne, daß das „Senden der Teilschlüssel“ zeitlich entkoppelt ist: Während im Diffie-Hellman-Protokoll die Werte α und β praktisch gleichzeitig übermittelt wurden, wird beim ElGamal-Verschlüsselungsverfahren der öffentliche Schlüssel τ (der dem β des Diffie-Hellman-Verfahrens entspricht) einmal erzeugt und nie verändert, während α wie bei der Diffie-Hellman-Schlüsselvereinbarung jedesmal neu generiert werden muß.

3.6 Das ElGamal-Signaturverfahren

Im ElGamal-Signaturverfahren [ElG85] wird eine Nachricht nicht, wie beim RSA-Verfahren, durch Vertauschen der Reihenfolge von Ver- und Entschlüsselung unterschrieben, sondern durch eine komplexere Operation. Dies hat zur Folge, daß man aus der Signatur der Nachricht nicht auf diese zurückschließen kann. Zur Erzeugung und Verifikation einer digitalen Unterschrift werden der gleiche private Schlüssel t und der gleiche öffentliche Schlüssel $\tau = g^t \bmod p$ verwendet wie beim ElGamal-Verschlüsselungsverfahren.
Zur *Erzeugung* einer Unterschrift für eine Nachricht m geht ein Teilnehmer T dabei wie folgt vor: Zunächst wählt er eine zu p–1 teilerfremde Zufallszahl r und bildet

$$k = g^r \bmod p.$$

Danach berechnet er eine Lösung s der Kongruenz

$$t \cdot k + r \cdot s \equiv m \pmod{p-1}.$$

Die kann zum Beispiel dadurch geschehen, daß T mit Hilfe des erweiterten euklidischen Algorithmus das multiplikative Inverse r^{-1} zu r modulo p–1 berechnet und dann

$$s = ((m - t \cdot k) \cdot r^{-1}) \bmod p-1$$

bildet. Die digitale Unterschrift der Nachricht m besteht aus dem Paar (k, s).
Der Empfänger der signierten Nachricht $(m, (k, s))$ kann die Unterschrift *prüfen*, indem er die beiden Werte $g^m \bmod p$ und $\tau^k \cdot k^s \bmod p$ bildet und vergleicht, ob diese Zahlen identisch sind.
Das ElGamal-Signaturverfahren ist *durchführbar*, denn nach dem Satz von Fermat gilt für jedes korrekt signierte Dokument $(m, (k, s))$ die Gleichung

$$g^m \equiv g^{t \cdot k + r \cdot s} \equiv \tau^k \cdot k^s \pmod{p}.$$

Es ist auch *korrekt*, denn bislang wurde noch kein effizienter Angriff auf dieses Verfahren gefunden.
Es gibt eine große Anzahl von Varianten des ElGamal-Signaturverfahrens [HMP95]. Im Gegensatz zum RSA-Verfahren kann man in der Grundform des ElGamal-Verfahrens aus der Signatur die Nachricht nicht zurückgewinnen; Varianten, die diese „message recovery"-Eigenschaft besitzen, werden in [NR96] beschrieben.
Eine besonders effiziente Variante des ElGamal-Verfahrens, die auf eine Idee von C. Schnorr zurückgeht [Schn90], wurde in den USA unter dem Namen „Digital Signature Standard" als Norm für die Erzeugung digitaler Unterschriften festgeschrieben ([FIPS91], vgl. auch [KH92]).

3.7 Shamirs No-Key-Protokoll

Können zwei Teilnehmer, von denen keiner einen Schlüssel des anderen kennt, sich gegenseitig eine Nachricht vertraulich zukommen lassen, ohne vorher einen gemeinsamen Schlüssel auszutauschen oder zu vereinbaren? Die überraschende Idee zur Lösung dieses Problems geht auf eine unveröffentlichte Arbeit von A. Shamir zurück.
Eine Person A will an B eine geheime Nachricht s schicken. Dazu steckt sie s in eine Kiste und verschließt diese mit einem Vorhängeschloß, zu dem nur sie einen Schlüssel besitzt.
Dann schickt sie die Kiste an B. Dieser kann die Kiste zwar nicht öffnen, aber er kann sie noch ein zweites Mal verschließen, indem er sein eigenes Vorhängeschloß anbringt, zu dem nur er einen Schlüssel hat.
Anschließend erhält A die Kiste zurück. Sie entfernt ihr Schloß und sendet die Kiste wieder an B. Dieser kann nach Entfernen des letzten Schlosses die Kiste öffnen und die Nachricht lesen.
Zur mathematischen Realisierung dieser Idee kann man die diskrete Exponentialfunktion verwenden. Beide Teilnehmer einigen sich auf eine große Primzahl p. A erzeugt ein Paar von Zahlen (a, a') mit $aa' \equiv 1 \pmod{p-1}$ (vgl. 8.2); entsprechend erzeugt B ein Paar (b, b') mit $bb' \equiv 1 \pmod{p-1}$. Die Zahlen a' bzw. b' sind die multiplikativen Inversen von a bzw. b modulo $p-1$.

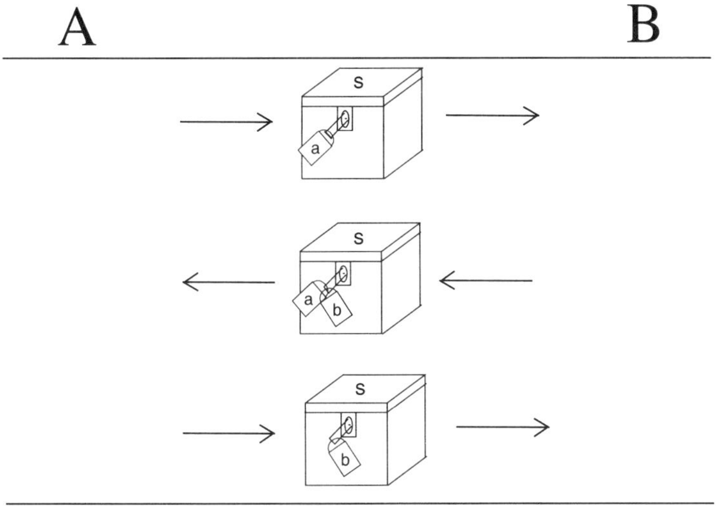

Bild 3.7: Shamir´s No-Key-Protokoll

Die Zahl a entspricht dem Schloß, die Zahl a' dem Schlüssel in dem Sinn, daß Potenzieren mit a dem Schließen des Schlosses und potenzieren mit a' dem Entfernen des Schlosses entspricht. Tatsächlich gilt für alle $s \in \mathbf{Z}_p$:

$$s = s^{aa'} \bmod p \quad \text{und} \quad s = s^{bb'} \bmod p.$$

Das Protokoll läuft wie in Bild 3.8 beschrieben ab.

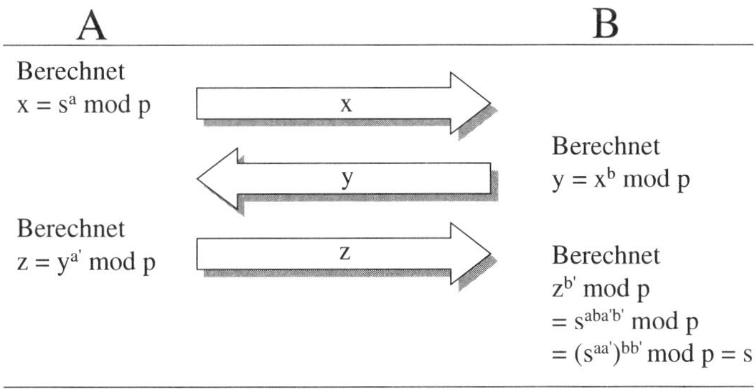

Bild 3.8: Das No-Key-Protokoll mit der diskreten Exponentialfunktion

Die diskrete Exponentialfunktion wird in diesem Protokoll als *symmetrische Verschlüsselungsfunktion* eingesetzt: Der Wert s wird mit dem Schlüssel a verschlüsselt und kann mit a' wieder entschlüsselt werden. Das Verfahren ist symmetrisch, weil man aus a (und der öffentlich bekannten Primzahl p) leicht den anderen Schlüssel a' berechnen kann. Dieses spezielle Verfahren hat die für das No-Key-Verfahren wesentliche Eigenschaft, nämlich daß

$$f_a(f_b(x)) = f_b(f_a(x))$$

gilt.

Kryptoanalytische Untersuchung des Schemas

Wenn ein Angreifer das Problem des diskreten Logarithmus zu jeder beliebigen Basis lösen kann, so kann er auch das No-Key-Protokoll brechen, indem er den diskreten Logarithmus $dl_y(x)$ (vgl. Abschnitt 8.4) von $x = s^a$ zur Basis $y = s^{ab}$ berechnet. (Wir verwenden die vereinfachte Notation $dl(x,y) = dl_y(x)$.)

$$dl_y(x) = dl(x,y) = dl(s^a, s^{ab}) = dl((s^{ab})^{b'}, s^{ab}) = b'.$$

Er erhält dann das Geheimnis s, indem er

$$z^{b'} = s^{bb'} = s$$

berechnet.
Daraus ergibt sich, daß das No-Key-Protokoll höchstens so sicher ist wie das Problem des diskreten Logarithmus.

3.8 Knobeln übers Telefon

Alice und Bob sind frisch geschieden. Bob ist bereits aus der gemeinsamen Wohnung aus- und in eine andere Stadt gezogen. Sie haben ihre gemeinsame Habe bereits so weit aufgeteilt, daß sie dachten, alles Weitere telefonisch regeln zu können – wäre da nicht dieses Auto, ein wunderschöner alter Käfer, Baujahr 1959.

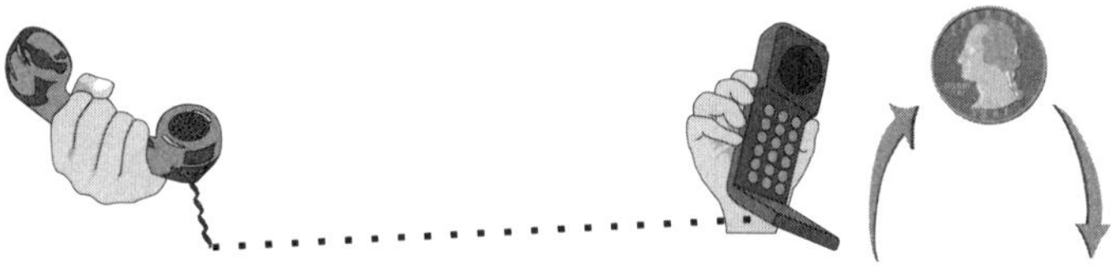

Bild 3.9: Münzwurf übers Telefon

Da jeder der beiden ihn haben will, schlägt Alice am Telefon vor: „Laß uns doch um das Auto knobeln!“ Sie machen sich noch einmal die Regeln klar: Jeder legt sich auf einen der Begriffe „Papier“, „Stein“ oder „Schere“ fest, und beide stellen die gewählten Begriffe gleichzeitig durch ein Handzeichen dar. Es gewinnt

Papier gegen Stein,
Stein gegen Schere und
Schere gegen Papier.

Natürlich können sie über das Telefon keine Handzeichen übermitteln, aber sie können auch nicht gleichzeitig ihre Begriffe nennen, denn sonst würden sie sich nicht verstehen. Also sagt Alice: „Du fängst an."

Bob durchschaut dies sofort: „Wenn Du meinen Begriff kennst, kannst Du Dir noch den Begriff wählen, der mich schlägt. Fang doch *du* an!" Aber auch Alice weigert sich, darauf einzugehen.

Das Problem ist offensichtlich: Derjenige, der als letzter antworten darf, kann seine Meinung noch ändern. Sie bräuchten eine Methode, bei der derjenige, der zuletzt antwortet, seine vorher getroffene Entscheidung nicht mehr ändern kann: Er muß sich vorher festlegen.

Wenn sich die beiden am selben Ort befinden würden, gäbe es kein Problem. Dadurch, daß beide *gleichzeitig* ihr Handzeichen geben, kann keiner seine Entscheidung rückgängig machen.

Bob hat eine andere Idee: „Wir werfen eine Münze. Du sagst, ob Du Kopf oder Zahl willst. Wenn die entsprechende Seite oben liegt, bekommst Du das Auto, sonst ich."

Aber wieder stehen sie vor einem ähnlichen Problem: Wenn Alice zuerst ihre Wahl bekanntgibt, kann Bob entsprechend betrügen; wenn Bob zuerst die Münze wirft und Alice das Ergebnis mitteilt, kann sie gegebenenfalls ihre Entscheidung revidieren. Auch hier muß derjenige, der zuletzt antwortet, seine Entscheidung oder sein Ergebnis vorher festlegen, und zwar so, daß der andere dieses nicht erraten kann.

Zur Lösung dieses Problems braucht man Commitment-, genauer gesagt Bit-Commitment-Techniken. Beim Münzwurf muß sich Alice auf ein Bit festlegen; dafür haben wir in Abschnitt 2.6 bereits mathematische Verfahren angegeben. Beim Knobeln muß sich einer der beiden auf ein Element der 3-elementigen Menge {Papier, Stein, Schere} festlegen. Mathematisch kann man dieses Problem mit Hilfe der Isomorphie von Graphen lösen (vgl. Abschnitt 8.5):

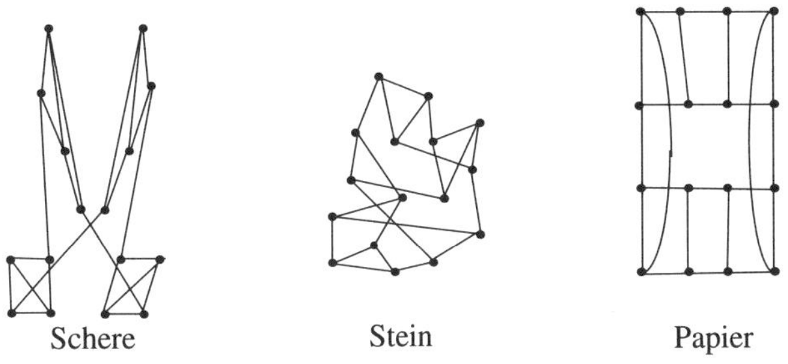

Bild 3.10: Knobeln übers Telefon mit Hilfe von Graphen

Alice und Bob legen gemeinsam drei nichtisomorphe Graphen G_{Papier}, G_{Stein} und G_{Schere} fest (vgl. Bild 3.10; die dort angegebenen Graphen sind allerdings zu klein). Alice wählt einen dieser Graphen aus, wendet eine zufällige Permutation auf ihn an und

schickt das Ergebnis an Bob. Bob kann nicht erkennen, welchen der Graphen Alice gewählt hat, da das Problem zu erkennen, ob zwei Graphen isomorph oder nicht isomorph sind, für große Graphen praktisch unlösbar ist.
Daraufhin trifft Bob seine Wahl und teilt diese Alice mit. Jetzt kann Alice ihre Wahl offenlegen, indem sie ihren Graphen nennt und Bob die verwendete Permutation mitteilt. Alice kann ihre Wahl nicht ändern, da der übermittelte Graph nur zu einem der drei Graphen isomorph ist.

3.9 Blinde Signaturen

Normalerweise will der Unterzeichner eines Dokuments wissen, was er unterschreibt. Das ist auch bei einer elektronischen Signatur der Fall. Es gibt allerdings auch Anwendungen, in denen dies nicht erwünscht ist, bei denen es sogar gefordert wird, daß der Unterschreibende nicht wissen *darf*, was er unterschreibt. Bei diesen Anwendungen handelt es sich um elektronische Münzen und elektronische Wahlen (siehe Abschnitte 6.3 und 6.4).

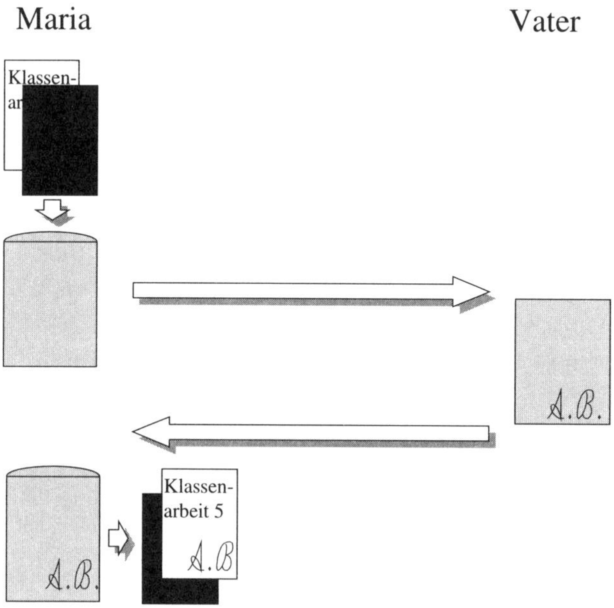

Bild 3.11: Blinde Signatur einer Klassenarbeit

Ein Verfahren zur Erzeugung **blinder Signaturen** ist ein Protokoll, in dem eine Person A einem Unterzeichner B ein Dokument so vorlegen kann daß

- B die Nachricht nicht sieht und
- A die gültige Unterschrift von B unter das Dokument erhält.

Wir beschreiben hier den Mechanismus einer blinden Signatur zunächst an einem alltäglichen Beispiel und dann mit einem kryptographischen Protokoll.
Maria hat eine schlechte Klassenarbeit geschrieben und muß diese von ihrem Vater unterschreiben lassen. Sie versichert, daß es sich um einen Ausrutscher handelt, möchte aber nicht, daß ihr Vater alle Fehler sieht und sie darüber belehrt. Da Maria ansonsten gute Leistungen mit nach Hause bringt, läßt sich ihr Vater auf das folgende Spiel ein:

- Maria packt die Arbeit zusammen mit einem Kohlepapier in einen Umschlag und zeigt ihrem Vater die Stelle, an der er (auf dem Umschlag) unterschreiben soll.
- Der Vater unterschreibt, die Unterschrift drückt sich durch und die Arbeit ist signiert.

Um sicherzugehen, daß er keinen Scheck unterschreibt, kann er durch einen kleinen Zusatz den Zweck der Unterschrift klarstellen, z. B. indem er den Satz „Zeugnis gesehen“ hinzufügt.
Mit Hilfe des RSA-Verfahrens kann man diese Idee kryptographisch realisieren. Das hier vorgestellte Verfahren geht auf Chaum [Cha85] zurück.

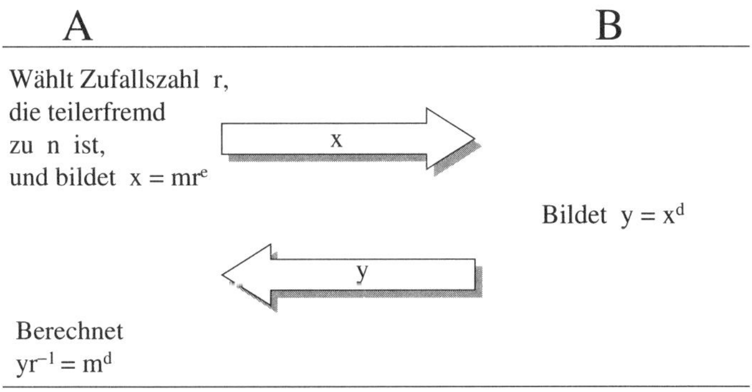

Bild 3.12: Protokoll zur blinden Signatur eines Dokuments m mit dem RSA-Schema

Ein Dokument m einer Person A soll von B blind signiert werden. Seien n der Modul, e der öffentliche und d der geheime Schlüssel des Unterzeichners B.
A wählt zunächst eine Zufallszahl r, die teilerfremd zu n ist, und potenziert diese mit e. Dann schickt sie den Wert

$$x = m \cdot r^e \bmod n$$

an B. (Diese Multiplikation mit r^e entspricht dem Einpacken der Klassenarbeit in einen Umschlag.)
B unterschreibt den erhaltenen Wert, indem er x mit d potenziert; er schickt das Ergebnis

$$y = x^d \bmod n$$

an A zurück. A multipliziert den erhaltenen Wert y mit dem Inversen r^{-1} von r. Dadurch erhält A wegen

$$y \cdot r^{-1} = x^{d} \cdot r^{-1} = (m \cdot r^{e})^{d} \cdot r^{-1} = m^{d} \cdot r^{ed} \cdot r^{-1} = m^{d} \cdot r \cdot r^{-1} = m^{d} \bmod n$$

die unterschriebene Nachricht. (Das „Reinziehen" der Potenz d in das Produkt $m \cdot r^{e}$, also die Tatsache, daß $(m \cdot r^{e})^{d} = m^{d} \cdot r^{ed}$ gilt, entspricht der Verwendung des Kohlepapiers im obigen Beispiel.)

Die so erzielte Signatur ist blind, da B nicht weiß, welches Dokument er in Wirklichkeit unterschreibt, denn dadurch, daß m mit der Zufallszahl r^{e} verschlüsselt wurde, kann er aus $m \cdot r^{e}$ nicht auf m schließen.

4 Zero-Knowledge-Verfahren

Kryptographische Protokolle leben von Interaktivität. Dagegen sind mathematische Beweise statisch. Durch die Einführung von Interaktivität in mathematischen Beweisen haben sich die beiden Gebiete gegenseitig befruchtet: Man kann einerseits mit *interaktiven Beweisen* mehr mathematische Behauptungen als mit traditionellen Beweise zeigen, und man kann andererseits beinahe perfekte kryptographische Protokolle, die sogenannten *Zero-Knowledge-Verfahren* entwerfen.

4.1 Interaktive Beweise

Der Begriff „Beweis" taucht hauptsächlich in der Rechtsprechung und in der Mathematik auf. Es liegt in der Natur der Sache, daß Beweise vor Gericht nur bis zu einem gewissen Grad exakt sind, da sie die äußerst komplexe reale Welt zum Inhalt haben. Demgegenüber ist ein mathematischer Beweis im Prinzip eine logisch lückenlose Argumentationskette, die relativ einfache, abstrakte Objekte miteinander verknüpft. Man kann sich den Unterschied der beiden Beweismethoden auch dadurch verdeutlichen, daß es den Begriff „Justizirrtum" gibt, den analogen Begriff „Mathematikirrtum" aber nicht.
Wir machen uns zunächst noch einmal klar, was ein mathematischer Beweis leistet: In einem Beweis wird eine neue Aussage logisch aus den Axiomen (unbeweisbare Grundaussagen) abgeleitet. Das heißt: Um eine neue Aussage zu beweisen, darf man nur die Axiome und die schon bewiesenen Aussagen („Sätze") benutzen. Einen Beweis kann man für jeden nachvollziehbar machen, indem man die Schlußfolgerungen in der richtigen Reihenfolge aufschreibt.
Wir betrachten als Beispiel den mathematischen Satz (die „p,q-Formel"):

„*Die Gleichung* $x^2 + px + q = 0$ *hat die Lösungen* $x_{1,2} = -\frac{p}{2} \pm \sqrt{\left(\frac{p}{2}\right)^2 - q}$."

Zum Beweis dieses Satzes muß man einfach x_1 oder x_2 in die linke Seite der Gleichung einsetzen:

$$x_1^2 + px_1 + q = \left(-\frac{p}{2} + \sqrt{\left(\frac{p}{2}\right)^2 - q}\right)^2 + p\left(-\frac{p}{2} + \sqrt{\left(\frac{p}{2}\right)^2 - q}\right) + q =$$
$$= \left(\left(\frac{p}{2}\right)^2 - p\sqrt{\left(\frac{p}{2}\right)^2 - q} + \left(\frac{p}{2}\right)^2 - q\right) + \left(-\frac{p^2}{2} + p\sqrt{\left(\frac{p}{2}\right)^2 - q}\right) + q =$$
$$= \left(\left(\frac{p}{2}\right)^2 + \left(\frac{p}{2}\right)^2 - \frac{p^2}{2}\right) + \left(-p\sqrt{\left(\frac{p}{2}\right)^2 - q} + p\sqrt{\left(\frac{p}{2}\right)^2 - q}\right) + (-q + q) = 0.$$

Tatsächlich ergibt sich 0.
Die schon bewiesenen Aussagen, die in diesem Beweis benutzt werden, sind die Rechenregeln für die vier Grundoperationen ·, :, - und +.

Diese Art eines mathematischen Beweises ist aber nicht die einzig mögliche, wie ein Beispiel aus der Geschichte der Mathematik zeigt.
Seit der Antike bestand ein großes Interesse daran, Gleichungen dritten Grades, also Gleichungen der Form

$$x^3 + ax^2 + bx + c = 0$$

zu lösen. Allerdings waren diese Bemühungen in Antike und Mittelalter nicht von Erfolg gekrönt. Daher war es ein epochemachendes Ereignis, als Nicolò Tartaglia (ca. 1500-1557) um das Jahr 1535 in Oberitalien eine Lösungsformel für diese Gleichung analog zur oben beschriebenen p,q-Formel fand. Die Art und Weise, wie er seine Lösung bekanntmachte, ist das erste uns bekannte Beispiel für einen *interaktiven Beweis.* Die historischen Tatsachen können etwa in [WA75] nachgelesen werden.

Tartaglias Lösung für Gleichungen dritten Grades

Man kann die Gleichung

$$x^3 + ax^2 + bx + c = 0$$

durch die Substitution $x = y - \frac{a}{3}$ auf die Form

$$x^3 + px + q = 0$$

bringen. Tartaglia fand eine Lösung für die Formel

$$x^3 + px = q$$

mit positiven Koeffizienten p und q. Sie lautet in moderner mathematischer Schreibweise:

$$x = \sqrt[3]{\sqrt{\left(\frac{p}{3}\right)^3 + \left(\frac{q}{2}\right)^2} + \frac{q}{2}} + \sqrt[3]{\sqrt{\left(\frac{p}{3}\right)^3 + \left(\frac{q}{2}\right)^2} - \frac{q}{2}}.$$

Tartaglia konnte aufgrund seiner Armut und einfachen Herkunft keine akademischen Grade erlangen. Vielleicht war es die Angst vor der etablierten akademischen Konkurrenz, die ihn dazu veranlaßte, seine Lösungsformel geheimzuhalten.
Tartaglia geriet in einen Wettstreit mit dem italienischen Rechenmeister Antonio Maria Fior, der Anfang des 16. Jahrhunderts lebte und dessen Lehrmeister Scipione del Ferro (ca. 1465-1526) bereits früher Lösungen von Gleichungen dritten Grades gefunden, aber nicht weitergegeben hatte. Um die Behauptung von Tartaglia, er könne Gleichungen dritten Grades lösen, zu überprüfen, legte Fior ihm 30 Aufgaben vor. Tartaglia löste alle und konnte so seine Behauptung beweisen, ohne sein Geheimnis zu verraten.
Dieses Verfahren konnte er in jeder Disputation anwenden: Zu jeder ihm gegebenen Gleichung der Form $x^3 + px = q$ konnte er die Lösungen mit Hilfe seiner Formeln finden. Jedermann konnte leicht verifizieren, daß die von Tartaglia angegebenen Zahlen wirklich Lösungen der vorgelegten Gleichung sind. Aber niemand, auch seine Konkurrenten nicht, konnten aufgrund der Lösung die Formel erraten.

Schließlich teilte Tartaglia sein Geheimnis Geronimo Cardano (1501-1576) mit, nachdem dieser einen Eid geschworen hatte, sie nicht zu veröffentlichen. Doch Cardano brach seinen Eid und publizierte die Formeln in seiner 1545 erschienenen „Ars Magna" – allerdings unter Nennung des Entdeckers Tartaglia. Trotzdem sind diese Ergebnisse heute als „Cardanosche Formeln" bekannt.

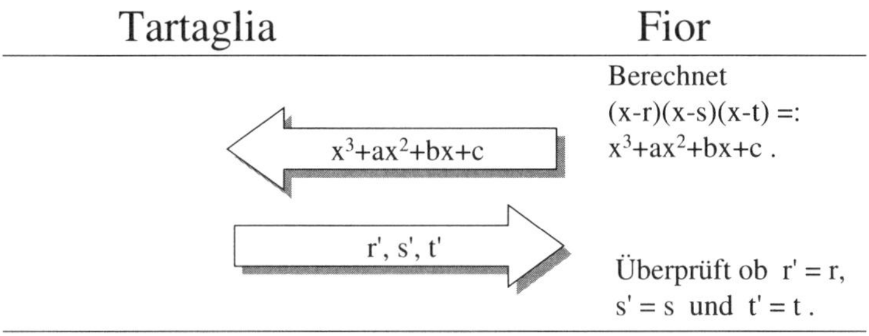

Bild 4.1: Das interaktive Beweisverfahren von Tartaglia

Das Verfahren von Tartaglia erfüllt unsere Forderungen an ein gutes kryptographisches Protokoll: Es ist *durchführbar*, da Tartaglia zu jeder ihm vorgelegten Gleichung eine Lösung berechnen kann, und da jeder Herausforderer seine Antworten verifizieren kann. Es ist auch *korrekt*, denn jemand, der die Lösungsformeln nicht kennt, kann eine Lösung höchstens raten. Die Wahrscheinlichkeit, eine richtige Lösung zu raten, hängt stark von der jeweiligen Gleichung ab, ist aber für fast alle Gleichungen verschwindend klein.
Interessanterweise besitzt das Verfahren noch eine dritte Eigenschaft: Tartaglia konnte eine Behauptung beweisen, ohne sein Geheimnis preiszugeben. In den *Zero-Knowledge-Beweisen*, deren Entdeckung 1985 eine Sensation war [GMR85], ist dieses Prinzip in vollkommener Weise realisiert. Mit diesen auch außerordentlich praxisrelevanten Verfahren beschäftigen wir uns in Abschnitt 4.2.

Zuvor behandeln wir noch einen anderen wichtigen Aspekt der interaktiven Beweismethode: Man kann sich in gewisser Weise von der Richtigkeit einer Aussage überzeugen lassen, bei der ein traditioneller Beweis astronomisch lang ist.
Als Beispiel betrachten wir das folgende Beispiel von Goldreich, Micali und Wigderson [GMW86]. Unter anderem für diese Arbeit erhielt Avi Wigderson auf dem „International Congress of Mathematicians 1994" in Zürich den Nevanlinna Preis.
Gegeben sind zwei Graphen G_0 und G_1, von denen behauptet wird, daß sie *nicht* isomorph sind.
Der im folgenden geschilderte interaktive Beweis dieser Behauptung benötigt eine nur theoretisch gegebene Voraussetzung: Es muß eine Instanz geben, mit der wir kommunizieren können, die „auf einen Blick" erkennen kann, ob zwei große Graphen isomorph sind oder nicht. Ein einprägsames Bild für diese Situation wurde von dem ungarischen Mathematiker L. Babai gefunden ([Bab85],[BM88]); besonders der zweite Artikel ent-

hält eine sehr einfühlsame Beschreibung des hier nur kurz angedeuteten Problems der Beweisbarkeit von mathematischen Behauptungen und wird deshalb besonders empfohlen (vgl. auch [BS96]). Die allwissende Instanz wird bei ihm durch den legendären Zauberer Merlin dargestellt, dem der mit normalen Geisteskräften ausgestattete König Arthur Fragen stellen kann.

Wir können unsere Situation also wie folgt beschreiben: Merlin behauptet, daß die gegebenen Graphen G_0 und G_1, die vielleicht jeweils 1000 Ecken haben, nichtisomorph sind. Auch Merlin kann keinen traditionellen Beweis dafür aufschreiben, da dies bedeuten würde, alle

$$1000! \approx 4 \cdot 10^{2567}$$

Permutationen auf G_0 anzuwenden und zu zeigen, daß der entstehende Graph verschieden von G_1 ist. Dies ist aber allein deshalb schon nicht möglich, weil diese Zahl die Anzahl der Atome im Weltall um einen gigantischen Faktor übersteigt.

Dennoch ist es möglich, daß sich Arthur mit beliebig hoher Wahrscheinlichkeit davon überzeugt, daß die beiden Graphen nicht isomorph sind. Dabei geht er wie folgt vor:

Arthur wählt, ohne daß Merlin dies sieht, einen der beiden Graphen G_0 oder G_1 und unterwirft ihn einer zufällig gewählten Permutation. Das Ergebnis ist ein Graph H. Dieser wird Merlin gezeigt, und dieser muß dann sagen, welchen der beiden Graphen G_0 oder G_1 Arthur zur Konstruktion von H gewählt hat.

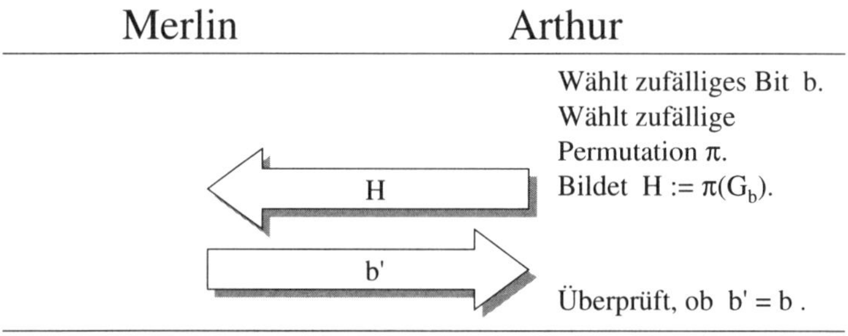

Bild 4.2: Ein interaktiver Beweis der Nichtisomorphie zweier Graphen

Wenn die Behauptung Merlins, daß G_0 und G_1 nichtisomorph sind, stimmt, ist H zu genau einem dieser Graphen isomorph. Merlin erkennt aufgrund seiner übernatürlichen Fähigkeiten „auf einen Blick“, zu welchem der beiden Graphen H isomorph ist. Er teilt dies Arthur mit, und dieser kann die Antwort mit seiner eigenen Wahl vergleichen (*Durchführbarkeit*).

Wenn die Behauptung Merlins falsch ist, dann sind G_0 und G_1 isomorph. In diesem Fall ist H zu beiden Graphen isomorph. Für Merlin sehen alle drei Graphen gleich aus, und er kann nur raten, welchen Graphen Arthur gewählt hat. Ist Arthur bei seiner Wahl

rein zufällig vorgegangen, so kann Merlin nur mit Wahrscheinlichkeit ½ raten, welchen Graphen Arthur gewählt hat.
Wenn Arthur und Merlin dieses Spiel t mal spielen, ist die Wahrscheinlichkeit, daß Merlin stets richtig antwortet, obwohl die beiden Graphen isomorph sind, nur $(½)^t$. Dies bedeutet, daß sich Arthur, indem er die Anzahl t der Runden vergrößert, mit beliebig großer Wahrscheinlichkeit von der Richtigkeit der Aussage überzeugen kann.
Bei diesem Nachweis der *Korrektheit* eines kryptographischen Protokolls konnten wir die Betrugswahrscheinlichkeit genau angeben; auch dies ist ein Vorteil der hier vorgestellten interaktiven Beweissysteme.

Ein wichtiges Ergebnis von Shamir bestimmt genau die Klasse der Probleme, die sich auf diese Art und Weise interaktiv beweisen lassen [Sha90]. In diese Klasse fallen zum Beispiel alle mathematisch beweisbaren Sätze und außerdem die Probleme, für bestimmte Spiele (etwa für GO) eine Gewinnstrategie zu finden. In der mathematischen Kurzsprache formuliert heißt dieser Satz „**IP = PSPACE**“. Dabei ist **IP** die Klasse der interaktiv beweisbaren Sätze und **PSPACE** die Klasse der Sätze, die mit polynomialem Aufwand an Speicherplatz, aber möglicherweise exponentiellem Aufwand an Rechenzeit, beweisbar sind.

Noch ein Wort zur Terminologie: In den beiden oben genannten Beispielen beweisen Tartaglia bzw. Merlin bestimmte Aussagen; sie werden daher auch als „Beweisführer“ oder engl. „**Prover**“ bezeichnet. Die Herausforderer Fior bzw. König Arthur verifizieren die gegebenen Antworten; deshalb werden Instanzen, die diese Aufgabe wahrnehmen, auch „Verifizierer“ („**Verifier**“) genannt.

4.2 Zero-Knowledge-Verfahren

Im vorigen Abschnitt haben wir gesehen, wie Tartaglia andere von der Existenz seines Geheimnisses überzeugen konnte, ohne dieses zu verraten.
Solche Systeme sind ideal geeignet als Authentikationssysteme, insbesondere also zum Nachweis der Identität von Personen (vgl. Abschnitt 1.2). Eine Person A kann sich gegenüber B durch den Nachweis eines bestimmten Geheimnisses identifizieren; idealerweise sollte das so erfolgen, daß

- B das Geheimnis von A nicht vorher kennen muß, und
- auch während des Prozesses nichts darüber erfährt.

In diesem Fall hätte B nämlich keine Chance, sich Dritten gegenüber als A auszugeben.
Zero-Knowledge-Verfahren erfüllen diese Forderung optimal: B kann sich von A's Identität mit beliebig hoher Sicherheit überzeugen, ohne daß er dabei *irgendwelche* Informationen erhält; insbesondere erfährt er nichts über das Geheimnis. Dies nennt man die **Zero-Knowledge-Eigenschaft**. Zero-Knowledge-Protokolle sind sowohl für die Praxis äußerst wichtig (elektronische Zugangskontrolle), als auch theoretisch interes-

sant, da in ihnen nichttriviale mathematische und komplexitätstheoretische Methoden zur Anwendung kommen.
Wir werden zunächst den Begriff „Zero-Knowledge" an einem anschaulichen Beispiel erläutern. Danach werden wir zwei mathematische Protokolle vorstellen, die auf der Graphentheorie einerseits und elementarer Zahlentheorie andererseits beruhen.

Die magische Tür

Wir stellen ein Verfahren mit Zero-Knowledge-Eigenschaft vor (vgl. [QG90]), in dem eine Frau A einem B gegenüber die Kenntnis eines Geheimnisses nachweisen kann. Das Geheimnis von Frau A ist ein Zahlencode, mit dem sie eine „magische Tür" öffnen kann. Es ist klar, daß A ihren Zahlencode unbeobachtet eingeben können muß; die Tür wird deshalb für das Verfahren in ein Gebäude mit einem komplexen Grundriß integriert, wie er in Bild 4.3 wiedergegeben ist.

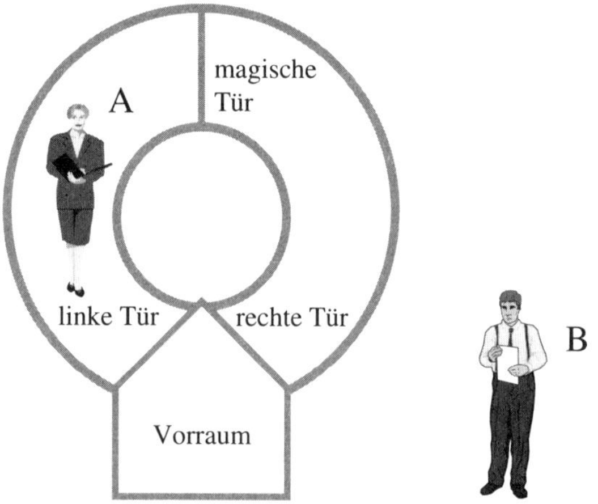

Bild 4.3: Grundriß des Gebäudes mit magischer Tür

Das Verfahren läuft wie folgt ab:

- A betritt den Vorraum und schließt die Eingangstür hinter sich. Danach wendet sie sich zufällig nach rechts oder links, geht in den entsprechenden Gang und schließt die Tür hinter sich.
- Nun erst darf B den Vorraum betreten. Er sieht rechts und links zwei geschlossene Türen und hat kein Indiz dafür, auf welcher Seite sich A befindet. B darf sich eine Seite wünschen; er entscheidet sich zufällig und ruft „rechts" oder „links". Danach erwartet er, daß A durch die entsprechende Tür herauskommt.
- Wenn A sich zufällig auf derjenigen Seite befindet, die B sich gewünscht hat, hat sie keinerlei Mühe, B's Wunsch zu erfüllen. Andernfalls muß sie ihr Geheimnis be-

nutzen, um mit ihm die magische Tür zu öffnen, und kann also auch dann B's Wunsch erfüllen.

Dieses Verfahren wird t mal wiederholt; nur wenn A jedesmal zur richtigen Tür herauskommt, ist B zufrieden und ist überzeugt, daß A das Geheimnis kennt. Das Verfahren ist *durchführbar*, weil A den geheimen Zahlencode kennt und somit immer auf der gewünschten Seite herauskommen kann.

Wie kann B sicher sein, daß A das Geheimnis wirklich kennt? Nehmen wir an, statt A behauptet eine andere Frau $\tilde{A}$, das Geheimnis von A zu kennen, obwohl dies nicht stimmt. Da B seine Wahl zufällig trifft, befindet sich $\tilde{A}$ nur mit Wahrscheinlichkeit ½ auf der von B gewünschten Seite. In diesem Fall kann $\tilde{A}$ auf der richtigen Seite auftauchen, sonst aber nicht. Die Wahrscheinlichkeit, daß $\tilde{A}$ in allen t Runden Glück hat, ist nur $(½)^t$. Man beachte, daß B durch Wahl von t diese Wahrscheinlichkeit so klein machen kann, wie er möchte. (Ist etwa t = 20, so ist die Erfolgswahrscheinlichkeit von $\tilde{A}$ kleiner als 1 zu 1.000.000.) Das Protokoll ist also *korrekt*.

Zum Nachweis der *Zero-Knowledge-Eigenschaft* müssen wir etwas weiter ausholen. Die gedankliche Hauptschwierigkeit liegt darin, den Begriff „Zero-Knowledge" zu präzisieren, der bedeutet, daß „kein Wissen übertragen" wird. Wir müssen eine Definition für den Begriff „Zero-Knowledge" finden, der es uns gestattet, *zu beweisen*, daß keine Information übertragen wird. Darin besteht der große Vorteil von Zero-Knowledge-Protokollen: Während man von vielen kryptographischen Protokollen *glaubt*, daß durch sie keine geheime Information verraten wird (und dieser Glaube sich in einigen Fällen schon als falsch herausgestellt hat), kann man dies für Zero-Knowledge-Protokolle *beweisen.*

Durch diese Präzisierung wird auch klar werden, daß die folgende „offensichtliche Verbesserung" des Verfahrens nicht die Zero-Knowledge-Eigenschaft hat:

- A und B gehen gemeinsam in den Vorraum, Frau A geht immer durch die linke Tür und B erwartet sie immer von rechts.

Doch nun zur Präzisierung des Begriffs „Zero-Knowledge": B kann alle Informationen, die er im Verlauf des Protokolls erhält, dadurch aufzeichnen, daß er den ganzen Vorgang aus seiner Sicht mit einer Videokamera filmt. Das Video zeigt somit A, die im Gebäude verschwindet und die Tür hinter sich zumacht; dann sieht man den Vorraum, hört B „links" oder „rechts" rufen und sieht A aus der richtigen Tür kommen. Und das t mal.

Die **Zero-Knowledge-Eigenschaft** ist dann erfüllt, wenn es einem „**Simulator**" M gelingt, ohne Kenntnis des geheimen Zahlencodes ein vom Originalvideo nicht unterscheidbares Video herzustellen. In einer Definition zusammengefaßt könnte dies etwa wie folgt lauten (Eine formale Definition dieser Eigenschaft findet man in [GMR89]):

Eine Interaktion zwischen der Geheimnisträgerin A und B besitzt genau dann die **Zero-Knowledge-Eigenschaft**, wenn es dem Simulator M mit Hilfe von B ohne Kenntnis des Geheimnisses möglich ist, seine Sicht der Interaktion so zu rekonstruieren, daß sie von einem Außenstehenden nicht von der Originalinteraktion unterschieden werden kann.

Der Begriff „Zero-Knowledge" bedeutet: Es wird kein Wissen übertragen. Tragen die durch die obige Definition beschriebenen Verfahren ihre Bezeichnung zu recht?
Alles was ein Angreifer (sei es B oder eine andere Person) bei einem Zero-Knowledge-Verfahren lernen kann, ist auf B's Videoband festgehalten. Dieses Videoband kann man aber auch produzieren, ohne irgendeine geheime Information zu benutzen. *Wenn man aber keine Information hineinstecken muß, dann kann man (so die Schlußfolgerung) auch keine Information herausholen.* Die obige Definition ist also sinnvoll.
Wir stellen im folgenden kurz dar, wie ein „Simulator" M ein Video nachstellen kann, das vom Original nicht zu unterscheiden ist. Er benötigt dazu lediglich die Hilfe von B und (falls M diese Rolle nicht selbst übernehmen kann) einer Frau A', die den geheimen Zahlencode nicht kennen muß.
Der Anfang ist leicht: M versucht die Frage „rechts" oder „links" von B zu raten und teilt seine Vermutung Frau A' mit. Diese geht in das Gebäude, zieht die Tür hinter sich zu und geht auf der Seite durch die Tür, von der M vermutet, daß B danach fragen wird, und schließt sie. Dann geht B in den Vorraum und ruft „rechts" oder „links".
Wenn A' zufällig auf der von B gewählten Seite ist, kommt sie freudestrahlend heraus, und M kann die Szene abhaken. Aber: Was passiert, wenn sich A' auf der falschen Seite befindet? Dann bleibt ihr nicht weiter übrig, als enttäuscht auf der falschen Seite herauszukommen. Zu ihrer Überraschung sagt M jedoch: „Macht nichts, wir löschen die Szene einfach und probieren's noch einmal."
Dies wiederholen die beiden, bis sie t gute Szenen im Kasten haben; sie werden dazu etwa 2t Versuche benötigen.
Nun können wir auch begründen, warum die oben beschriebene „offensichtliche Verbesserung" nicht die Zero-Knowledge-Eigenschaft hat: Wenn eine Person zur linken Tür hineingeht, kann sie nur dann durch die rechte Tür wieder erscheinen, wenn sie das Geheimnis kennt. Also könnte M mit einer A', die das Geheimnis nicht kennt, das Verfahren nicht simulieren.
B ist der einzige Teilnehmer des Originalprotokolls, der auch bei der Simulation mitwirken muß. Das ist deshalb notwendig, weil B seine Fragen nicht nach einem bestimmten Verfahren stellen muß, sondern eine eigene Strategie dafür wählen kann. Wenn er sich von A's Ehrlichkeit überzeugen will, ist eine zufällige Wahl seiner Fragen am besten, möchte er aber A's Geheimnis berechnen, so kann eine andere Strategie erfolgversprechender sein. Eine Simulation des Originalprotokolls muß aber für jede Strategie von B möglich sein.

Nun geben wir die beiden wichtigsten mathematischen Realisierungen von Zero-Knowledge-Protokollen an.

Isomorphie von Graphen

Das folgende Protokoll basiert darauf, daß es im allgemeinen praktisch unmöglich ist, einen Isomorphismus zweier großer (isomorpher!) Graphen zu finden (siehe Abschnitt 8.5). In ihm identifiziert sich A dadurch, daß sie beweist, einen Isomorphismus σ zwischen zwei großen Graphen G_0 und G_1 zu kennen; das Paar (G_0, G_1) dient A als Identitätsmerkmal während σ ihr persönliches Geheimnis ist.

A kann sich etwa auf folgende Art und Weise in den Besitz dieser Information bringen: Sie wählt den Graphen G_0 und eine zufällige Permutation σ; der Graph G_1 entsteht aus G_0 durch Anwenden von σ. A veröffentlicht das Paar (G_0, G_1) in einem authentischen öffentlichen Register unter ihrem Namen und hält den Isomorphismus σ geheim; dieser spielt die Rolle des geheimen Zahlencodes aus dem vorigen Beispiel.

Das folgende Protokoll stammt aus [GMW86] und zeigt, wie B sich davon überzeugen kann, daß A einen Isomorphismus kennt, ohne daß A dazu auch nur ein Bit ihrer geheimen Information preisgeben muß:

- A wählt einen der beiden Graphen G_0 oder G_1 aus (etwa indem sie den Index $b \in \{0,1\}$ zufällig auswählt) und wendet eine zufällige Permutation τ auf den gewählten Graphen G_b an. Das Ergebnis ist ein Graph H, der zu beiden Ausgangsgraphen isomorph ist. Dieser Graph H wird an B geschickt.
- Nun darf B sich etwas wünschen und formuliert seinen Wunsch in Form eines Bits c: Er wünscht sich, entweder den Isomorphismus zwischen H und G_0 (d. h. $c = 0$) oder den Isomorphismus zwischen H und G_1 zu sehen $(c = 1)$.
- A erfüllt ihm diesem Wunsch: Sie schickt ihm entweder τ oder $\tau\sigma^{-1}$ bzw. $\tau\sigma$, je nachdem, ob zu Beginn G_0 oder G_1 gewählt wurde.
- B überprüft, ob die gesendete Abbildung tatsächlich ein Isomorphismus ist.

Diese vier Schritte werden t mal wiederholt.

Da A die Abbildungen σ und τ kennt, kann sie sowohl $\tau\sigma$ als auch $\tau\sigma^{-1}$ bilden und so in jedem Fall B's Wunsch erfüllen (*Durchführbarkeit*).

Stellen wir uns vor, $\tilde{A}$ möchte in die Rolle von A schlüpfen. Dazu muß sie B überzeugen, daß sie das Geheimnis kennt, das zum öffentlich bekannten Identitätsmerkmal (G_0, G_1) von A gehört.

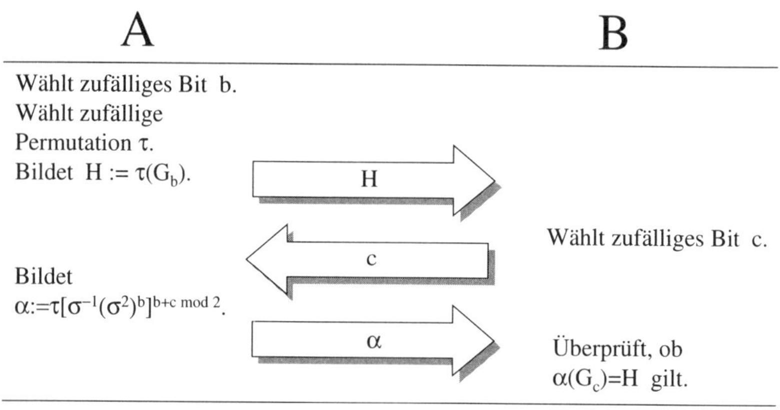

Bild 4.4: Zero-Knowledge-Protokoll zum Nachweis der Isomorphie zweier Graphen

Wir behaupten, daß eine $\tilde{A}$, die das Geheimnis σ nicht kennt, in jeder nur denkbaren Situation nur einen von B's Wünschen erfüllen kann.
Denn könnte $\tilde{A}$ sowohl τ als auch $\tau\sigma$ (oder τ und $\tau\sigma^{-1}$) angeben, so könnte $\tilde{A}$ auch A's Geheimnis σ herausfinden: $\tilde{A}$ kann beliebige ihr bekannte Permutationen invertieren und somit auch

$$\tau^{-1}(\tau\sigma) = \sigma \quad \text{bzw.} \quad (\tau\sigma^{-1})^{-1}\tau = (\sigma\tau^{-1})\tau = \sigma$$

berechnen.
Wir können daher annehmen, daß wenn B's Fragen unvorhersagbar sind, $\tilde{A}$ höchstens mit Wahrscheinlichkeit ½ betrügen kann. Andererseits ist $\tilde{A}$ immer in der Lage, mit Wahrscheinlichkeit ½ betrügen, indem sie B's Frage im voraus rät und dementsprechend ihre Wahl zwischen G_0 und G_1 so trifft, daß B mit der Antwort τ zufrieden ist.
Also ist die Betrugswahrscheinlichkeit pro Runde genau ½, und somit in t Runden genau $(½)^t$. Dies zeigt, daß das vorgestellte Protokoll auch *korrekt* ist.
Zero-Knowledge-Eigenschaft: Wir müssen zeigen, daß ein Simulator M mit B den Dialog simulieren kann. (Die Mitarbeit von A' bei der Simulation wird hier und im folgenden nicht benötigt; sie war nur im „magische Tür"-Beispiel nötig, um das Bild einer Frau auf Video zu bannen.) Dies geschieht wie folgt:

- M wählt zufällig einen der Graphen G_0 oder G_1 (sagen wir G_i), und produziert mit einer zufällig gewählten Permutation τ eine isomorphe Kopie H des gewählten Graphen; dieser Graph H wird an B geschickt.
- B entscheidet, ob er die Isomorphie zwischen H und G_0 oder die zwischen H und G_1 sehen will.
- In der Hälfte der Fälle haben B und M den gleichen Graphen G_i gewählt, und τ ist der gewünschte Isomorphismus. Die andere Hälfte der Fälle wird von M igno-

riert; dies entspricht den Stellen auf dem Videoband, die wieder gelöscht werden mußten.

Sowohl im Originaldialog als auch im nachgestellten Dialog taucht die gleiche Anzahl von (zufälligen) Tripeln (H, j, α) auf, für welche die Gleichung

$$\alpha(H) = G_j$$

gilt. Die beiden Dialoge sind also für einen Außenstehenden nicht zu unterscheiden.

Der Fiat-Shamir-Algorithmus

Das bekannteste und in der Praxis wichtigste Zero-Knowledge-Verfahren ist der Fiat-Shamir-Algorithmus [FS87]. Die Korrektheit dieses Algorithmus beruht darauf, daß es praktisch unmöglich ist, Quadratwurzeln in $\mathbf{Z}_n^*$ zu berechnen (siehe Abschnitt 8.3).

Der Fiat-Shamir-Algorithmus besteht – wie die meisten kryptographischen Algorithmen – aus zwei Phasen, der Schlüsselerzeugungsphase und der Anwendungsphase.

In der *Schlüsselerzeugungsphase* erzeugt A zunächst zwei große Primzahlen p und q und bildet ihr Produkt $n = pq$. Die Zahl n ist öffentlich, während p und q nur A bekannt sein dürfen. Dann wählt A eine Zahl s und bildet $v := s^2 \bmod n$. Die Zahl s ist das individuelle Geheimnis des Teilnehmers A (s steht für „secret"), während man mit Hilfe des Identitätsmerkmals v verifizieren kann, ob eine Person das Geheimnis kennt oder nicht. Das bedeutet insbesondere, daß s geheim bleiben muß, während v publiziert wird.

Man kann sich auch vorstellen, daß n eine Systemkonstante ist und die Zahlen s und v für jeden Teilnehmer von einer Zentrale gebildet werden.

Nun beschreiben wir die *Anwendungsphase*, in der A einen Verifizierer B davon überzeugen muß, daß sie das Geheimnis s kennt. Dazu führen A und B folgendes Protokoll durch (siehe Bild 4.5):

- A wählt zufällig ein Element r aus $\mathbf{Z}_n^*$ und quadriert dieses: $x := r^2 \bmod n$. Danach sendet A den Wert x an B.
- B wählt zufällig ein Bit b und sendet dieses an A.
- Ist $b = 0$, so sendet A den Wert $y := r$ an B;
  Ist $b = 1$, so sendet A den Wert $y := rs \bmod n$ an B.
- B verifiziert diese Antworten: Im Fall $b = 0$ überprüft er, ob $y^2 \bmod n = x$ ist; im Fall $b = 1$ testet er die Richtigkeit der Gleichung $y^2 \bmod n = xv \bmod n$.

Auch dieses Protokoll erfüllt die Voraussetzungen für Zero-Knowledge-Verfahren:

Durchführbarkeit: Wenn A das Geheimnis s kennt, so wird sie B davon überzeugen können, da in $\mathbf{Z}_n^*$ gilt:

$$y^2 \equiv (rs^b)^2 \equiv r^2 s^{2b} \equiv r^2 v^b \equiv xv^b \mod n.$$

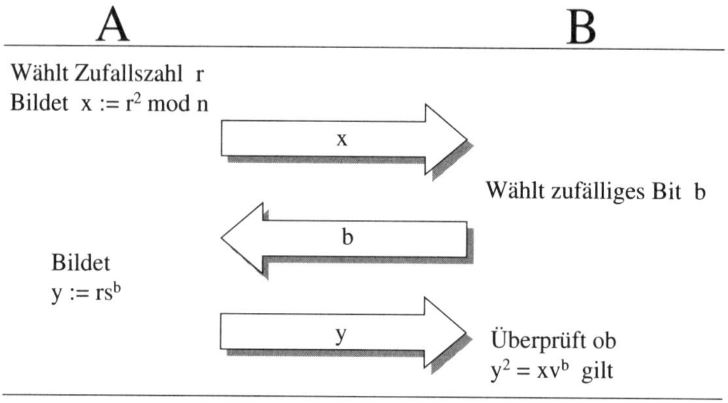

Bild 4.5: Das Fiat-Shamir Zero-Knowledge-Verfahren
Das Identitätsmerkmal v von A ist öffentlich bekannt, eine Quadratwurzel s von v modulo n ist das Geheimnis von A.

Korrektheit: Eine betrügerische $\tilde{A}$ kann höchstens auf eine der zwei Fragen $b = 0$ oder $b = 1$ antworten.
Könnte sie beide Fragen (mit y_0 bzw. y_1) beantworten, so besäße sie damit bereits eine Wurzel von v: Aus $y_0{}^2 = x$ und $y_1{}^2 = xv$ folgt $(y_1/y_0)^2 = v$, und somit ist y_1/y_0 eine Quadratwurzel von v modulo n. Sie kann in einer Runde also höchstens mit Wahrscheinlichkeit ½ betrügen.
Andererseits kann $\tilde{A}$ in einer Runde auch mindestens mit Wahrscheinlichkeit ½ betrügen: Wenn sie vermutet, daß B die Frage b stellen wird, so kann sie ihre Antworten entsprechend präparieren: Wenn sie $x := r^2v^{-b} \bmod n$ und $y = r$ setzt, so wird B bei der Verifikation keinerlei Unregelmäßigkeiten feststellen (s. u.).
Wie oben folgt, daß $\tilde{A}$ in t Runden genau mit Wahrscheinlichkeit $(½)^t$ betrügen kann.

Zero-Knowledge: Der Simulator M kann mit B auf folgende Art und Weise einen Dialog simulieren:

- M wählt zufällig ein Bit c und eine Zahl r; dann berechnet er $x := r^2v^{-c} \bmod n$ und sendet x an B.
- B antwortet mit einem Bit b.
- Ist $b = c$, so sendet M die Nachricht $y = r$ an B. Eine Überprüfung durch B ist in diesem Fall erfolgreich, denn es gilt:

$$xv^b \equiv r^2v^{-c}v^b \equiv r^2 \equiv y^2 \bmod n.$$

  Das Tripel (x, b, y) repräsentiert einen Schritt der simulierten Unterhaltung.
  Ist $b \neq c$, so werden alle gesendeten Nachrichten gelöscht und die Simulation dieser Runde erneut gestartet.

Sowohl im Originaldialog als auch im nachgestellten Dialog taucht die gleiche Anzahl von (zufälligen) Tripeln (x, b, y) auf, für welche die Gleichung

$$xv^b = y^2$$

gilt. Die beiden Dialoge sind also für einen Außenstehenden nicht zu unterscheiden.

Das Fiat-Shamir-Verfahren läßt sich besonders gut zum Nachweis der Identität von Personen bzw. den diesen Personen zugeordneten Geräten wie z. B. Terminals oder Chipkarten einsetzen. Diese Eigenschaft beruht darauf, daß es sich einerseits um einen Public-Key-Algorithmus handelt, daß also derjenige, der die Identität eines Teilnehmers überprüfen will, keine geheime Information mit diesem teilen muß (man könnte diese Eigenschaft als „öffentliche Überprüfbarkeit" bezeichnen), daß das Fiat-Shamir-Verfahren andererseits aber auch nicht so große Anforderungen an die Rechenleistung der benötigten Geräte stellt wie zum Beispiel das RSA-Verfahren.
Dies hat dazu geführt, daß man noch schneller über praktische Einsatzmöglichkeiten des Verfahrens nachdachte als bei anderen Public-Key-Verfahren. Da es möglich ist, das Fiat-Shamir-Verfahren auf einer Chipkarte zu implementieren, kam als möglicher Einsatzbereich das Gebiet des entgeltpflichtigen Fernsehens, kurz „Pay-TV", in Frage, das eine der großen Einsatzgebiete für fortgeschrittene Chipkartentechnologie ist [Sch95]. Das schlug sich bereits 1991 in einer Patentanmeldung für ein Pay-TV-System nieder, das heute allgemein unter dem Namen „Videocrypt" bekannt ist [EP91].
Bei den heute verwendeten Pay-TV-Systemen wird in einen Decoder, der keinerlei Geheimnisse enthält und oft frei verkauft wird, eine Chipkarte eingeschoben, auf der sich alle zur Entschlüsselung des Programms benötigten Daten befinden. Ein Problem ist dabei, dem Decoder zu ermöglichen, „echte" Originalkarten von „falschen" Piratenkarten zu unterscheiden. Da der Decoder keine geheimen Daten speichern soll, kommt dafür nur ein Public-Key-Verfahren in Frage. In [EP91] hat man sich für das Fiat-Shamir-Verfahren entschieden.

Im Rest dieses Kapitels behandeln wir einige wichtige Eigenschaften im Umfeld von Zero-Knowledge-Protokollen. Dabei treten teilweise komplexe Argumentationsketten auf. Davon sollten Sie sich nicht abschrecken lassen, sondern im Zweifelsfall kurz entschlossen weiterblättern.

4.3 Alle Probleme in NP besitzen einen Zero-Knowledge-Beweis

Als das Konzept der Zero-Knowledge-Beweise im Jahr 1985 entdeckt wurde, gab es zunächst nur sehr wenige Beispiele für solche Verfahren. Man vermutete damals, daß es – ähnlich wie bei den Public-Key-Kryptosystemen – nur sehr wenige Probleme gebe, die sich zur Konstruktion von Zero-Knowledge-Protokollen eignen. Es war daher überraschend, daß Goldreich, Micali und Wigderson 1986 beweisen konnten, daß unter bestimmten, allgemein akzeptierten Voraussetzungen alle „interessanten" Probleme einen Zero-Knowledge-Beweis besitzen: In [GMW86] konstruierten sie unter der Voraussetzung, daß „theoretisch gute“ Verschlüsselungsfunktionen existieren, für das NP-vollständige Problem der 3-Färbbarkeit von Graphen einen Zero-Knowledge-Beweis und zeigten damit, daß alle Probleme in **NP** (vgl. Abschnitt 8.7) solche Verfahren zulassen.

Wir wollen im folgenden ein anderes, leichter zugänglicheres Problem in den Mittelpunkt stellen, das **NP**-vollständige Problem, einen hamiltonschen Kreis in einem Graphen zu finden. Ein **hamiltonscher Kreis** eines Graphen G ist ein geschlossener Weg entlang der Kanten von G, der jede Ecke genau einmal passiert (vgl. [Jun90]). Ein Graph heißt **hamiltonsch**, wenn er einen hamiltonschen Kreis besitzt.

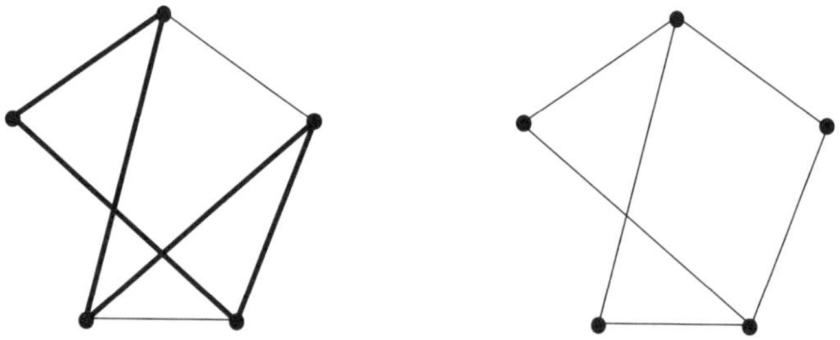

Bild 4.6: Ein hamiltonscher und ein nicht-hamiltonscher Graph

Ein Zero-Knowledge-Protokoll für den Nachweis, daß ein gegebener Graph hamiltonsch ist, stammt von M. Blum ([Blu86]; zitiert nach [Schn96]). Als Voraussetzung fließt dabei ein, daß es praktisch unmöglich sein muß, zu entscheiden, ob zwei große, gegebene Graphen isomorph sind oder nicht.

Das Protokoll läuft wie folgt ab: A kennt einen hamiltonschen Kreis K des Graphen G. Sie wählt eine zufällige Permutation π, wendet diese auf G an und erhält einen isomorphen Graphen H mit hamiltonschem Kreis $\pi(K)$. A sendet den Graphen H an B, der mit einem Bit b antwortet: Ist $b = 0$, so muß A zeigen, daß G und H isomorph sind; ist dagegen $b = 1$, so muß A einen hamiltonschen Kreis in H offenlegen. Dieses Protokoll (vgl. auch Bild 4.7) ist ein interaktiver Beweis der Behauptung „G ist hamiltonsch“ (d.h. es ist *durchführbar* und *korrekt*). Zum Nachweis der *Zero-Knowledge-Eigenschaft* benötigt man eine weitere graphentheoretische Voraussetzung, nämlich daß es möglich ist, einen Graphen G' mit hamiltonschem Kreis K' zu konstruieren, der von G praktisch nicht zu unterscheiden ist. Dann kann man bei der Simulation der Unterhaltung nämlich immer so vorgehen, daß man versucht, die Frage von B zu raten, und für $b = 0$ den Graphen $H = \pi(G)$, für $b = 1$ dagegen den Graphen $H' = \pi(G')$ an B sendet.

Diese zweite Voraussetzung ist allerdings sehr speziell und könnte sich als falsch herausstellen. Man kann sie jedoch durch eine allgemeinere Annahme ersetzen, nämlich die, daß sichere Bit Commitment-Verfahren existieren. In diesem Fall muß man das in

Bild 4.7 beschriebene Protokoll noch um einige Schritte ergänzen. Dies soll im folgenden geschehen.

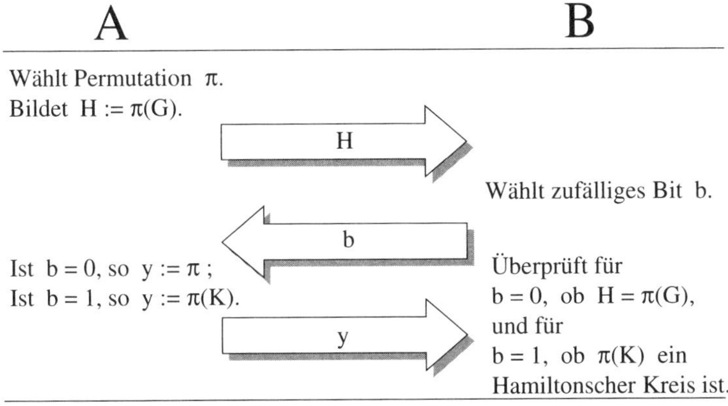

Bild 4.7: Zero-Knowledge-Protokoll zum Nachweis daß der Graph G hamiltonsch ist

Zunächst stellt man den Graphen G durch seine **Adjazenzmatrix** M dar (siehe Bild 4.8). Besitzt G einen hamiltonschen Kreis, und markiert man die Einsen, die zu diesem Kreis gehören, so enthält die Adjazenzmatrix in jeder Zeile und in jeder Spalte genau zwei markierte Einsen. Dann permutiert man G und damit auch M mit der zufällig gewählten Permutation π und verschlüsselt die Einträge von π(M) anschließend mit einem Bit Commitment-Verfahren.

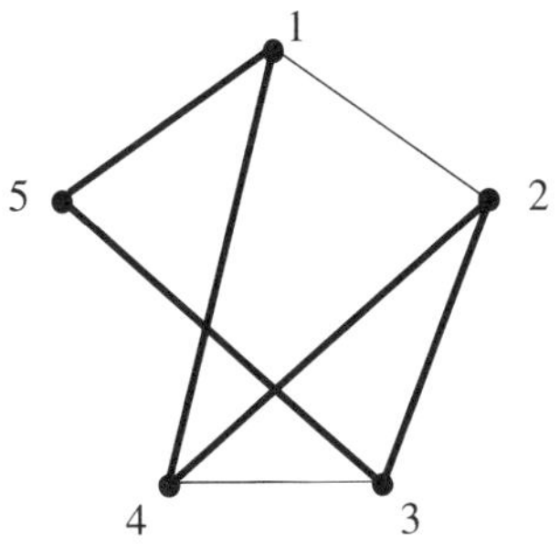

	1	2	3	4	5
1	*	1	0	***1***	***1***
2	1	*	***1***	***1***	0
3	0	***1***	*	1	***1***
4	***1***	***1***	1	*	0
5	***1***	0	***1***	0	*

Bild 4.8: Hamiltonscher Graph mit zugehöriger Adjazenzmatrix

Die Ecken des Graphen sind durchnumeriert. Der Eintrag 1 in der Adjazenzmatrix bedeutet, daß die entsprechenden Ecken durch eine Kante verbunden sind. Die zum hamiltonschen Kreis gehörenden Einsen sind fett und kursiv markiert.

Der Verifizierer B kann zwischen zwei Möglichkeiten wählen: Sendet er das Bit 1, so öffnet A alle Bit Commitments und gibt die verwendete Permutation bekannt. Sendet

B dagegen Bit 0, so öffnet A lediglich die Commitments, die den markierten Einsen des hamiltonschen Kreises entsprechen. Ein Beispielrunde dieses Protokolls ist in Bild 4.9 beschrieben.

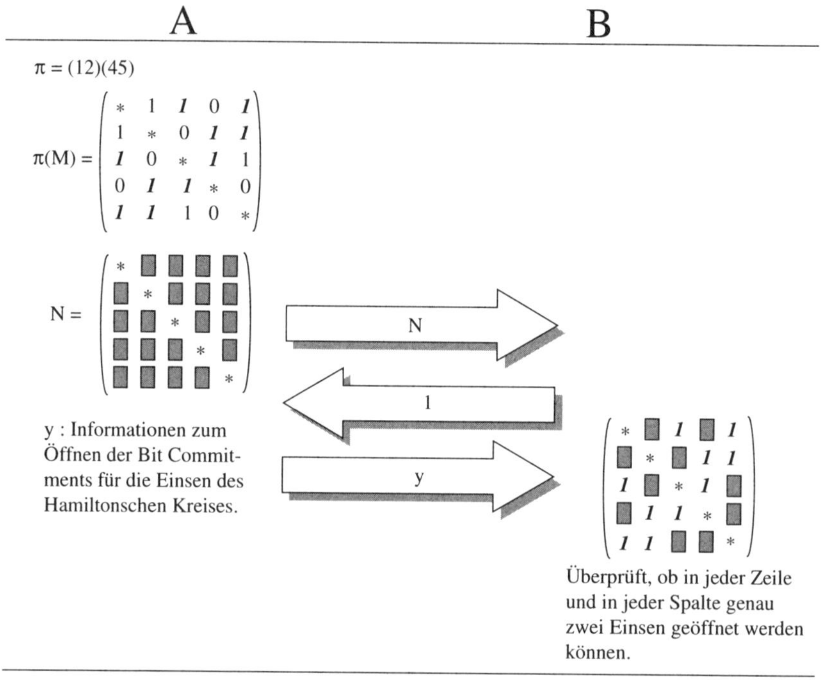

Bild 4.9: Protokoll zum Nachweis, daß der Graph G aus Bild 4.8 einen hamiltonschen Kreis besitzt

Die Zero-Knowledge-Eigenschaft kann hier allein mit Hilfe der Eigenschaften der Bit Commitment-Funktion nachgewiesen werden. Zur Simulation der Unterhaltung zwischen A und B geht man wie folgt vor:

- Der Simulator M versucht, die Frage von B zu raten; das Ergebnis sei b'.
  - Ist b' = 0, so wählt er eine zufällige Permutation π, verschlüsselt die Bits der Adjazenzmatrix des Graphen π(G) mit dem Bit Commitment-Verfahren und sendet das Ergebnis an B.
  - Ist b' = 1, so wählt er als Graphen einen hamiltonschen Kreis auf den Punkten des Graphen. Dessen Adjazenzmatrix enthält genau zwei Einsen pro Zeile und pro Spalte. Die Einträge werden mit dem Commitment-Verfahren verschlüsselt. Das Ergebnis geht an B.
- M vergleicht die tatsächliche Frage b von B mit dem geratenen Wert b'. Ist $b \neq b'$, so bricht er die Simulation ab und beginnt von vorne. Im Fall b = b' geschieht folgendes:

- Ist $b = b' = 0$, so öffnet M alle Commitments und teilt B die Permutation π mit; B akzeptiert.
- Ist $b = b' = 1$, so öffnet M nur die Commitments der je zwei Einsen pro Zeile und pro Spalte; B akzeptiert auch hier.

Die Angabe dieses einen Protokolls genügt zum Beweis, daß alle Probleme in **NP** einen Zero-Knowledge-Beweis zulassen. Die **NP**-vollständigen Probleme haben nämlich die besondere Eigenschaft, daß man mit ihnen jedes Problem in **NP** formulieren kann. Will man zum Beispiel die Aussage „x ist kein quadratischer Rest modulo n“ beweisen, so kann man diese Behauptung nach zugegebenermaßen verwirrenden, aber nichtsdestoweniger sogar von einem Computer ausführbaren Berechnung in die Behauptung „$G_{\pi,n}$ hat einen hamiltonschen Kreis“ verwandeln. Dabei hängt der Graph $G_{\pi,n}$ von x und n ab, und die zweite Behauptung ist genau dann richtig bzw. falsch, wenn die erste richtig bzw. falsch ist.

Das in diesem Abschnitt beschriebene Resultat aus [GMW86] konnte zwei Jahre später noch verbessert werden. Es gelang Impagliazzo und Yung [IY87] und unabhängig davon Ben-Or, Goldreich, Goldwasser, Hastad, Kilian, Micali und Rogaway [BGGHKMR88] zu beweisen, daß jedes Problem das einen interaktiven Beweis zuläßt (diese Probleme sind zur Klasse **IP** zusammengefaßt), auch einen Zero-Knowledge-Beweis besitzt. Dieser Beweis beruht auf einer ähnlichen Annahme wie der hier vorgestellten, nämlich daß es sichere Bit Commitment-Verfahren gibt. Nähere Auskünfte über die Theorie der Zero-Knowledge-Beweise findet man in [Fei92].

4.4 Es ist besser, zwei Verdächtige zu verhören

Alle bisher angegebenen interaktiven Beweise und Zero-Knowledge-Verfahren beruhen auf mathematischen Annahmen, zum Beispiel darauf, daß es sehr schwer ist, einen Isomorphismus zweier Graphen zu finden, oder daß die Faktorisierung großer natürlicher Zahlen praktisch unmöglich ist. Leider konnte bisher keine dieser Annahmen mathematisch bewiesen werden, obwohl die meisten Mathematiker fest an die Richtigkeit dieser Behauptungen glauben; ein solcher Nachweis scheint sehr schwierig zu sein.

Diese Annahmen sind allerdings *nicht* für den Nachweis der Zero-Knowledge-Eigenschaft wichtig; diese würde auch erhalten bleiben, wenn die oben genannten Probleme leicht zu lösen wären: Man könnte mit den Zero-Knowledge-Protokollen in diesem Fall aber nichts mehr anfangen, da jetzt jeder die Rolle von A spielen könnte: Die Protokolle wären nicht mehr *korrekt*.

Hier stellt sich die Frage, ob man ein korrektes Zero-Knowledge-Protokoll auch ohne diese unbewiesenen Annahmen konstruieren kann, um „für alle Fälle“ gerüstet zu sein. Die Antwort auf diese Frage ist „ja“. Dabei macht man sich einen alten Polizeitrick zunutze.

Bild 4.10: Beim polizeilichen Verhör werden Verdächtige getrennt befragt

Der Trick wird in Bild 4.10 dargestellt: Wenn es im Zusammenhang mit einer Straftat mehrere Verdächtige gibt, so werden diese getrennt befragt, so daß sie während des Verhörs nicht miteinander kommunizieren können. Sind die Verdächtigen unschuldig und sagen die Wahrheit, so wird es zwischen den beiden Aussagen keine Widersprüche geben. Sind sie jedoch schuldig und versuchen zu lügen, so kann es leicht passieren, daß sie sich im Detail widersprechen, denn sie können nicht jede Kleinigkeit vorher absprechen.

In einem Zero-Knowledge-Protokoll ist der Prover A zunächst einmal immer verdächtig: Es könnte sich bei ihm ja um einen Betrüger $\tilde{A}$ handeln, der nur vorgibt, A zu sein.

Nehmen wir als Beispiel das Zero-Knowledge-Protokoll aus dem vorigen Abschnitt. A behauptet darin, daß ein gegebener Graph G hamiltonsch sei. Sie gibt diese Aussage nochmals zu Protokoll, indem sie eine verschlüsselte Version der permutierten Adjazenzmatrix an den Polizisten B weiterreicht. Dieser überprüft A's Geschichte nun im Detail: Kann sie die Isomorphie zu G nachweisen, oder kann sie einen hamiltonschen Kreis angeben?

Hat man zwei Prover A_1 und A_2, die beide behaupten, G sei hamiltonsch, so kann man das Festlegen und Öffnen eines Bits mit einem Bit Commitment-Schema aus [BGKW88] auf diese beiden Personen verteilen: A_1 legt sich auf ein bestimmtes Bit fest, und B läßt sich von A_2 dieses Bit öffnen. Dieses Bit Commitment-Verfahren kommt im Gegensatz zu den in Abschnitt 2.6 beschriebenen Verfahren ohne jede kryptographische Annahme aus.

Um überhaupt die Commitments des jeweils anderen öffnen zu können, müssen A_1 und A_2 in diesem Verfahren beide eine Zufallsfolge ρ aus den Ziffern 0, 1 und 2 besitzen, die niemandem sonst bekannt ist; sie können diese vor Beginn des Protokolls vereinbaren:

$$\rho = (r_1, r_2, ..., r_k),\ \ r_i \in \{0,1,2\}.$$

Sie dürfen sich außerdem auf eine Strategie verständigen, B zu betrügen, aber nach Beginn des Protokolls dürfen sie nicht mehr miteinander reden. Allen Beteiligten sind außerdem die beiden folgenden Funktionen bekannt:

$$\sigma_0:\begin{cases} 0 \mapsto 0 \\ 1 \mapsto 1 \\ 2 \mapsto 2 \end{cases} \quad \text{und} \quad \sigma_1:\begin{cases} 0 \mapsto 0 \\ 1 \mapsto 2. \\ 2 \mapsto 1 \end{cases}$$

A_1 kann sich nun B gegenüber auf eine Folge von maximal k Bits festlegen. Für das j-te Bit b dieser Folge beschreibt Bild 4.11 diesen Vorgang.

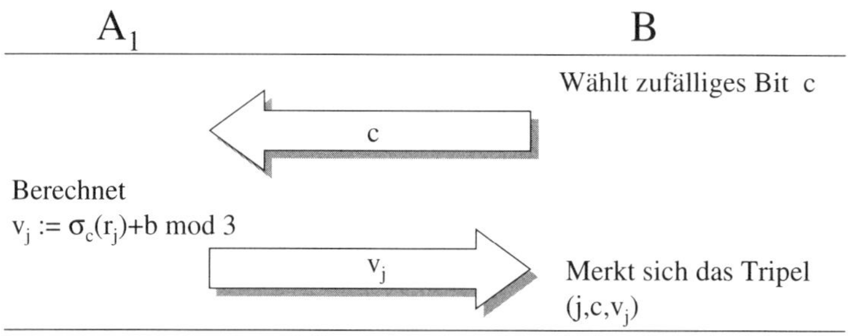

Bild 4.11: A_1 legt sich für das j-te Bit B gegenüber auf b fest

Zu einem späteren Zeitpunkt kann sich B mit Hilfe des Protokolls aus Bild 4.12 ausgewählte Bits von A_2 öffnen lassen.

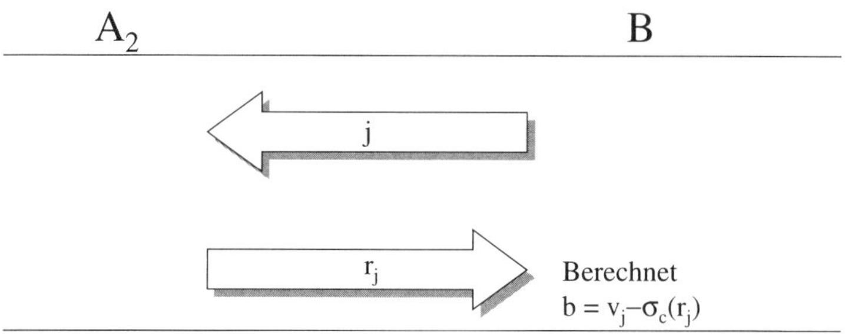

Bild 4.12: A_2 öffnet das j-te Bit für B

Warum funktioniert dieses Verfahren? Warum können A_1 und A_2 gemeinsam nicht B betrügen, indem A_2 ein anderes Bit öffnet als das, auf das sich A_1 festgelegt hat? Nehmen wir an, A_1 habe sich auf das Bit $b = 0$ festgelegt, aber A_2 möchte gern B gegenüber das Bit $b' = 1$ öffnen. Nehmen wir weiter an, daß in Bild 4.11 die Werte $c = 0$ und $r_j = 0$ verwendet wurden. Dann gilt

$$v_j = \sigma_0(0)+0 = 0.$$

A_2 kennt die Werte $b = 0$, $r_j = 0$ und (da $\sigma_0(0) = \sigma_1(0) = 0$) in diesem Falla uch $v_j = 0$, aber sie kennt c nicht. Da sie einen anderen Wert b' öffnen will, muß sie im Protokoll aus Bild 4.12 auch einen anderen Wert r_j' angeben, und nicht den tatsächlichen Wert $r_j = 0$. Doch was soll sie wählen: $r_j' = 1$ oder $r_j' = 2$? Sie kann mit den ihr bekannten Parametern die folgende Tabelle erstellen:

c	v_j	$r_j = 0$	$r_j' = 1$	$r_j' = 2$
0	0	0	2	1
1	0	0	1	2

Da A_2 den Wert von c nicht kennt, kann sie keine sichere Entscheidung treffen. Wenn sie beim Öffnen des j-ten Bits einen anderen Wert als den tatsächlichen $r_j = 0$ schickt, wird B mit Wahrscheinlichkeit ½ die Zahl 2 berechnen und so den Betrug feststellen, da 2 kein Bit ist. Muß A_2 im Gesamtprotokoll t der k Bits fälschen, um das Gesamtergebnis zu manipulieren, so liegt die Betrugswahrscheinlichkeit nur bei $(\frac{1}{2})^t$.

Das hier beschriebene Bit Commitment-Schema kann in größeren Protokollen wie zum Beispiel dem Zero-Knowledge-Verfahren aus Bild 4.9 des vorigen Abschnitts oder dem Verfahren aus [BGGHKMR88] eingesetzt werden. Damit kann man zeigen, daß es 2-Prover Zero-Knowledge-Verfahren für ganz **NP** bzw. für ganz **IP = PSPACE** gibt. Kombiniert man dies mit dem Ergebnis **MIP = NEXP** aus [BFL90], das besagt, daß man mit mehreren Provern alle Probleme beweisen kann, deren Lösungen in exponentieller Zeit überprüft werden können, so erhält man 2-Prover-Zero-Knowledge-Verfahren für die riesige Klasse **MIP** (vgl. hierzu [Fei92]).

4.5 Witness Hiding

Bei der Untersuchung von Zero-Knowledge Protokollen hat sich herausgestellt, daß die Zero-Knowledge-Eigenschaft nicht erhalten bleiben muß, wenn Protokolle **parallel** durchgeführt werden, das heißt wenn Prover und Verifizierer in jeder Runde nicht nur eine, sondern gleich mehrere Nachrichten senden. Gerade dies möchte man aber in kryptographischen Anwendungen tun, weil dadurch die Anzahl der zu sendenden Nachrichten klein wird. (Zum Beispiel ist die Zeit, die zur Durchführung eines Identifikationsprotokolls mit einer Chipkarte benötigt wird, primär nicht von den internen Berechnungen der Chipkarte abhängig, sondern vor allem von der Übertragungsdauer der Daten zur Karte; viele Nachrichten bedeuten aber eine hohe Übertragungszeit.)

Das Konzept eines Witness-Hiding-Protokolls (kurz WH-Protokoll), eingeführt von Feige und Shamir [FeS90], bietet eine Lösung dieses Problems: Man kann unter Benutzung des Begriffs der Witness-Indistinguishability (kurz WI) zeigen, daß die WH-Eigenschaft bei beliebig komplexen Protokollen erhalten bleibt, wenn alle Teilprotokolle diese Eigenschaft haben. Für diese Eigenschaft muß man allerdings einen kleinen Preis zahlen: Im Gegensatz zu Zero-Knowledge-Verfahren kann der Verifier V bei WH-Protokollen eventuell Informationen vom Prover P erhalten. Die Sicherheit bleibt trotzdem gewahrt, denn *V erfährt absolut nichts über das Geheimnis* w *von* P. Das Witness-Hiding Konzept löst somit eines der wichtigsten kryptographischen Probleme.

Hier noch einige Anmerkungen zur Terminologie. Das Wort „witness" bedeutet in der englischen Sprache soviel wie „Zeuge in einem Gerichtsverfahren" oder „Beweisstück". Wir verstehen hier unter einem **Zeugen** bzw. einer **witness** w für die Behauptung „x hat die Eigenschaft L" eine Information, die uns hilft, die Behauptung mathematisch zu beweisen. Die folgenden Beispiele sollen diese Definition illustrieren.

(1) Ein Zeuge für die Behauptung „Die Zahl m ist faktorisierbar" ist z. B. ein Primteiler p von m. Mit Hilfe von $w = p$ können wir die Behauptung beweisen, indem wir m durch p teilen und so nachweisen, daß das Ergebnis ganzzahlig ist.

(2) Wollen wir die Behauptung „Die Graphen G_0 und G_1 sind isomorph" zeigen, so ist ein Isomorphismus zwischen G_0 und G_1 ein Zeuge für diese Behauptung.

Witness Indistinguishability

Definition: Ein Protokoll für die Behauptung „x hat die Eigenschaft L" ist **witness-indistinguishable** (hat die **WI-Eigenschaft**), wenn man Ausführungen des Protokolls, in denen der Prover P einen Zeugen w_1 benutzt, nicht von solchen unterscheiden kann, in denen er einen anderen Zeugen w_2 benutzt.

Als Beispiel betrachten wir das Fiat-Shamir Verfahren. Der Prover A identifiziert sich hier gegenüber dem Verifier B, indem er die Gültigkeit der Behauptung „v ist ein quadratischer Rest, dessen Quadratwurzel ich kenne" zeigt. Der Zeuge w ist die geheime Quadratwurzel s von v. Dieses Protokoll hat die WI-Eigenschaft: Da n das Produkt zweier verschiedener Primzahlen ist, gibt es zu jedem quadratischen Rest v vier Quadratwurzeln. Es seien s_1 und s_2 zwei verschiedene Wurzeln von v. Wir müssen zeigen, daß B nicht unterscheiden kann, ob A den Zeugen s_1 oder s_2 benutzt.
Für $t = s_1/s_2 \bmod n$ gilt $t^2 = v/v = 1 \pmod n$ und

$$s_1 = ts_2 \bmod n.$$

Daraus folgt

$$rs_1 = (rt)s_2 \bmod n.$$

Wegen $(rt)^2 = r^2t^2 = r^2 = x$ kann B nicht unterscheiden, ob A den Zeugen s_1 mit der Zufallszahl r, oder ob sie den Zeugen s_2 mit der Zufallszahl rt benutzt. B hat also keine Chance zu entscheiden, welchen Zeugen A verwendet.

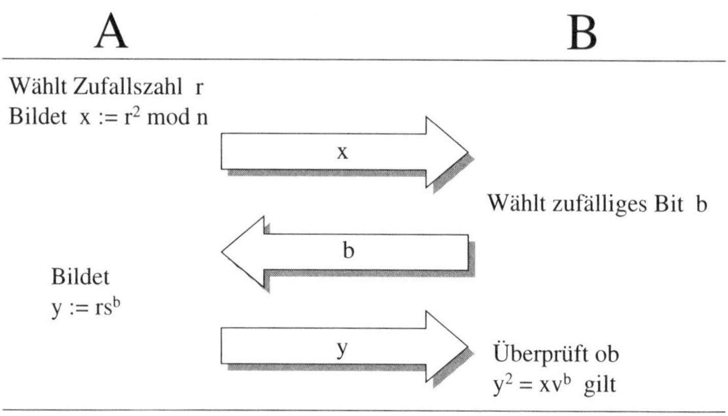

Bild 4.13: Das Fiat-Shamir Verfahren mit dem Zeugen s für die Behauptung „v ist ein quadratischer Rest".

Als Verallgemeinerung des obigen Beispiels ergibt sich:

Resultat 1 [FeS90]: *Jedes Zero-Knowledge Protokoll hat die WI-Eigenschaft.*

Das folgende Ergebnis benötigen wir später im Zusammenhang mit Witness Hiding.

Resultat 2 [FeS90]: D*ie WI-Eigenschaft bleibt bei paralleler Ausführung eines WI-Protokolls erhalten.*

Witness Hiding

Für uns ist die WI-Eigenschaft nur ein Hilfsmittel. In kryptographischen Anwendungen sind Witness-Hiding Protokolle von großer Wichtigkeit.

Ein Protokoll für die Behauptung „x hat die Eigenschaft L" ist **witness hiding** (hat die **WH-Eigenschaft**), wenn es für jeden Verifier V auch nach mehrmaliger Ausführung des Protokolls unmöglich ist, einen Zeugen w für diese Behauptung zu berechnen. Mit anderen Worten: Auch nachdem P und V das Protokoll mehrfach durchgeführt haben, kann V das Geheimnis von P nicht berechnen.

Um das Hauptergebnis von Feige und Shamir angeben zu können, brauchen wir noch einen weiteren Begriff.

Definition: Zwei Zeugen w_1 und w_2 für „x hat die Eigenschaft L" heißen **wesentlich verschieden**, wenn es mit Kenntnis von w_1 genauso schwer ist, w_2 zu berechnen, wie ohne Kenntnis von w_1, und umgekehrt.

Beispiele für wesentlich verschiedene Zeugen werden weiter unten angegeben.

Resultat 3 [FeS90]: *Gegeben sei ein WI-Protokoll P für die Behauptung* „x *hat die Eigenschaft* L". *Wir setzen ferner voraus, daß es schwer ist, einen Zeugen w für diese*

Behauptung zu finden, und daß es mindestens zwei wesentlich verschiedene Zeugen w_1 *und* w_2 *gibt. Dann hat P die WH-Eigenschaft.*

Warum ist dieses Resultat richtig? Wir nehmen an, daß P unsere Bedingungen erfüllt (und insbesondere die WI-Eigenschaft hat), aber kein WH-Protokoll ist. Wenn wir diese Annahme zum Widerspruch führen können, haben wir gezeigt, daß WH aus WI folgt.
Wir simulieren nun das Protokoll P unter Verwendung eines Zeugen w_1. Da P laut Annahme nicht die WH-Eigenschaft hat, kann der Verifizierer B nach mehreren Durchgängen einen Zeugen w berechnen.
Hier kommt nun die WI-Eigenschaft ins Spiel: B kann nicht erkennen, ob der Prover A den Zeugen w_1 oder einen anderen Zeugen (z.B. w_2) verwendet hat. Also kann auch das Ergebnis von B's Berechnungen nicht von w_1 abhängen. Mit einer nicht vernachlässigbaren Wahrscheinlichkeit ist w sogar wesentlich verschieden von w_1.
Wir wiederholen die Simulation so lange, bis wir einen von w_1 wesentlich verschiedenen Zeugen gefunden haben. Dies ist aber nach Definition des Begriffs „wesentlich verschieden" nicht möglich, also haben wir den gesuchten Widerspruch gefunden.

Parallele Versionen von kryptographischen Protokollen

Wir können nun die Ergebnisse von Feige und Shamir auf die uns bereits bekannten Zero-Knowledge Protokolle anwenden und zeigen, daß die parallelen Versionen dieser Protokolle die WH-Eigenschaft besitzen. Dazu genügt es zu zeigen, daß die (eventuell leicht modifizierten) Protokolle die Voraussetzungen von Resultat 3 erfüllen.

Das parallele Fiat-Shamir-Verfahren

Zu jedem quadratischen Rest v modulo $n = pq$ gibt es vier verschiedene Wurzeln r, –r, s und –s, die A als Zeugen verwenden kann. Dabei sind $\pm r$ und $\pm s$ wesentlich verschieden: Es ist genauso schwer, $\pm s$ aus $\pm r$ zu berechnen, wie beliebige Wurzeln zu berechnen. Denn nehmen wir an, wir kennen s bereits, und berechnen mit Hilfe dieser Information r. Dann ist $0 = v-v \equiv s^2 - r^2 = (s+r)(s-r)$ modulo n, und da $s-r \neq 0$ ist, haben wir einen echten Teiler $s-r$ von n gefunden. Da wir nun die Faktorisierung von n kennen, ist es einfach, beliebige Wurzeln zu berechnen: Man kann die Wurzeln modulo p und q berechnen und dann die Lösung mit dem chinesischen Restsatz zusammensetzen.
Das Fiat-Shamir-Verfahren erfüllt also die Voraussetzungen von Ergebnis 1 und darf somit auch parallel angewendet werden.

Der modifizierte diskrete Logarithmus

Bei Zero-Knowledge-Verfahren, die auf dem diskreten Logarithmus basieren, stehen wir vor einem besonderen Problem: es gibt hier zu jeder Behauptung von A „x hat einen diskreten Logarithmus, den ich kenne" nur genau einen Zeugen. Die Voraussetzungen von Ergebnis 1 sind also nicht erfüllt.
Wir können dieses Problem lösen, indem wir die Behauptung von A verändern:

„x oder x' hat einen diskreten Logarithmus, den ich kenne.“

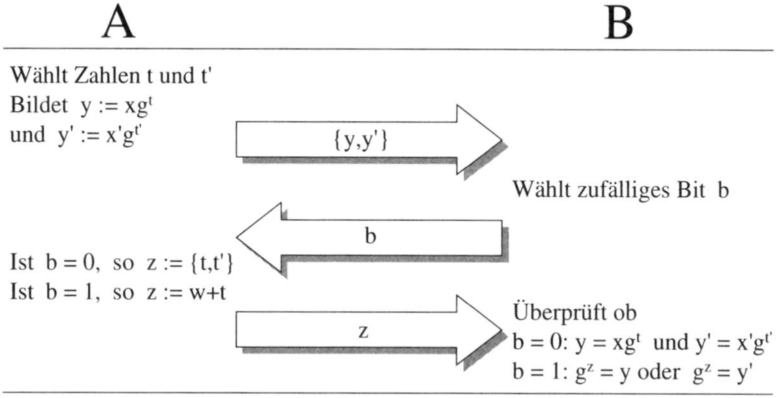

Bild 4.14: Der modifizierte diskrete Logarithmus.
A kennt den diskreten Logarithmus w von x, nicht aber den von x'.

Für diese Behauptung gibt es nun zwei wesentlich verschiedene Zeugen, nämlich den diskreten Logarithmus w von x und den diskreten Logarithmus w' von x'. Da diese beiden diskreten Logarithmen absolut nichts miteinander zu tun haben, ist es genauso schwer, w' aus w zu berechnen, wie einen beliebigen diskreten Logarithmus zu berechnen. Deshalb darf das Protokoll in Bild 4.14 auch parallel ausgeführt werden.

4.6 Nichtinteraktive Zero-Knowledge-Beweise

Wir haben dieses Kapitel damit begonnen, Interaktivität in Beweise einzubauen. Dadurch konnte man einerseits mehr beweisen, andererseits konnte man Dinge auf ganz andere Art zeigen, nämlich mit Verfahren, welche die Zero-Knowledge-Eigenschaft besitzen. Und jetzt soll die Interaktivität plötzlich überflüssig sein? Kann es das überhaupt geben, nichtinteraktive Zero-Knowledge-Verfahren?
Theoretische Ergebnisse sagen „Nein“: In [GO94] konnten Goldreich und Oren zeigen, daß Zero-Knowledge Beweissysteme mit nur ein oder zwei gesendeten Nachrichten uninteressant sind. Genauer gesagt kann man solche Beweissysteme nur für Probleme aus der Klasse **BPP** [BDG88] angeben, aber diese Probleme kann jeder Teilnehmer mit Hilfe von probabilistischen Algorithmen auch selbst lösen.
Man kann also die Interaktivität nicht völlig wegfallen lassen, aber sie kann in einem ersten Schritt durch eine Art Pseudointeraktivität ersetzt werden: A und B können zwei der drei nötigen Interaktionen schon vorher erledigen, und zwar zu einem Zeitpunkt, an dem A noch gar nicht weiß, was sie beweisen will. Um ihre Behauptung dann später zu

dann später zu beweisen, muß sie nur noch eine Nachricht an B schicken, und dieser Beweis hat dann die Zero-Knowledge-Eigenschaft.

Die Pseudointeraktivität durch Vorberechnung von Interaktionen kann man schließlich durch die Annahme ersetzen, daß sowohl A als auch B die gleiche Zufallsfolge kennen und daraus jeweils für sich die ersten beiden Nachrichten ableiten. Diese überraschenden Lösungen gehen auf Blum, Feldman und Micali [BFM88] zurück, die damit wichtige neue Anwendungen für Zero-Knowledge Beweise erschlossen haben. Man erhält damit ein Zero-Knowledge-Protokoll, das vollständig ohne Interaktionen auskommt: Es muß lediglich eine Nachricht vom Prover A an den Verifier B gesendet werden.

Wir wollen dieses Prinzip an einem eleganten Beispiel eines solchen Protokolls erläutern, das von Lapidot und Shamir stammt [LS90]. In diesem Protokoll wird das uns bereits bekannte Problem verwendet, einen hamiltonschen Kreis in einem Graphen zu finden. Wir geben zunächst eine Variante mit Vorberechnung an, die dann zu einem vollständig nichtinteraktiven Protokoll erweitert werden kann.

Ein nichtinteraktiver Zero-Knowledge-Beweis mit Vorberechnung

Das Protokoll besteht aus zwei Teilen: In einem **Vorberechnungsprotokoll** einigen sich beide Parteien auf k mit einem Bit Commitment-Schema verschlüsselte Adjazenzmatrizen $S_1, ..., S_k$ für zufällig gewählte hamiltonsche Kreise $H_1, ..., H_k$, das heißt für Graphen H_i, die nur aus einem Kreis bestehen (siehe Bild 4.15). Diese Kreise müssen die gleiche Anzahl von Ecken haben wie der später im Beweisschritt verwendete hamiltonsche Graph G. Der Verifizierer B kennt dabei die Struktur der hamiltonschen Kreise nicht, insbesondere weiß er nicht, wo die Kanten von $H_1, ..., H_k$ liegen. Er kann sich aber mit beliebig hoher Wahrscheinlichkeit davon überzeugen, daß die verschlüsselten Adjazenzmatrizen wirklich zu hamiltonschen Kreisen gehören, indem er zufällig ungefähr k/2 dieser Matrizen auswählt und den Inhalt durch Öffnen des Bit Commitment-Verfahrens (mit A's Hilfe) überprüft. Er kann dann sicher sein, daß auch die andere Hälfte der verschlüsselten Adjazenzmatrizen hamiltonsche Kreise enthält.

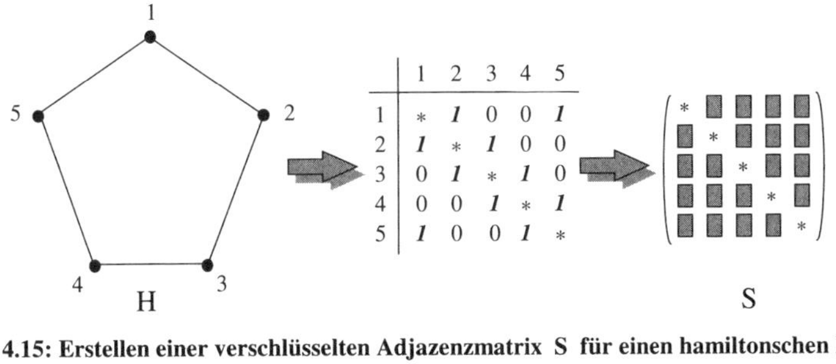

	1	2	3	4	5
1	*	1	0	0	1
2	1	*	1	0	0
3	0	1	*	1	0
4	0	0	1	*	1
5	1	0	0	1	*

Bild 4.15: Erstellen einer verschlüsselten Adjazenzmatrix S für einen hamiltonschen Kreis H

Im **Beweisgrundschritt** muß A ihre Behauptung zunächst als hamiltonschen Graphen G codieren (das geht, weil das Problem, eine Lösung zu ihrer Behauptung zu finden, in **NP** liegt). Dann wählt sie für jede verbliebene verschlüsselte Adjazenzmatrix S_i eine Permutation π_i, die H_i auf den hamiltonschen Kreis von G abbildet (in mathematischer Symbolschreibweise $\pi_i(H_i) \subseteq G$). Um B zu überzeugen, daß G wirklich hamiltonsch ist, sendet A die Permutation π_i und öffnet diejenigen Einträge in $\pi_i(S_i)$, die nicht zu Kanten von G gehören.

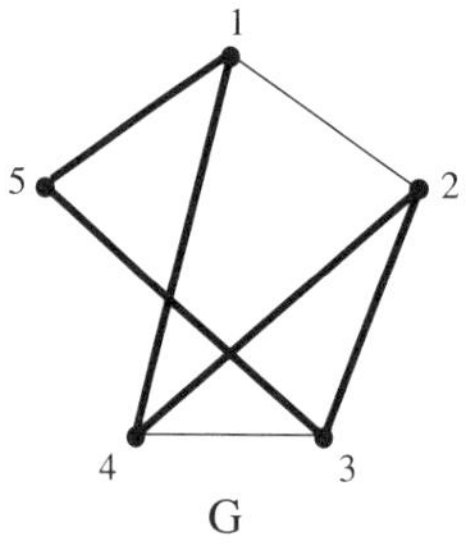

	1	2	3	4	5
1	*	1	0	*1*	*1*
2	1	*	*1*	*1*	0
3	0	*1*	*	1	*1*
4	*1*	*1*	1	*	0
5	*1*	0	*1*	0	*

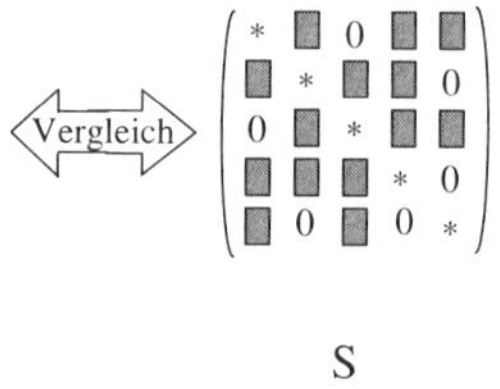

Bild 4.16: Beweisgrundschritt

Durchführbarkeit: Wenn G wirklich hamiltonsch ist (also wenn A's Behauptung richtig ist), dann kann A für die H_i immer hamiltonsche Kreise wählen und immer eine Permutation finden, die diese auf den hamiltonschen Kreis von G abbildet.

Korrektheit: Sei nun G nicht hamiltonsch. Dann kann ein (echter) hamiltonscher Kreis H nicht auf eine Teilmenge der Kantenmenge von G abgebildet werden, d. h. für jede Permutation π muß es mindestens zwei Ecken geben, die in $\pi(H)$ durch eine Kante verbunden sind, nicht aber in G (sonst wäre G ja hamiltonsch). Dann muß aber an mindestens zwei Stellen in der zugehörigen verschlüsselten Adjazenzmatrix S eine 1 stehen, an denen in der Adjazenzmatrix von G eine 0 steht. B wird diesen Grundschritt nicht akzeptieren.

Eine Betrügerin $\tilde{A}$ hat also nur dann Chancen, den Grundschritt für S_i zu überstehen, wenn in S_i kein Kreis, sondern irgendein anderer Graph, etwa der Graph ohne Kanten, verschlüsselt ist. Ein solcher Betrug würde aber in den Fällen, in denen B den Inhalt von S_i überprüft, sofort auffallen.

Ist $\tilde{A}$'s Behauptung also falsch und ihr Graph somit nicht hamiltonsch, so kann sie nur dann betrügen, wenn sie die Fragen von B im Voraus raten kann und für $b_i = 0$ in S_i einen hamiltonschen Kreis, für $b_i = 1$ dagegen den leeren Graphen verschlüsselt. Die Wahrscheinlichkeit dafür, daß sie richtig rät, ist aber nur $(\frac{1}{2})^k$.

Zero-Knowledge-Eigenschaft: Für jeden festen Sicherheitsparameter kann ein Simulator M dadurch das Originalprotokoll simulieren, daß er versucht, die Antworten von B im Voraus zu erraten, und dann vorgeht wie eine betrügerische $\tilde{A}$, wobei hier fehlgeschlagene Betrugsversuche nicht zum Abbruch führen, sondern nur ignoriert werden.

Das vollständige Protokoll ist in Bild 4.17 wiedergegeben.

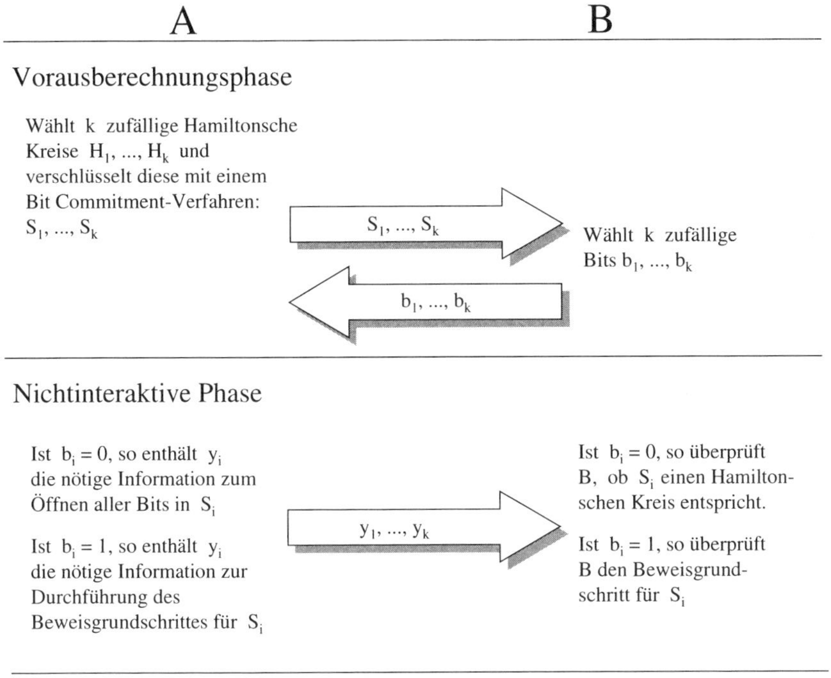

Bild 4.17: Ein nichtinteraktives Zero-Knowledge-Verfahren mit Vorausberechnung

Ein nichtinteraktiver Zero-Knowledge-Beweis mit gemeinsamer Zufallsfolge

Man kann nun die gemeinsame Vorausberechnungsphase von A und B durch die Annahme ersetzen, daß beide eine hinreichend lange gemeinsame Zufallsfolge $\rho = (r_1, r_2, r_3, \ldots, r_w)$ kennen, indem man zeigt, wie A und B unabhängig voneinander aus dieser Folge die verschlüsselten Adjazenzmatrizen $S_1, \ldots, S_k$ und die Bits $b_1, \ldots, b_k$ berechnen können. Dies ist allerdings ein relativ komplexer Prozeß, der im folgenden nur skizziert werden kann; der interessierte Leser sei hiermit auf die angegebene Literatur verwiesen.

Die Berechnung der Bits $b_1, \ldots, b_k$ stellt kein Problem dar: Man wählt dafür einfach bestimmte Bits aus ρ aus, z. B. die k ersten oder die k letzten Bits.

Ein größeres Problem stellt die Folge $S_1, \ldots, S_k$ dar: Man muß aus ρ eine Folge von verschlüsselten Bits konstruieren, so daß mit großer Wahrscheinlichkeit je n^2 dieser Bits einen hamiltonschen Kreis codieren. Dies kann man durch folgende Schritte erreichen:

Schritt 1: Konstruktion einer Folge verschlüsselter Bits

Benötigt wird dazu eine Trapdoor-Einwegfunktion f, die nur von A invertiert werden kann. Je 2m Bits $b_{i+1}, ..., b_{i+2m}$ von ρ stellen dann das Bit Commitment des Bits c dar:

$$c := <f^{-1}(x), y>, \quad x = (b_{i+1}, ..., b_{i+m}), \quad y = (b_{i+m+1}, ..., b_{i+2m})$$

Dabei ist $<\cdot,\cdot>$ das Standard-Skalarprodukt des Vektorraums $GF(2)^m$. A kann das Commitment später öffnen, indem sie B den Wert $z = f^{-1}(x)$ mitteilt; B verifiziert dann, ob $f(z) = x$ und ob $c = <z, y>$ gilt.
Je 2m Bits aus r codieren hier ein verschlüsseltes Bit s_j; wir wollen die Folge der so codierten verschlüsselten Bits mit $\sigma = (s_1, ..., s_v)$ bezeichnen.

Schritt 2: Konstruktion einer Folge verschlüsselter Bits t *mit* $P(t_j=1) = 1/n^3$.

In der Folge σ treten die Werte 0 und 1 noch gleich häufig auf. Für die Konstruktion der Matrizen S_i benötigen wir aber eine stark asymmetrische Verteilung der Werte; der Wert 1 soll dabei nur mit Wahrscheinlichkeit $1/n^3$ auftreten. Dies können wir erreichen, indem wir die Zahl $h := \log_2(n^3)$ definieren und o.B.d.A. annehmen, daß es sich dabei um eine ganze Zahl handelt. Dann fassen wir je h der Bits s_j aus σ zu einem Bit t zusammen und definieren

$$t = \begin{cases} 1 \text{ falls alle } s_j = 1 \\ 0 \text{ sonst.} \end{cases}$$

In der Folge $t = (t_1, ..., t_u)$ haben die Bits dann die gewünschte Verteilung, und wir können daran gehen, mit diesen verschlüsselten Bits die Matrizen S_i zu konstruieren.

Schritt 3: Konstruktion der $n \times n$*-Matrizen* S_i *aus* $n^2 \times n^2$*-Matrizen* T_i.

Im letzten Schritt faßt man je n^4 der Bits t_j zu $n^2 \times n^2$-Matrizen T_i zusammen. Da der Wert 1 für die Bits t_j mit Wahrscheinlichkeit $1/n^3$ auftritt, enthalten die Matrizen T_i mit hoher Wahrscheinlichkeit genau $n^4/n^3 = n$ Einsen. Aus diesen Matrizen T_i werden die Matrizen S_i wie folgt konstruiert:

1. Ist die Anzahl der Einsen von n verschieden, oder liegen in einer Zeile oder Spalte mindestens zwei Einsen, so wird die Matrix T_i von A als schlecht verworfen. A begründet ihre Entscheidung B gegenüber durch Öffnen aller Einträge in T_i.
2. Ist dies nicht der Fall (wenn also. T_i eine $n \times n$-Permutationsmatrix enthält), so öffnet A die n^2-n Zeilen und die n^2-n Spalten, die nur Nullen enthalten, und entfernt diese aus T_i. Das Resultat sei mit S_i bezeichnet.
3. Wird die Matrix S_i entschlüsselt, so kann sie als Adjazenzmatrix eines Graphen mit n Ecken und n Kanten aufgefaßt werden, falls sie keinen Eintrag 1 auf der Diagonalen enthält: Man ersetzt dazu einfach die Diagonaleinträge durch den Wert „*“ und addiert zu diesem Resultat die an der Diagonale gespiegelte Matrix; man erhält so eine symmetrische Matrix, die in jeder Zeile und jeder Spalte genau zweimal die 1 enthält.

4. Stellt S_i keinen hamiltonschen Kreis dar, so wird S_i als schlecht verworfen, und A begründet ihre Entscheidung durch Öffnen aller Einträge in S_i.
5. Ist das nicht der Fall, d. h. S_i stellt einen hamiltonschen Kreis dar, dann wird S_i als gut anerkannt und in der nichtinteraktive Phase des Protokolls aus Bild 4.17 (mit der unter Punkt 3. gegebenen Interpretation) verwendet.

Man beachte, daß A nur dann Interesse daran haben kann, „schlechte" verschlüsselte Matrizen S_i als „gut" auszugeben, wenn diese „schlechten" Matrizen sehr wenige Einsen enthalten. Dies ist aber nur mit sehr kleiner Wahrscheinlichkeit der Fall, da der Erwartungswert für die Anzahl der Einsen bei n liegt. Auch kann A in Schritt 2 nicht einfach hingehen und Zeilen oder Spalten mit Einträgen 1 streichen, denn A muß alle Einträge der gestrichenen Zeilen oder Spalten B gegenüber öffnen.

Der Leser dieser Zusammenfassung wird sich vielleicht darüber wundern, wie viele zufällige Bits b man braucht, um eine verschlüsselte Matrix S_i zu erhalten. Man muß dabei jedoch drei Punkte beachten:

- Zufällige Bits können billig produziert werden.
- Die Anzahl der Bits, die man zur Erzeugung einer verschlüsselten n×n-Matrix S_i braucht, kann als Polynom in n ausgedrückt werden.
- Diese polynomiale Begrenzung der Anzahl der benötigten Bits reicht für theoretische Ergebnisse wie das vorliegende aus. Für praktische einsetzbare nichtinteraktive Zero-Knowledge-Verfahren müßte man allerdings nach effizienteren Methoden suchen.

Das hier skizzierte nichtinteraktive Zero-Knowledge Protokoll aus [LS90] war das erste, das mit einer sehr allgemeinen Annahme auskam, nämlich daß Trapdoor-Einwegfunktionen existieren. Alle vorher veröffentlichten Protokolle benötigten spezielle Annahmen wie zum Beispiel die, daß es schwierig ist, einer natürliche Zahl anzusehen, ob sie das Produkt von zwei oder das Produkt von drei Primzahlen ist.

Ein weiterer Vorteil des hier vorgestellten Verfahrens ist der, daß es „öffentlich verifizierbar" ist, das bedeutet, daß jeder, der die Nachrichten von A erhält, A's Behauptung überprüfen kann. Dies war für die Vorgängerprotokolle ebenfalls nicht der Fall.

Nichtinteraktive Zero-Knowledge-Protokolle werden heute vorwiegend für Beweise in der theoretischen Kryptographie verwendet. Ob sie auch in der Praxis zum Einsatz kommen werden, hängt davon ab, ob ein effizientes Beispiel für diese Art von Zero-Knowledge-Beweisen gefunden werden kann.

5 Multiparty Computations

In diesem Kapitel stellen wir Protokolle vor, mit deren Hilfe zwei oder mehr Personen auf korrekte Art und Weise zusammenarbeiten können.

5.1 Secret Sharing Schemes

Das Ziel von Secret Sharing Schemes ist es, ein Geheimnis derart in Teilgeheimnisse aufzuteilen, daß das Geheimnis nur aus bestimmten, vorher festgelegten Gruppen von Teilgeheimnissen wieder rekonstruiert werden kann. Wir betrachten zunächst zwei Beispiele.

Die Schatzinsel. In vielen Abenteuergeschichten ist das Versteck des Schatzes auf einer Karte verzeichnet. Diese Karte wurde in verschiedene Stücke zerlegt, und nur wenn alle Stücke wieder zusammengefügt werden, kann man den Schatz finden.
In diesem Beispiel ist der Ort des Schatzes und der Weg dahin das große Geheimnis; die einzelnen Stücke der Karte stellen die Teilgeheimnisse dar. Das Problem hierbei ist, daß man *alle* Teilgeheimnisse braucht, um an den Schatz zu kommen.

Das Vieraugenprinzip. In manchen Situationen wird die Verantwortung für wichtige Entscheidungen auf mehrere Personen verteilt. Zum Beispiel ist es in vielen Firmen so, daß ein Vertrag nur dann wirksam wird, wenn zwei Direktoren diesen unterschrieben haben.
Dieses System ist insofern flexibel, als *je zwei* Direktoren zu einer Unterschrift berechtigt sind.

Mathematisch kann man beide Beispiele durch spezielle „Secret Sharing Schemes", die sogenannten Threshold-Verfahren („Schwellenverfahren") realisieren. In einem **Threshold-Verfahren** wird ein Geheimnis S in eine gewisse Anzahl n von Teilgeheimnissen $S_1, ..., S_n$ so aufgeteilt, daß für eine natürliche Zahl t (die „Schwelle") gilt:

- Aus je t oder mehr Teilgeheimnissen kann das Geheimnis rekonstruiert werden.
- Aus weniger als t Teilgeheimnissen kann man das Geheimnis nicht berechnen, sondern höchstens mit einer verschwindend kleinen Wahrscheinlichkeit raten.

Wir konstruieren nun ein Beispiel für den Fall $t = 3$. Dazu betrachten wir die reelle Ebene. Das Geheimnis S stellen wir als Zahl s dar, die wir auf der y-Achse abtragen. Zur Erzeugung der Teilgeheimnisse wählt man ein Polynom $f(x) = ax^2+bx+s$, wobei a und b zufällig gewählte Zahlen sind. Der Graph dieses Polynoms schneidet die y-Achse im Punkt $(0, s)$, der das Geheimnis S darstellt. Als Teilgeheimnisse wählen wir n beliebige verschiedene Punkte auf dem Graphen von $f(x)$.

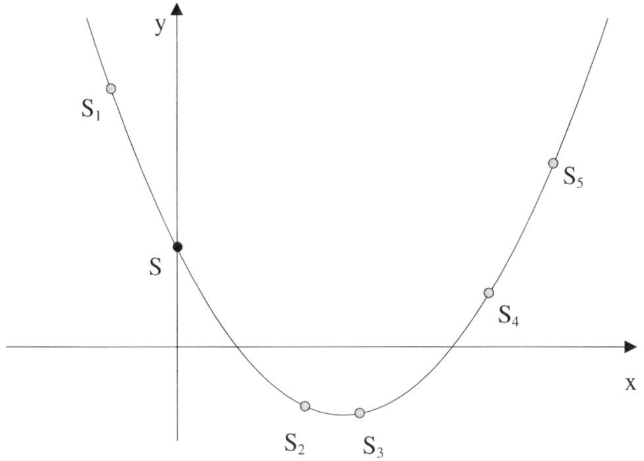

Bild 5.1: Erzeugung von Teilgeheimnissen eines Threshold-Verfahrens

Jede der beteiligten Personen erhält eines dieser Teilgeheimnisse. Zur Rekonstruktion des Geheimnisses muß das System nur die verwendete geometrische Struktur (in unserem Fall die reelle Ebene) zusammen mit der speziellen Geraden, auf der das Geheimnis liegt (in unserem Fall die y-Achse), kennen.
Wenn dem System dann mindestens drei Teilgeheimnisse, S_i, S_j und S_k, vorgelegt werden, berechnet dieses die Kurve zweiten Grades durch die Punkte S_i, S_j, S_k und den Schnittpunkt dieser Kurve mit der y-Achse. Der so erhaltene Punkt stellt das Geheimnis dar.

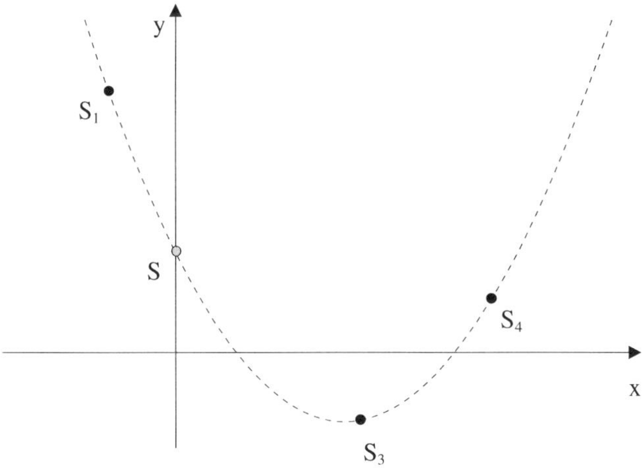

Bild 5.2: Rekonstruktion des Geheimnisses aus drei Teilgeheimnissen

Bemerkungen: (1) Die Konstruktion kann auf jedes beliebige t verallgemeinert werden; man muß nur ein Polynom $f(x) = a_{t-1}x^{t-1}+...+a_1x+s$ vom Grad $t-1$ mit zufällig gewählten a_i verwenden [Sha79]. Im Fall $t = 2$ ergibt sich eine Gerade.

(2) Zur Rekonstruktion des Geheimnisses muß aus t Stützstellen das zugehörige Polynom vom Grad $t-1$ berechnet werden; dies geschieht am einfachsten mit der Lagrange-Interpolation (siehe Kasten).

Lagrange-Interpolation:
Das eindeutige Polynom $f(x)$ vom Grad $\leq t-1$ durch die Punkte (a_i,b_i) $(i = 1, ..., t)$ erhält man durch

$$f(x) = \sum_{i=1}^{t} \frac{(x-a_1)\cdot...\cdot(x-a_{i-1})(x-a_{i+1})\cdot...\cdot(x-a_t)}{(a_i-a_1)\cdot...\cdot(a_i-a_{i-1})(a_i-a_{i+1})\cdot...\cdot(a_i-a_t)} \cdot b_i .$$

(3) In der Praxis verwendet man statt der reellen Zahlen endliche Körper; in diesen gelten alle verwendeten Rechenregeln (einschließlich der Lagrange-Interpolation), und sie haben den Vorteil, daß in ihnen keine Rundungsfehler auftreten.

Wenn ein endlicher Körper mit q Elementen zugrundeliegt, so kann man die Betrugswahrscheinlichkeit genau angeben: Wenn weniger als t Teilgeheimnisse eingegeben werden, ist die Wahrscheinlichkeit, das richtige Geheimnis zu ermitteln, genau $1/(q+1)$. Diese Systeme sind beweisbar sicher, und die Betrugswahrscheinlichkeit kann durch Vergrößerung von q beliebig klein gemacht werden.

Zur Realisierung komplexerer **Secret Sharing Schemes**, die keine einfachen Threshold-Verfahren mehr sind, benötigt man entsprechend komplexe Strukturen in höherdimensionalen Räumen.

Wir betrachten folgendes Beispiel, das kein Threshold-Verfahren ist: Ein Tresor mit geheimen Firmendokumenten darf sich nur öffnen, wenn

- zwei Direktoren, oder
- drei Vizedirektoren, oder
- ein Direktor und zwei Vizedirektoren

ihr Einverständnis geben.

Der Geheimcode zum Öffnen des Tresors ist eine Zahl s, die durch einen Punkt S auf der z-Achse eines 3-dimensionalen Raumes dargestellt wird.

Zur Erzeugung der Teilgeheimnisse wählt man zunächst zufällig eine Ebene E durch den Punkt S, welche die z-Achse nicht enthält. Dann wählt man auf E eine Gerade g durch S und darauf Punkte $D_1, D_2, ...$, die den Direktoren zugeordnet werden. Schließlich wählt man einen Kreis c in E durch S und darauf Punkte $V_1, V_2, ...$, die den Vizedirektoren zugeordnet werden. Dabei muß beachtet werden, daß jede Gerade V_iV_j durch zwei „Vizedirektorpunkte" V_i und V_j die Gerade g nicht in einem „Direktorpunkt" D_k schneiden darf.

Dann kann jede der oben beschriebenen zulässigen Konstellationen das Geheimnis rekonstruieren und damit den Tresor öffnen [BR92]. Eine ausführliche Diskussion geometrischer Secret Sharing Schemes findet man in [Ker92].

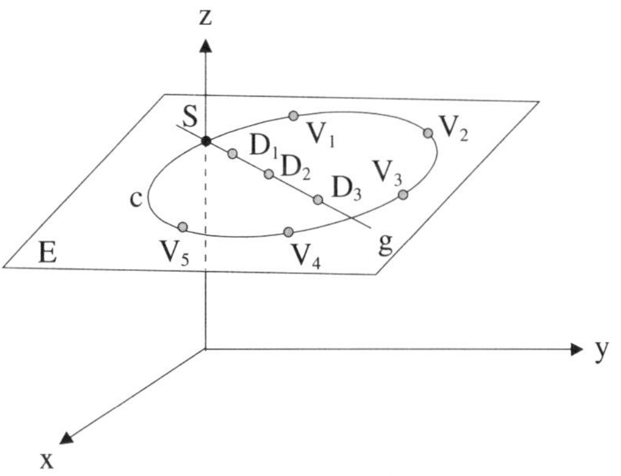

Bild 5.3: Secret Sharing Scheme zur Realisierung einer komplexeren Zugriffsstruktur

Man kann prinzipiell folgende Einsatzgebiete von Secret Sharing Schemes unterscheiden:

- **Bereitstellung eines Geheimnisses**. Der Wert, der bei der Rekonstruktion entsteht, ist vorher in diesem System nicht vorhanden. Das berechnete Geheimnis wird kryptographisch weiterverwendet, zum Beispiel als Schlüssel zur Ver- oder Entschlüsselung oder Signaturerzeugung.
- **Vergleich des rekonstruierten Geheimnisses mit einem gespeicherten**. Zusätzlich zur geometrischen Struktur ist auch das echte Geheimnis im System gespeichert, eventuell einwegverschlüsselt. Wenn der berechnete Wert mit dem gespeicherten übereinstimmt, wird eine bestimmte kritische Aktion ausgelöst. (Es wird berichtet, daß die amerikanischen Nuklearwaffen durch solche Secret Sharing Schemes geschützt sind.)

5.2 Wer verdient mehr?

In jedem Betrieb gibt es das gleiche Problem: Kein Angestellter will oder darf verraten, wieviel Geld er verdient, möchte aber gern die Höhe der Gehälter seiner Kolleginnen und Kollegen erfahren.

Diesen Wunsch kann auch die Kryptographie nicht erfüllen, aber sie kann bei der Beantwortung verwandter Fragen helfen.

Wie hoch ist das Durchschnittsgehalt?

Alice, Bob und Carol möchten den Durchschnitt ihrer Gehälter berechnen. Aus diesem Wert könnten sie dann ersehen, ob sie mit ihrem Gehalt zufrieden sein müssen oder ob sie bei der nächsten Gehaltserhöhung kräftig zulangen sollten.

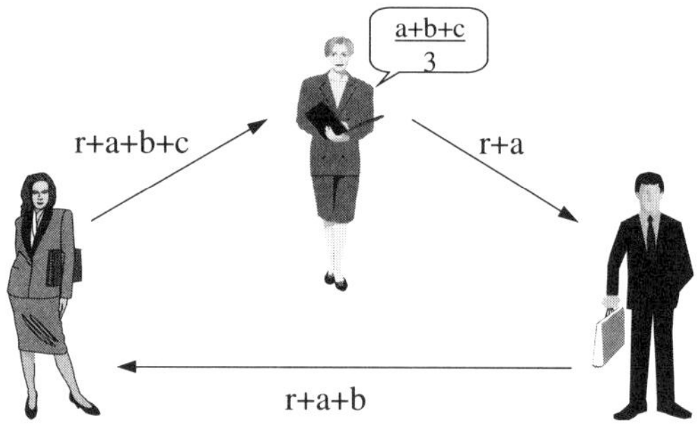

Bild 5.4: Vertrauliche Berechnung des Durchschnittsgehalts

Sie gehen dazu wie folgt vor: Zunächst bestimmen sie einen Sprecher, der das Ergebnis verkünden darf. Sie wählen Alice dafür aus.

Diese wählt eine Zufallszahl r und addiert ihr Gehalt a dazu. Diesen Wert gibt sie vertraulich an Bob weiter, der ihn um sein Gehalt b erhöht. Schließlich fügt noch Carol ihr Gehalt dem vertraulich erhaltenen Wert $r+a+b$ hinzu und gibt das Ergebnis an Alice weiter.

Alice, die als einzige die Zufallszahl r kennt, subtrahiert diese, erhält $a+b+c$ und teilt das Ergebnis durch die Zahl der Teilnehmer, also durch 3. Dann verkündet sie Bob und Carol das Ergebnis.

Keiner der drei Teilnehmer kann das Gehalt eines anderen bestimmen, da jeder Teilnehmer nach Abschluß des Protokolls nur drei Werte kennt; das reicht zur Bestimmung der vier Unbekannten aber nicht aus. Zum Beispiel kennt Carol nur die Werte $r+a+b$, c und $(a+b+c)/3$. Damit kann sie zwar auf r schließen, aber nicht den Wert $a+b$ auf Alice und Bob aufteilen.

Man kann dieses Protokoll auf beliebig viele Personen erweitern. Allerdings sollte man es nur mit guten Kollegen durchführen, denn

- es liefert nur dann ein korrektes Ergebnis, wenn alle Teilnehmer korrekte Angaben machen. Nennt irgend jemand eine Phantasiezahl, so ist auch das Ergebnis reine Spekulation.
- Wenn einige der Teilnehmer zusammenarbeiten, können sie die Gehälter der anderen berechnen. Im obigen Beispiel mit drei Personen reichen dazu zwei Verschwörer.

Wer verdient mehr?

Alice und Bob wissen jetzt, wie hoch das Durchschnittsgehalt ist, und daß sie beide darüber liegen. Sie wollen jetzt noch einen alten Streit schlichten und klären, wer von beiden mehr verdient. Sie benötigen dazu ein Public-Key-Verschlüsselungsverfahren und eine Einwegfunktion f.

Das Protokoll funktioniert wie folgt [Sal90]: Zunächst müssen sie entscheiden, wie genau sie ihre Gehälter vergleichen wollen. Sie entscheiden, daß es ihnen auf Beträge unter DM 100,– nicht ankommt, und daß sie beide sicher unter DM 10.000,– im Monat verdienen. Sie könne also ihre Löhne als Zahlen $0 \le a, b \le 100$ darstellen, was bedeutet, daß z. B. Alice ungefähr DM $a \cdot 100$,– monatlich kassiert.

Nachdem sie diese Voraussetzungen geklärt haben, startet Alice das Protokoll. Sie wählt eine Zahl x und verschlüsselt diese mit Bobs öffentlichem Schlüssel:

$$c := E_B(x).$$

Dann sendet sie die Zahl

$$d := c - a$$

an Bob. Dieser versucht jetzt, x wieder zu berechnen. Da er a nicht kennt (und somit nicht von d auf den ursprünglichen Geheimtext c schließen kann), muß er für alle Zahlen i zwischen 0 und 100 die Entschlüsselungsoperation

$$y_i := D_B(d+i)$$

durchführen. Würde er diese 101 Werte $y_0, y_1, ..., y_{100}$ an Alice zurückschicken, so könnte diese darin den von ihr gewählten Wert x wiederfinden.

Doch Bob muß ja in dieser Folge noch die Information über sein Gehalt verstecken, und dies geschieht wie folgt: Er unterwirft alle Werte dieser Folge einer Einwegfunktion f und erhält

$$z_i := f(y_i), \quad i = 0, ..., 100.$$

Er überprüft, ob unter diesen Werten zwei benachbarte Zahlen sind (das heißt, ob $z_i - z_j = 1$ für ein Paar $i > j$ gilt). Ist dies der Fall, was bei hinreichend großem x äußerst unwahrscheinlich ist, so muß das Protokoll noch einmal neu gestartet werden. Falls nicht, sendet Bob die Folge

$$z_0, z_1, ..., z_b, z_{b+1}+1, z_{b+2}+1, ..., z_{100}+1$$

in beliebiger Reihenfolge an Alice.

Diese berechnet die Werte $f(x)$ und $f(x)+1$ und sucht diese in der erhaltenen Folge. Der Wert $f(x)$ bzw. $f(x)+1$ steht an der Stelle der obigen Folge, die Alices Gehalt entspricht. Findet sie den Wert $f(x)$, so ist Bobs Gehalt höher; ist dagegen die Zahl $f(x)+1$ vorhanden, so wird sie besser bezahlt.

Das Ergebnis ihrer Suche teilt sie Bob mit.

Damit weder Alice noch Bob etwas genaueres über das Gehalt des anderen erfahren, sind eine Reihe von Sicherheitsmechanismen in das Protokoll eingebaut.

So erfährt Bob zum Beispiel nie den Wert x, die einzige variable Information, die Alice ins Protokoll einbringt, da er sonst a berechnen könnte.

Die Einwegfunktion f dient dazu, die Werte y_i gegen Entschlüsseln durch Alice zu schützen. Dies ist zum Beispiel bei Verwendung von RSA nötig, da hier auch die Formel $E(D(m)) = m$ gilt. Erhielte Alice die Werte y_i (bzw. y_i+1) und könnte diese entschlüsseln, so könnte sie auch feststellen, von welcher Stelle i an die Werte y_i+1 auftreten und hätte so das Gehalt von Bob berechnet.

Bobs Überprüfung, ob benachbarte Zahlen auftreten, dient dagegen nicht der Sicherheit des Protokolls, sondern soll nur gewährleisten, daß f(x) und f(x)+1 nicht gleichzeitig in der an Alice gesendeten Folge auftreten.

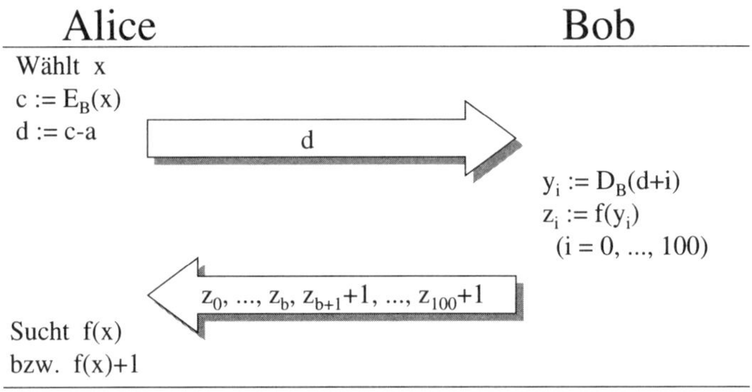

Bild 5.5: Vertrauliches Vergleichen zweier Gehälter

Dieses Protokoll kann natürlich auch für andere Zwecke eingesetzt werden, etwa wenn Unternehmen ihre geheimen Rücklagen vergleichen wollen, ohne diese preiszugeben. Eine andere Einsatzmöglichkeit ist der Vergleich von Verkaufspreis und Kaufangebot, wodurch Käufer und Verkäufer ihre Preisvorstellungen vergleichen können, ohne Informationen über die tatsächliche Höhe der Summe preiszugeben, die ihnen vorschwebt.

5.3 Skatspielen übers Telefon

Alois, Bernd und Christoph sind eingefleischte Skatspieler. Sie treffen sich jeden Sonntagvormittag in ihrer Stammkneipe. Es ärgert sie immer gewaltig, daß sie in den Sommerferien mit ihren Familien verreisen müssen und deshalb in dieser Zeit nicht spielen können. Als die Urlaubszeit wieder einmal näherrückt, beschließen sie, etwas zu tun, und fragen ihren Bekannten Klaus, ob er ihnen nicht helfen könne.
Er kann ihr Problem lösen, indem er ihnen vorschlägt, einfach über Telefon Skat zu spielen. Die drei Skatbrüder zweifeln nach diesem Vorschlag zunächst an den geistigen Fähigkeiten ihres Freundes, lassen sich die Idee aber trotzdem erklären.
In den meisten Kartenspielen werden die Karten zunächst gemischt und dann verdeckt an die Spieler ausgegeben. Diese können dann weitere Karten von dem verdeckten Stapel nehmen oder ihre eigenen Karten ausspielen.
Will man ein solches Spiel elektronisch, etwa über Telefon spielen, so ergeben sich einige Probleme. Da die Karten verdeckt ausgeteilt werden sollen, müssen die Kartenwerte vor dem Austeilen verschlüsselt werden. Wenn ein Spieler das Austeilen und Verschlüsseln der Karten alleine übernimmt, indem er z. B. die öffentlichen Schlüssel sei-

ner Mitspieler benutzt, so kann er gezielt Karten an sich und seine Freunde verteilen. Das Verschlüsseln und Verteilen der Karten muß also von mehreren Personen durchgeführt werden.

Bild 5.6: Spielkarten

Die Lösung dieses Problems beruht auf einer Idee, die zuerst von Shamir, Rivest und Adleman [SRA79] für elektronisches Pokern formuliert wurde und die Shamirs No-Key-Algorithmus benutzt.
Der Einfachheit halber beschränken wir uns hier auf drei Spieler A, B und C. Sie haben sich auf eine große Primzahl p geeinigt und berechnen jeweils Zahlen a, a', b, b' und c, c' mit

$$aa' \equiv bb' \equiv cc' \equiv 1 \pmod{p-1}.$$

Die n Karten des Spiels werden als Paare (i, x_i) dargestellt, wobei die Zahl $i \in \{1, ..., n\}$ die Lage der Karte im Stapel angibt und x_i ihren Wert (also vielleicht Herz As) repräsentiert. Wir wählen hier $n = 32$, um allzuviele Unbekannte in der Beschreibung des Protokolls zu vermeiden.

Mischen der Karten

Um zu verhindern, daß zwei Spieler sich gegen den dritten verbünden, lassen wir alle Spieler am Mischen und „Verdecken" der Karten teilnehmen. Sei

$$K=\{(1, x_1), ... ,(32, x_{32})\}$$

das Kartenspiel. A beginnt mit dem Mischen, indem er eine Permutation α der Menge $\{1, ..., 32\}$ wählt und

$$K' = \{(\alpha(1), x_1^a \bmod p), . . . ,(\alpha(32), x_{32}^a \bmod p)\}$$

berechnet. Die Karten werden dann nach ihrer ersten Komponente sortiert, d. h. zuerst kommt die Karte $(1, x_k^a \bmod p)$ mit $k = \alpha^{-1}(1)$, dann $(2, x_n^a \bmod p)$ mit $n = \alpha^{-1}(2)$, ... Jetzt ist Spieler B an der Reihe mit einer Permutation β und

$$K'' = \{(\beta(\alpha(1)), (x_1^a)^b \bmod p), . . . ,(\beta(\alpha(32)), (x_{32}^a)^b \bmod p)\}.$$

Schließlich mischt C mit der Permutation γ, und der Stapel zu Beginn des Spiels ist

$$L = K''' = \{(\gamma(\beta(\alpha(1))), ((x_1^a)^b)^c \bmod p), . . . ,(\gamma(\beta(\alpha(32))), ((x_{32}^a)^b)^c \bmod p)\}.$$

Austeilen der Karten

Der gemischte und verdeckte Stapel L ist die Grundlage der folgenden Operationen. Sollen die Karten an die Spieler verteilt werden, so muß die Verschlüsselung rückgängig gemacht werden. Dies geschieht schrittweise:
Spieler A nimmt die oberste Karte $(1, x_i^{abc} \bmod p)$, die für C bestimmt ist. Dabei ist i die Zahl, für die $\gamma(\beta(\alpha(i))) = 1$ ist. Er berechnet

$$(x_i^{abc})^{a'} \equiv x_i^{bc} \pmod p$$

und gibt $(1, x_i^{bc} \bmod p)$ an B weiter. Dieser entfernt nun seine Verschlüsselung, indem er

$$(x_i^{bc})^{b'} \equiv x_i^{c} \pmod p$$

berechnet. Spieler C erhält schließlich die Karte $(1, x_i^c \bmod p)$ und kann als einziger den Wert

$$x_i \equiv (x_i^c)^{c'} \pmod p$$

dieser Karte einsehen.
In entsprechender Weise durchlaufen die Karten für B den Weg C-A-B und die Karten für A den Weg B-C-A.

Spielverlauf

Jeder Spieler kann nun seine Karten ausspielen. Am Ende jeder Runde kontrollieren die Spieler, ob wirklich nur die an die Spieler ausgegebenen Karten von diesen ausgespielt wurden, indem sie die Zahlen a, a', b, b', c, c' und die Permutationen α, β, γ bekanntgeben.

Poker

Besondere Aufmerksamkeit hat in der Literatur das Pokern erfahren. Bei diesem Spiel tritt das spezielle Problem auf, daß die einzelnen Runden nicht unabhängig voneinander sind, sondern daß ein Spieler eine Strategie (z. B. Bluffen) über einen längeren Zeitraum hinweg verfolgen kann. Ein Aufdecken der Karten am Ende jeder Runde würde eine solche Strategie unmöglich machen.
Eine Lösung dieses Problems stammt von Crepeau [Cre86]. Er beschreibt, wie man ein „elektronisches Pokerface“ aufrechterhalten kann.

5.4 Secure Circuit Evaluation

Stellen wir uns vor, ein Steuerberater hätte einen Algorithmus zur Optimierung von Steuererklärungen entworfen. Er möchte diesen Algorithmus gern geheimhalten, um sich selbst und seinen Beruf nicht überflüssig zu machen. Normalerweise nimmt er die

Einkommensdaten seiner Kunden mit nach Hause, um sie dann hinter verschlossenen Türen in seinen Computer einzutippen. Am nächsten Tag erhält der Kunde dann das Ergebnis.

Das Renommee des Steuerberaters (und sein Einkommen) wächst ins Unermeßliche, und so ist es kein Wunder, daß eines Tages die Mafia vor seiner Tür steht. Diese Organisation möchte ebenfalls Steuern sparen, aber natürlich wird sie ihre Geldquellen oder die Höhe der Einnahmen nicht preisgeben. Sie verlangt ultimativ die Herausgabe des Algorithmus.

Der Steuerberater gerät ins Schwitzen: Es ist nicht ratsam, sich zu weigern – aber wenn der Algorithmus bekannt würde, wäre er ohne Einkommen! Da erinnert er sich an einen Artikel von M. Abadi und J. Feigenbaum [AF90]. Darin wurde beschrieben wie zwei Parteien, von denen eine im Besitz eines Algorithmus und die andere im Besitz der Daten ist, zusammen ein Ergebnis berechnen, und zwar in einer Art und Weise, daß sowohl der Algorithmus als auch die Daten geheim blieben!

Das ist die Rettung. Sofort macht er sich an die Arbeit und versucht, den mißtrauischen Mafiosi die dazu nötigen kryptographischen Ideen zu erklären.

Das „**sichere Auswerten einer Funktion**" („**secure circuit evaluation**") ist ein komplexes kryptographisches Protokoll mit dem folgenden Ziel: Von zwei Parteien A und B kennt A einen Algorithmus zur Auswertung einer bestimmten Funktion f, während B einen Wert x besitzt und die Funktion an dieser Stelle auswerten möchte. Beide können zusammen den Wert f(x) berechnen; dabei soll B nichts über die Funktion f erfahren (außer denjenigen Informationen, die sich aus f(x) ergeben) und A keinerlei Informationen über x erhalten.

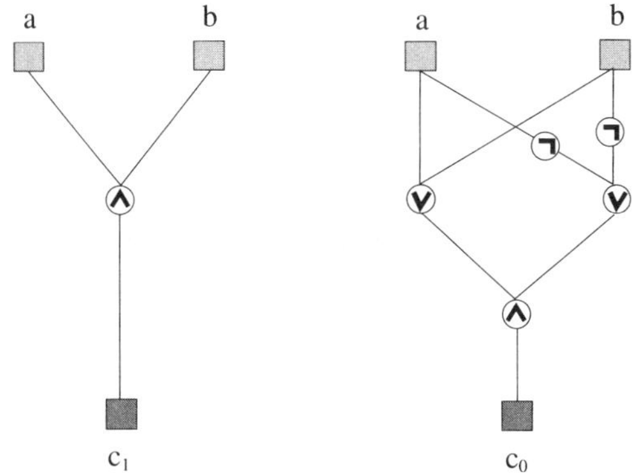

Bild 5.7: Darstellung einer Funktion als boolescher Schaltkreis.

Der oben dargestellte boolesche Schaltkreis berechnet eine Zwei-Bit-Zahl c_1c_0, die die Summe zweier Ein-Bit-Zahlen a und b ist. Für jedes Bit des Ergebnisses ist ein eigener Schaltkreis angegeben, man könnte aber auch beide Schaltkreise zu einem zusammenfassen.

Um das von Abadi und Feigenbaum vorgeschlagene Protokoll anwenden zu können, muß die Funktion f in einer bestimmten Form gegeben sein, nämlich als **boolescher Schaltkreis**.

Für Argumente fester Länge kann man jede Funktion als booleschen Schaltkreis darstellen. Man benötigt dazu die drei logischen Grundfunktionen $\wedge$ („und"), $\vee$ („oder") sowie $\neg$ („nicht"), die durch die folgenden „Wahrheitstafeln" definiert sind.

a	b	$a \wedge b$
1	1	1
1	0	0
0	1	0
0	0	0

a	b	$a \vee b$
1	1	1
1	0	1
0	1	1
0	0	0

a	$\neg a$
1	0
0	1

Für das weiter unten beschriebene Protokoll können wir uns zunutze machen, daß man sogar auf die „oder"-Funktion verzichten kann, da

$$a \vee b = \neg (\neg a \wedge \neg b)$$

gilt.

Wir wollen jetzt voraussetzen, daß die Funktion f in Form von booleschen Schaltkreisen vorliegt, von denen jeder ein Bit des Ergebnisses liefert. Die Umwandlung von f in diese Form war die Aufgabe von A.

Nun ist B an der Reihe. Er muß x in binärer Schreibweise als $x = b_n, \ldots, b_2, b_1$ darstellen und dann die Bits in irgendeiner Form A zugänglich machen. Die Bits können nicht im Klartext an A weitergegeben werden, da B seinen Wert ja geheimhalten möchte. Er muß sie also *verschlüsseln*, und er muß dies so tun, daß man mit den verschlüsselten Daten noch rechnen kann.

Verschlüsselung der Bits

Zur Verschlüsselung der Bits verwendet B das in Abschnitt 2.6 beschriebene Bit-Commitment-Verfahren auf Basis der Quadratische-Reste-Annahme (siehe 8.3). Da die algebraischen Eigenschaften dieses Verfahrens für das hier zu beschreibende Protokoll von grundlegender Bedeutung sind, wollen wir es hier noch einmal genau beschreiben:

B wählt zwei Primzahlen p und q mit den zusätzlichen Eigenschaften $p \bmod 4 = 3$ und $q \bmod 4 = 3$ und bildet $n = pq$. In diesem Fall hat die Zahl -1 $(= n-1)$ das Jacobisymbol $+1$ und ist kein quadratischer Rest modulo n.

B kann nun sein Bit b wie folgt verschlüsseln: Er wählt zufällig eine Zahl k und quadriert diese modulo n. Ist $b = 0$, so gibt er diese Zahl an A weiter. Ist $b = 1$, so multipliziert er k^2 noch mit -1. Die Formel für diese Verschlüsselungsoperation E ist also

$$E(b) := (-1)^b k^2 \bmod n.$$

Kurz gesagt bedeutet dies: Bits mit dem Wert 0 werden als quadratische Reste, Bits mit dem Wert 1 als quadratische Nichtreste mit Jacobisymbol +1 verschlüsselt.
Da B die Faktorisierung von n kennt, kann er diese Verschlüsselung auch rückgängig machen: B kann für jede ihm vorgelegte Zahl c entscheiden, ob sie ein quadratischer Rest ist oder nicht (siehe Abschnitt 8.3) und kann daher wie folgt entschlüsseln:

$$D(c) = \begin{cases} 1, & \text{falls c ein quadratischer Rest ist} \\ 0 & \text{sonst} \end{cases}$$

Die Operationen E und D verhalten sich so, wie man es von einem asymmetrischen Verschlüsselungssystem erwartet: Aus der Kenntnis von E kann man nicht auf D schließen, und es gilt

$$D(E(b))=b.$$

Der Besitzer des booleschen Schaltkreises A kennt nun die verschlüsselten Werte $E(b_1)$, $E(b_2)$, ..., $E(b_n)$, aber nicht die Werte der Bits $b_1, b_2, ..., b_n$.

Berechnung von $\neg b$

Für jede Negation im booleschen Schaltkreis steht A vor der Aufgabe, aus E(b) eine Verschlüsselung $E(\neg b)$ für $\neg b$ zu berechnen, ohne zu wissen, ob $b = 0$ oder $b = 1$ gilt. Er geht wie folgt vor:
Zunächst wählt A eine zufällige Zahl r. Dann ergibt sich die Verschlüsselung von $\neg b$ als

$$E(\neg b) := (-1)r^2E(b) \bmod n.$$

Wir können die Korrektheit dieser Formel nachprüfen, indem wir die zwei Fälle $b = 0$ und $b = 1$ unterscheiden.

- Ist $b = 0$, so hat die Verschlüsselung dieses Bits die Form $E(b) = k^2 \bmod n$; E(b) ist ein quadratischer Rest. Wenden wir die obige Formel an, so erhalten wir

  $$E(\neg b) = (-1)r^2E(b) \bmod n = (-1)r^2k^2 \bmod n = (-1)(rk)^2 \bmod n,$$

  also einen quadratischen Nichtrest.
- Ist $b = 1$, so ist E(b) ein quadratischer Nichtrest; mit obiger Formel ergibt sich

$$E(\neg b) = (-1)r^2E(b) \bmod n = (-1)r^2\ (-1)k^2 \bmod n = (-1)^2\ (rk)^2 \bmod n = (rk)^2 \bmod n,$$

also ein quadratischer Rest.
Durch Multiplikation mit -1 kann A verschlüsselte Bits invertieren, weil durch diese Operation quadratische Reste und Nichtreste vertauscht werden. Die Zufallszahl r hat in diesem Zusammenhang eine andere Aufgabe: Sie soll B gegenüber verschleiern, welche Bits invertiert wurden. Würde keine Verschleierung der Identität der Bits erfolgen, so könnte B den Weg seiner Bits durch den booleschen Schaltkreis mitverfolgen und würde so Informationen über den Algorithmus von A erhalten.

Berechnung von $b \wedge b'$

Um den Wert $E(b \wedge b')$ aus $E(b)$ und $E(b')$ zu berechnen, benötigt A die Hilfe von B. (Es ist ein offenes Problem, ob es auch Systeme gibt, in denen A dies allein kann.) Während B bei dieser Aufgabe A behilflich ist, soll er möglichst wenig über den booleschen Schaltkreis lernen: Er soll nach der Berechnung nicht wissen, welche Bits mit $\wedge$ verknüpft wurden, und auch nicht, welche Werte diese Bits haben. A muß also sowohl die Identität als auch den Wert der Bits b und b' verschleiern, bevor sie diese zur Berechnung von $b \wedge b'$ an B schickt.
A wählt dazu zwei zufällige Bits c und c' sowie zwei Zufallszahlen r und r'. Dann berechnet sie die Werte ·

$$E(d) = (-1)^{c} \cdot r^2 E(b) \bmod n \quad \text{und} \quad E(d') = (-1)^{c'} \cdot r'^2 E(b') \bmod n$$

und sendet diese an B. Dabei sind d und d' Bits mit

$$d = \begin{cases} b, & \text{falls } c = 0 \\ \neg b, & \text{falls } c = 1 \end{cases} \quad \text{und} \quad d' = \begin{cases} b', & \text{falls } c' = 0 \\ \neg b', & \text{falls } c' = 1 \end{cases}.$$

Da B die Faktorisierung von n kennt, kann er die Werte $D(E(d)) = d$ und $D(E(d')) = d'$ entschlüsseln. Es genügt nun aber nicht, nur die Zahl $E(d \wedge d')$ zurückzusenden, denn A kann daraus nicht auf $E(b \wedge b')$ schließen. B muß etwas mehr tun: Er sendet vier Werte in einer festen Reihenfolge zurück, und A wählt in Abhängigkeit von c und c' denjenigen aus, der $E(b \wedge b')$ entspricht.

Gesendeter Wert	Entspricht $E(b \wedge b')$ falls
$E(d \wedge d')$	$c = 0$ und $c' = 0$
$E(d \wedge \neg d')$	$c = 0$ und $c' = 1$
$E(\neg d \wedge d')$	$c = 1$ und $c' = 0$
$E(\neg d \wedge \neg d')$	$c = 1$ und $c' = 1$

Auswertung der Funktion

Auf diese Art und Weise berechnen A und B gemeinsam aus den verschlüsselten Eingabewerten $E(b_1), \ldots, E(b_n)$ einen verschlüsselten Ausgabewert $E(a_i)$, indem sie den booleschen Schaltkreis auswerten, der zum i-ten Bit der Ausgabe der Funktion f gehört. B kann dann das Endergebnis $f(x) = a_m \ldots a_1$ aus $E(a_m), \ldots, E(a_1)$ entschlüsseln.

5.5 Wie kann man sich vor einem allwissenden Orakel schützen?

Wir betrachten nun eine Variante des im vorigen Abschnitt gestellten Problems: Sie benötigten zur Berechnung Ihrer immer komplexer werdenden Steuererklärung die Hilfe eines unbegrenzt leistungsfähigen Hochleistungsrechners, am besten eines „Orakels“. Sie möchten allerdings verhindern, daß dem Orakel Ihre privaten Eingaben oder das Ergebnis dieser Berechnungen bekannt werden („hiding information“). Da es für diesen fiktiven Hochleistungsrechner kein Problem ist, große Zahlen zu faktorisieren, nutzt es Ihnen nichts, Ihre Daten mit den im vorhergehenden Abschnitt beschriebenen Methoden zu verschlüsseln. Die Frage lautet also: *Kann man die Daten so verschlüsseln, daß kein Rechner (egal wie leistungsfähig er ist) sie entschlüsseln kann, und trotzdem mit ihnen rechnen?*

Die hier geschilderte Situation ist eine Variante des Secure-Circuit-Evaluation-Problems: Sie stehen einem übermächtigen Partner gegenüber, der vor Ihnen allerdings keine Geheimnisse hat. Das Problem wurde in [AFK89] beschrieben und theoretisch erörtert. Wir begnügen uns hier mit einem Beispiel.

Ein Benutzer B möchte ein Orakel O dazu benutzen, den ihm unbekannten diskreten Logarithmus x eines Elements $h = g^x$ aus der Gruppe G zu berechnen. B möchte außerdem diesen Wert vor O geheimhalten. Wie kann er das, wo doch ein Orakel per Definition alles berechnen kann, was berechenbar ist? Bild 5.8 gibt die Antwort.

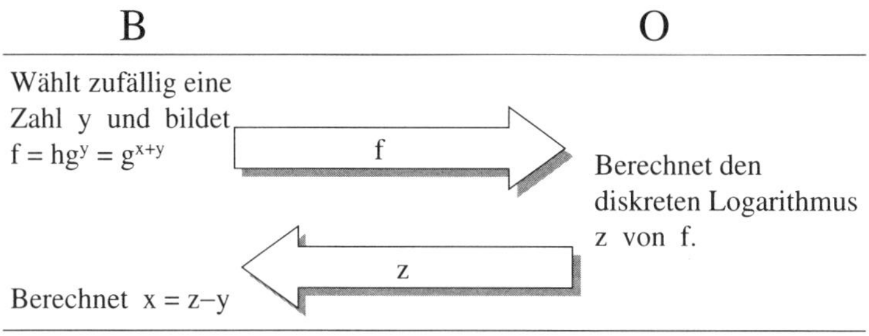

Bild 5.8: Berechnung des diskreten Logarithmus mit Hilfe eines Orakels

Das Orakel O kann zwar alles berechnen, aber wenn B die Zahl y wirklich zufällig gewählt hat, dann kann O diese Zahl nicht bestimmen. O weiß also nicht, welche Zahl es von z subtrahieren müßte, um x zu erhalten, und kann deshalb nicht einmal diese einfache Rechnung durchführen: Bs Geheimnis ist gewahrt.

Auch für dieses Protokoll kann man ein Beispiel aus dem täglichen Leben finden: Eine Dame mißtraut ihrer eigenen Waage und möchte sich deshalb in der Praxis ihres Hausarztes wiegen lassen, allerdings so, daß niemand außer ihr das tatsächliche Gewicht erfährt. Sie packt dazu ein geeichtes Gewicht von y kg in ihre Handtasche, und um den korrekten Wert x aus dem in der Arztpraxis ermittelten Gewicht z zu bestimmen, muß sie von diesem nur y subtrahieren.

6 Anonymität

Üblicherweise assoziiert man mit „Geheimhaltung“ die Geheimhaltung von Nachrichten. In vielen Situationen ist aber auch gewünscht, daß die am Nachrichtenaustausch beteiligten Instanzen geheim bleiben. In diesem Fall spricht man von **Anonymität**.
Man kann drei Arten von Anonymität unterscheiden:

- Anonymität des Senders,
- Anonymität des Empfängers und
- Anonymität der Kommunikationsbeziehung.

Im letzten Fall sollen Sender und Empfänger voreinander und vor anderen verborgen bleiben. Die Anonymität des Empfängers kann relativ einfach durch „Broadcasting“ erreicht werden; dabei wird die Nachricht an alle Instanzen gesendet, obwohl sie nur für eine bestimmt ist. Wir beschäftigen uns hier hauptsächlich mit der Senderanonymität; einige der vorgestellten Mechanismen gewährleisten aber auch die Anonymität der Kommunikationsbeziehung.

6.1 Das Dining-Cryptographers-Protokoll

Das Dining Cryptographers-Protokoll ist ein Verfahren zur Senderanonymität. Der Name leitet sich von einem Beispiel ab, das D. Chaum [Cha88] als Motivation gewählt hat:

Bild 6.1: Die dinierenden Kryptographen beim Lösen ihres Problems

Drei Kryptographen A, B und C gehen gemeinsam zum Essen in ihr bevorzugtes 3-Sterne-Restaurant. Nach dem Essen teilt ihnen der Inhaber des Restaurants mit, daß ein Arrangement getroffen wurde, das Essen anonym zu bezahlen, und zwar so, daß entweder einer der Kryptologen oder ihr Arbeitgeber, das BSI (Bundesamt für Sicherheit in

der Informationstechnik), die Rechnung begleicht. Jeder der drei respektiert den Wunsch des Kollegen, anonym zu bleiben, doch falls das BSI zahlt, würden sie das gerne wissen.
Um ihr Problem zu lösen, müssen sie einige Vorbereitungen treffen. Jeder vereinbart mit seinem Nachbarn ein geheimes Bit. Das heißt, A und B haben sich ein geheimes Bit b_{AB} zugeflüstert, ebenso A und C bzw. B und C ein Bit b_{AC} bzw. b_{BC}.
Diejenigen Kryptographen, die nicht bezahlen, addieren die beiden ihnen bekannten geheimen Bits modulo 2 und schreiben das Ergebnis auf ihre Serviette. Wenn z. B. A nicht bezahlt, so schreibt sie das Bit

$$b_{AB} + b_{AC} \bmod 2$$

auf ihre Serviette.
Ist ein Kryptograph dagegen bereit zu zahlen, so addiert er ebenfalls die beiden ihm bekannten Bits, fügt zu der Summe allerdings noch 1 hinzu, bevor er modulo 2 reduziert. Dann schreibt er das Ergebnis auf seine Serviette. Wenn also z. B. C zahlen möchte, schreibt er das Bit

$$b_{AC} + b_{BC} + 1 \bmod 2$$

auf.
Kann man anhand der drei aufgeschriebenen Bits erkennen, ob einer der Kryptologen bezahlt? Kann man erkennen, wer bezahlt?
Um herauszubekommen, ob einer von ihnen bezahlt, addieren sie die drei Bits, wiederum modulo 2. Wenn keiner von ihnen zahlt, so erhalten sie

$$(b_{AB} + b_{AC}) + (b_{AB} + b_{BC}) + (b_{AC} + b_{BC}) \bmod 2 = 0,$$

da jedes Bit genau zweimal auftritt und sich deshalb modulo 2 selbst aufhebt.
Andernfalls, zum Beispiel wenn C bezahlt, summieren sie

$$(b_{AB} + b_{AC}) + (b_{AB} + b_{BC}) + (b_{AC} + b_{BC} + 1) \bmod 2 = 1$$

und erhalten als Ergebnis den Wert 1, wissen also, daß einer von ihnen zahlt. Sie können aber nicht herausfinden, wer bezahlt: Für A sind die Möglichkeiten

$$(b_{AB} + b_{AC}) + (b_{AB} + b_{BC}) + (b_{AC} + b_{BC} + 1) \bmod 2 = 1 \quad \text{und}$$

$$(b_{AB} + b_{AC}) + (b_{AB} + b_{BC} + 1) + (b_{AC} + b_{BC}) \bmod 2 = 1$$

nicht unterscheidbar, also kann A auch nicht feststellen, ob B oder C bezahlt haben. Entsprechendes gilt für B.
In diesem Beispiel können Probleme auftreten, wenn der Inhaber des Restaurants nicht ehrlich ist: Er könnte von allen drei Kryptologen das Geld für das Essen annehmen, und diese würden es nicht merken, da ihre Berechnungen ebenfalls 1 ergeben würde:

$$(b_{AB} + b_{AC}+1) + (b_{AB} + b_{BC}+1) + (b_{AC} + b_{BC} + 1) \bmod 2 = 1.$$

Dagegen würden sie sofort bemerken, wenn genau zwei Personen bezahlen möchte: Diese würden das Ergebnis 1 erwarten, heraus kommt bei dem Test aber 0.

Anonymes Senden von Nachrichten in einem DC-Netz

Im oben beschriebenen Beispiel kann einer der Kryptographen eine 1-Bit-Nachricht anonym an alle senden. Man kann dieses Verfahren so modifizieren, daß auch längere Nachrichten anonym gesendet werden können. Dazu vereinbaren die Kryptologen mit ihren jeweiligen Nachbarn nicht wie oben nur ein Bit, sondern eine Folge von n Bits. Jeder Teilnehmer an dieser Kommunikation kann eine Nachricht $m = b_1 ... b_n$ an alle senden, indem er die beiden ihm bekannten n-Bit-Schlüssel und m bitweise modulo 2 addiert, während alle anderen Teilnehmer nur ihre Schlüssel addieren:

$$(k_{AB} \text{ XOR } k_{AC}) \text{ XOR } (k_{AB} \text{ XOR } k_{BC}) \text{ XOR } (k_{AC} \text{ XOR } k_{BC} \text{ XOR } m) = m.$$

Nach jeder solchen Runde müssen neue Schlüssel zwischen den Teilnehmern vereinbart werden. Dieses Protokoll wird regelmäßig durchgeführt, da sonst ein Teilnehmer signalisieren müßte, daß er senden will, was der Idee der Senderanonymität ja zuwiderläuft. Ein Kompromiß wäre, das Signalisieren eines Sendewunsches mit dem 1-Bit-Protokoll zu realisieren, und bei Auftreten einer 1 in diesem Protokoll ins n-Bit-Protokoll umzuschalten.

Probleme treten dann auf, wenn zwei oder mehr Teilnehmer gleichzeitig eine Nachricht senden wollen. Die Nachrichten m_1 und m_2 würden sich dann zu einer unsinnigen Nachricht m_1 XOR m_2 überlagern, die aber nicht ohne weiteres als unsinnig erkannt würde. Eine solche Kollusion kann bemerkt werden, wenn die Nachrichten ein bestimmtes Redundanzschema besitzen, was bei der Überlagerung von Nachrichten zerstört wird (ein Paritätsbit würde also z. B. nichts nützen). Tritt eine Kollusion auf, so kann sie dadurch gelöst werden, daß die beiden Teilnehmer eine zufällige Zeitspanne warten, bevor sie erneut senden, und so die Wahrscheinlichkeit einer erneuten Kollusion minimieren.

Man kann dieses Protokoll auch ohne weiteres auf mehr als drei Teilnehmer erweitern. Man erhält dadurch eine große Anzahl von Möglichkeiten festzulegen, welche Teilnehmer Schlüssel miteinander austauschen sollen. In [Cha88] werden solche allgemeinen **DC-Netze** (nach den „Dining Cryptographers“) graphentheoretisch beschrieben und ihre Sicherheit untersucht. Da solche Überlegungen den Rahmen dieses Buches sprengen würden, verweisen wir den interessierten Leser auf den angegebenen Artikel (vgl. auch [Ste92]).

6.2 MIXe

Das im folgenden geschilderte, von D. Chaum 1981 entwickelte Verfahren zielt darauf ab, allein die Kommunikations*beziehung* zwischen Sender und Empfänger zu verdecken, nicht jedoch deren (Sende-) bzw. (Empfangs-) Aktivitäten. Dieses Modell gewährleistet die Anonymität der Verbindung zwischen Sender und Empfänger nicht nur gegen externe Angriffe wie z.B. Abhören des Netzes, sondern sogar gegenüber dem Kommunikationsvermittler.

Die Nachrichten werden in diesem Modell durch mehrere Zwischenstationen, die MIXe, geschickt. Sender und MIXe benutzen dabei Transformationen eines Public-Key-Verschlüsselungssystems.

Die Funktionalität eines solchen Systems setzt sich aus zwei Grundfunktionen zusammen:

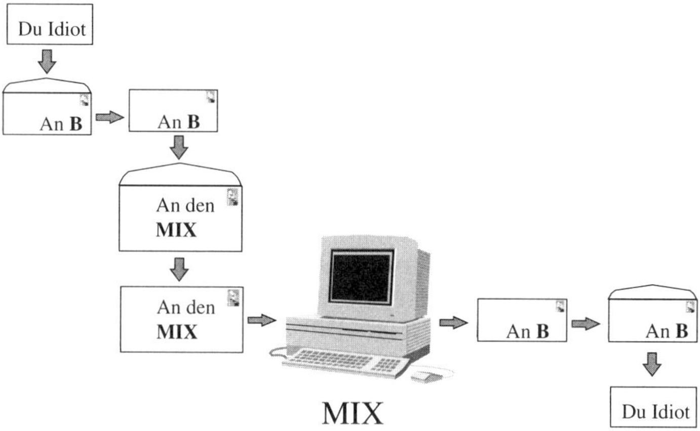

Bild 6.2: Auspacken und Weiterschicken

Das Einstecken der Nachricht in einen Briefumschlag entspricht hier der Verschlüsselung.

- *Auspacken und Weiterschicken*: Die Nachricht wird zusammen mit der Zieladresse verschlüsselt an einen MIX geschickt. Dieser entschlüsselt sie und leitet sie weiter.
- *Mischen*: Der MIX sendet die entschlüsselten Nachrichten in einer anderen Reihenfolge als sie eingegangen sind.

Wir stellen ein Beispiel mit zwei MIXen, MIX_1 und MIX_2, ausführlich dar. Dem ganzen liegt ein asymmetrisches Verschlüsselungsverfahren zugrunde (etwa RSA), und zwar werden Nachrichten, die an den MIX_i geschickt werden, mit der öffentlichen Funktion E_i verschlüsselt; dieser kann sie dann mit seiner privaten Funktion D_i entschlüsseln.

Wir nehmen an, daß A_1, A_2 und A_3 jeweils eine der Nachrichten m_1, m_2 und m_3 über die MIXe an die Empfänger B_1, B_2 und B_3 schicken wollen.

A_1 verschlüsselt zunächst die Nachricht m_1 und die Adresse B_1 des Empfängers mit E_2. Dem Ergebnis fügt sie die Adresse von MIX_2 hinzu und verschlüsselt das Ganze mit E_1. Diese Nachricht schickt sie an MIX_1. Entsprechend verfahren A_2 und A_3.

Der MIX_1 „packt die empfangenen Nachrichten aus“, das heißt, er entschlüsselt sie. Er erhält die Adresse des zweiten MIXes und sendet die Nachrichten $E_2(B_i, m_i)$ in veränderter Reihenfolge an MIX_2.

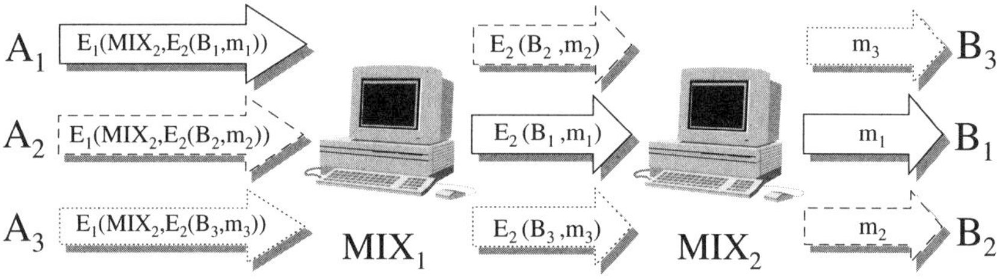

Bild 6.3: Mischen von Nachrichten

Dort packt MIX_2 die erhaltenen Nachrichten aus. Er erhält die Nachricht m_i und schickt diese an die Adresse B_i, die er ebenfalls erhalten hat.
Man kann sich vorstellen, mehr als zwei MIXe zu haben. Dann legt der Sender den Vermittlungsweg durch die MIXe fest und baut seine Nachricht entsprechend auf.
Wenn nur ein MIX vorhanden ist, kann dieser (und nur dieser) die Kommunikationsbeziehungen ermitteln. Sobald aber mindestens zwei nicht zusammenarbeitende MIXe im Spiel sind, kann keine Stelle, auch nicht die MIXe, die Kommunikationsbeziehung nachvollziehen.

6.3 Elektronische Münzen

Die wichtigste Form, in der uns Anonymität im täglichen Leben begegnet, ist das Bezahlen mit Münzen. Dieser Vorgang ist so alltäglich, daß uns in der Regel nicht bewußt ist, daß es sich dabei um einen anonymen Vorgang handelt: Im Gegensatz zum Bezahlen mit Schecks kann man an einer Münze nicht erkennen, wer diese vorher ausgegeben hat. Es stellt sich die Frage, ob dies auch im elektronischen Zahlungsverkehr möglich ist. In der Tat kann man mit Hilfe von *blinden Signaturen* (siehe Abschnitt 3.8) „elektronische Münzen“ erzeugen, die ein außerordentlich hohes Maß an Anonymität gewährleisten.
Auch im einfachsten Fall sind am Lebenszyklus einer Münze mindestens drei Instanzen beteiligt: Die **Zentralbank**, welche die Münze herstellt und ausgibt; der **Kunde**, der die Münze von der Bank erhält und diese zum Kauf von Waren oder Dienstleistungen verwendet; und der **Händler**, der die Münze einnimmt und bei der Bank einlöst. Der Einfachheit halber nehmen wir an, daß es nur eine Bank gibt; diese gibt Münzen aus und führt die Konten von Kunde und Händler.
Ein Zahlungssystem muß die Sicherheitsbedürfnisse aller Beteiligten befriedigen. Diese sind unter anderem:

- *Zentrale Erzeugung*: Nur die Bank darf in der Lage sein, Münzen herzustellen.

- *Echtheit*: Alle Beteiligten müssen die Echtheit von Münzen überprüfen können.
- *Anonymität*: An der eingelösten Münze darf die Bank nicht erkennen können, an wen sie diese ausgegeben hat. Der Händler muß eine Münze akzeptieren, ohne daß der Kunde sich vorher ausweist.
- *Eindeutigkeit*: Es darf nicht möglich sein, Münzen zu duplizieren, also dieselbe Münze zweimal einzureichen.

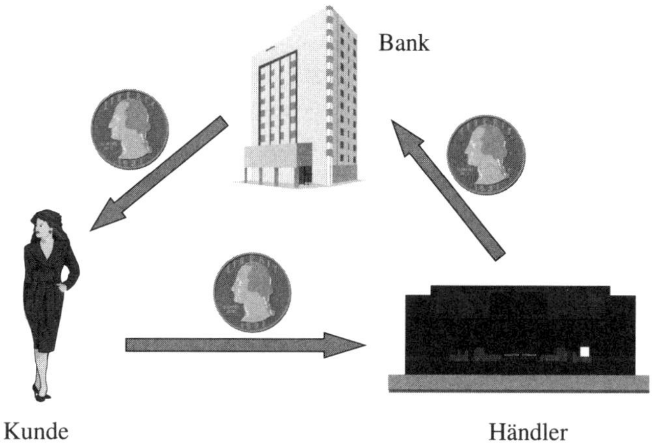

Bild 6.4: Vereinfachter Lebenszyklus einer Münze

Über die Verwendung einer blinden Signatur (Vgl. Abschnitt 3.9) hinaus beruht das Grundschema für elektronische Münzen, das zuerst von D. Chaum [Cha85] vorgestellt wurde, auf folgenden Ideen:

- Für jeden Münzwert hat die Bank einen speziellen geheimen RSA-Signaturschlüssel.
- Echte Münzen erkennt man daran, daß sie bei der Überprüfung mit dem entsprechenden öffentlichen Schlüssel einen Wert liefern, der eine genau vorgegebene Struktur hat („Redundanzschema").

Erzeugung einer Münze: In dem von Chaum vorgestellten Modell kann die Bank nicht allein anonyme Münzen herstellen, sondern nur zusammen mit einem Kunden.

Stellen wir uns vor, der Kunde möchte eine 5-DM-Münze erhalten. Dazu wählt er eine Zahl w, die in das vorher vereinbarte Redundanzschema paßt und die kleiner als der Modul des 5-DM-RSA-Schemas ist. (Zum Beispiel kann w aus zwei identischen Hälften v bestehen: Der Kunde wählt $v = 1234567$ und bildet $w = 12345671234567$.)

Der Kunde erhält die Münze m, indem er die Zahl w von der Bank blind mit dem geheimen 5 DM-Schlüssel signieren läßt.

Ausgeben einer Münze: Der Kunde überträgt die Münze an den Händler. Dieser überprüft die Echtheit, indem er den öffentlichen 5-DM-Schlüssel anwendet. Er akzeptiert die Münze, wenn das Ergebnis in das Redundanzschema paßt.

Einlösen einer Münze: Der Händler überträgt die Münze an die Bank, und diese überprüft die Echtheit so wie vorher der Händler. Die Anonymität ist gewährleistet, da die Münze blind signiert wurde.

Dieses elektronische Zahlungssystem hat, wie viele andere auch, das Problem der Eindeutigkeit im Grunde nicht gelöst. Es gibt eine Reihe von Lösungsvorschlägen kryptographischen und nichtkryptographischer Natur, die das doppelte Ausgeben einer Münze riskant machen. Unter die nichtkryptographischen Lösungsmöglichkeiten fällt dabei der Vorschlag, elektronische Münzen immer sofort online bei der Bank einzulösen, was natürlich für den Händler mit hohen Kosten verbunden sein kann. Eine kryptographische Lösung dieses Problems wird in [CFN88] vorgestellt.

Neuere Untersuchungen zu diesem Thema befassen sich mit der Frage, ob man elektronische Münzen genau wie echtes Geld einfach weitergeben kann, anstatt sie immer gleich wieder bei der Bank einzulösen. Das große Problem scheint dabei zu sein, im Falle des doppelten Ausgebens einer Münze den Schuldigen in der Kette derjenigen zu finden, durch deren Hände die Münze gegangen ist. Eine aktuelle Diskussion dieses Problemkreises findet man in [PSW95].

Elektronische Münzen haben auch negative Aspekte. B. Schneier beschreibt in seinem Buch [Schn96] die aus der Sicht eines Entführers perfekte Lösegeldübergabe: Der Entführer sendet eine Liste von Zahlen an die Polizei und verlangt, daß diese blind signiert werden. Das Ergebnis soll dann in einer bestimmten Zeitung mit hoher Auflage veröffentlicht werden. Nur der Entführer kann mit den in der Zeitung veröffentlichten Zahlen etwas anfangen, da nur er die Zufallszahlen r kennt, die für die blinde Signatur verwendet wurden. Er kauft sich also irgendwo im Land eine Zeitung und kann in aller Seelenruhe beginnen, das Geld auszugeben, da die Bank seine elektronischen Münzen nicht von denen anderer Kunden unterscheiden kann. Für eine ausführliche Diskussion dieser Problematik siehe [Beu94], Kapitel 6.

6.4 Elektronische Wahlen

Am Abend eines Wahltages sitzen Millionen von Zuschauern vor ihren Fernsehgeräten und warten auf die ersten Hochrechnungen. Diesen liegen statistische Verfahren zugrunde, mit denen man die Wahlergebnisse schnell und in der Regel zuverlässig vorhersagen kann.

Hochrechnungen wären überflüssig wenn Wahlen elektronisch durchgeführt würden. Jeder Bürger würde dann durch Eingabe der Partei seiner Wahl in einen Computer abstimmen, und das offizielle Wahlergebnis wäre sofort nach Schließung der Wahllokale abrufbar.

Aber damit – so werden Sie einwenden – wäre auch dem Mißbrauch Tür und Tor geöffnet. Wo jetzt freiwillige Wahlhelfer aller Parteien darüber wachen, daß Stimmabgabe und Auszählung korrekt durchgeführt werden, könnte dann schlimmstenfalls eine einzige Person durch Manipulationen am Wahlcomputer den Ausgang der Wahl fälschen. Kann man solchen Mißbrauch verhindern?

Die Antwort ist „Ja", und zwar mit Hilfe kryptographischer Methoden. Wir werden in diesem Abschnitt Schritt für Schritt ein sicheres elektronisches Wahlverfahren entwickeln, wobei wir uns das traditionelle Wahlverfahren als Vorbild nehmen.

Das traditionelle Wahlverfahren

Vor Beginn einer Wahl müssen zunächst alle wahlberechtigten Personen erfaßt werden. Jede dieser Personen erhält dann eine *Wahlkarte* zugeschickt, die sie zur Teilnahme an der Wahl berechtigt. Wurde jemand vergessen, so kann er fordern, in die Liste der Wahlberechtigten aufgenommen zu werden.

Am Wahltag gehen Frau A und Herr B mit ihrer Wahlkarte ins Wahllokal und erhalten dort im Austausch gegen ihre Karte identisch aussehende Wahlzettel und Umschläge. Sie können nun in einer Wahlkabine für die Partei ihrer Wahl optieren, den ausgefüllten Wahlzettel in den von anderen ununterscheidbaren Umschlag stecken und in die Urne werfen.

Von diesem Zeitpunkt an sind die einzelnen Stimmen nicht mehr den Wählern zuordenbar.

Schließlich wird die Urne geleert, die Umschläge werden geöffnet und die Summe der Stimmen für jede Partei wird an die Zentrale weitergeleitet.

Wir nehmen der Einfachheit halber an, daß jeder Wähler höchstens eine Partei wählen kann. Dann hat das traditionelle Wahlverfahren folgende Eigenschaften:

- Jeder wahlberechtigte Bürger kann höchstens eine Stimme abgeben, da er höchstens einen Wahlzettel erhält.
- Die abgegebenen Stimmen können nicht mit bestimmten Wählern in Verbindung gebracht werden, da alle Stimmzettel und Umschläge gleich aussehen.
- Die freiwilligen Wahlhelfer überzeugen sich davon, daß die Stimmenauszählung korrekt durchgeführt wurde. Da die Helfer sich gegenseitig kontrollieren, kann im Normalfall jeder Bürger diesem Ergebnis trauen.

Mit einem elektronischen Wahlverfahren können alle dies Eigenschaften realisiert und sogar verbessert werden: Jeder Bürger kann die Korrektheit der Wahl an seinem PC überprüfen. Eine solche Wahl erfolgt in vier Phasen.

Ausgabe der Wahlzettel

Ein elektronischer Wahlzettel z wird aus einer Zahl x von besonderer Form gebildet, die von der Wahlbehörde durch eine blinde Signatur (vgl. Abschnitt 3.8) mit einem „Stempel" versehen wurde. Wir kennen dieses Verfahren bereits von der Herstellung elektronischer Münzen:

Jeder wahlberechtigte Bürger B erzeugt eine Zahl x von bestimmter Struktur (x kann etwa ein Palindrom sein, das heißt von vorn und hinten gelesen gleich lauten, oder nur aus den Ziffern 0, 1, 2, 3 bestehen). B läßt sich die Zahl x von der Wahlbehörde blind signieren, und zwar mit dem geheimen Schlüssel der Behörde. Er erhält seinen

Wahlzettel z zurück (siehe Bild 6.5). Die Wahlbehörde stellt dabei sicher, daß jeder Bürger höchstens einen Wahlzettel erhält.

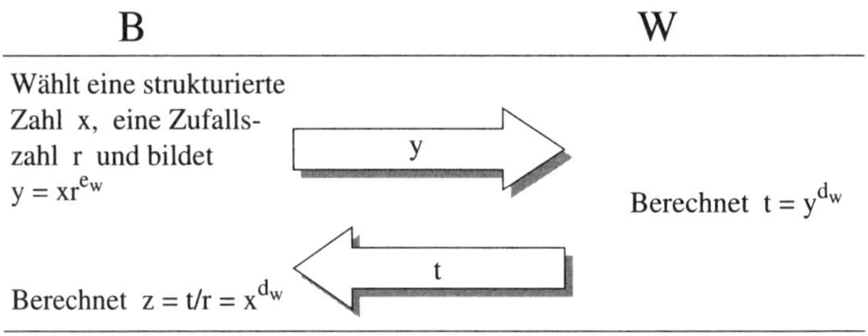

Bild 6.5: Ausgabe der Wahlzettel

Einschreiben in die Wählerliste

B wählt einen RSA-Modul $n = pq$, dessen Faktorisierung er kennt, faßt seinen Wahlzettel z als öffentlichen Schlüssel $z = e_B$ auf und berechnet sich den dazugehörigen geheimen Schlüssel d_B. Dann schreibt er (z,n) auf eine öffentliche „Tafel" T. (Dies soll an eine Tafel erinnern, auf der bei der Auszählung die Anzahl der Stimmen notiert werden.)

Dies muß natürlich anonym geschehen, also benutzt er dazu ein Anonymisierungssystem, etwa einen MIX, und überprüft anschließend, ob e_B auch wirklich an die Tafel geschrieben wurde.

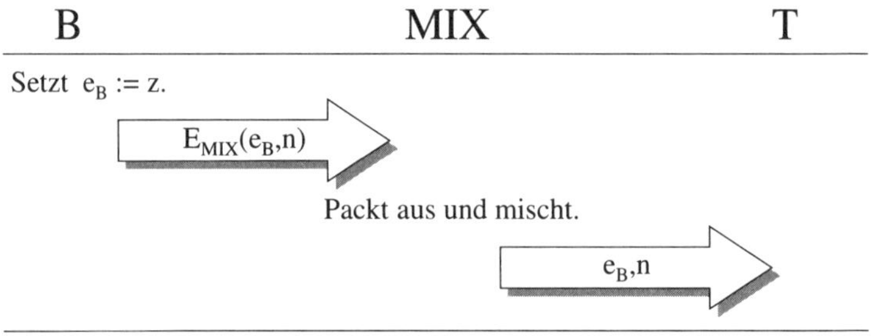

Bild 6.6: Vorbereitung der Wahl

Abstimmungsphase

B liegt eine Liste der Parteien vor, die sich bei dieser Wahl bewerben:

1. SPD
2. CDU/CSU
3. Bündnis 90/Die Grünen
4. F.D.P.
5. PDS …

Er wählt die Listennummer k derjenigen Partei, die er wählen möchte, verschlüsselt diese Zahl mit seinem geheimen aktuellen Wahlschlüssel d_B und schreibt das Paar (e_B, k^{d_B}) über den MIX an die Tafel T.

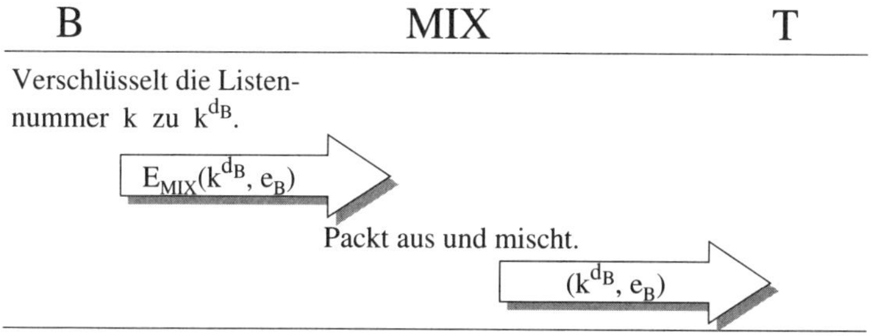

Bild 6.7: Abstimmung

Die Bedeutung des MIXes kann man sich an einem Beispiel klarmachen. Angenommen, es gäbe eine Partei FRU, welche die Interessen der Frühaufsteher vertritt. Beim Auszählen der Stimmen aus der Wahlurne bemerken die Helfer, daß die zwanzig Stimmen, die auf dem Boden der Urne liegen, Stimmen für die FRU sind. Dann wissen die Helfer mit Sicherheit, daß zumindest die ersten im Wahllokal erschienenen Personen FRU-Wähler waren. Das konnten sie zwar auch vermuten, aber zwischen Vermuten und Wissen besteht bei einer Wahl ein großer Unterschied. Einen Ausweg aus dem hier angedeuteten Dilemma bietet zum Beispiel das kräftige Durchschütteln der Wahlurne vor der Öffnung. Und genau das tut ein MIX.

Auszählung der Stimmen

Die Wahlbehörde und jeder interessierte Bürger können die Wahlbriefe k^{d_B} öffnen, indem sie $(k^{d_B})^{e_B} \bmod n = k$ berechnen und die Stimmen auszählen. (Der zu verwendende Modulus n ergibt sich aus e_B.)

Die Wahlbehörde (und jeder Bürger) kann zusätzlich überprüfen, ob jeder Bürger höchstens eine Stimme abgegeben hat. Dies ist genau dann der Fall, wenn

- zu jedem Wahlzettel z höchstens eine Stimme abgegeben wurde, und wenn
- alle öffentlichen Schlüssel, die an der Tafel angeschrieben werden, zugleich auch Wahlzettel darstellen.

Um das zweite Kriterium nachzuprüfen, berechnet die Wahlbehörde W dazu für jeden Bürger B $(e_B)^{e_W} = x^{d_W e_W} = x$ und überprüft, ob das Ergebnis die vorgegebene Struktur hat.

7 Vermischtes

In diesem abschließenden Kapitel behandeln wir vier wichtige Themen, nämlich Schlüsselmanagement, Angriffe und Protokolle, die merkwürdigen und bemerkenswerten Oblivious-Transfer-Protokolle und die heiß diskutierte Quantenkryptographie.

7.1 Schlüsselmanagement durch Trusted Third Parties

In großen, offenen kryptographischen Systemen, die nicht nur zwei, sondern viele Teilnehmer umfassen, zeigt sich schnell ein fundamentales Problem: Wie kann eine Teilnehmerin A einen Schlüssel erhalten, um mit einem anderen Teilnehmer B vertraulich oder authentisch zu kommunizieren, wenn sie B nicht kennt?
Wenn man so große Systeme wie das Internet betrachtet, so wird sehr schnell deutlich, daß kein Teilnehmer für jeden möglichen Kommunikationspartner einen geheimen Schlüssel speichern kann: Allein die Tatsache, daß ständig neue Nutzer zum System hinzustoßen, zeigt, daß so etwas unmöglich ist.
Aber selbst wenn dies ginge, blieben Fragen: Wie kommen die Schlüssel zu A? Vielleicht auf einer CD-ROM: Wer stellt sie her und vertreibt sie? Oder als Nachricht über das Netz: Wer verschlüsselt sie?
Auch die Verwendung von Public-Key-Verfahren löst das Problem nur teilweise, denn A kann nie sicher sein, daß der öffentliche Schlüssel von B, den sie aus einem „elektronischen Telefonbuch" liest, auch wirklich von B stammt und nicht von einem Angreifer.

Man kann alle diese Probleme durch die Einführung einer vertrauenswürdigen „dritten Instanz", einer sogenannten **Trusted Third Party** (**TTP**) lösen, und zwar sowohl für Systeme, die auf asymmetrischen, als auch für solche, die auf symmetrischen Verfahren beruhen. Im ersten Fall hat die TTP wenig, im zweiten viel zu tun.

Schlüsselmanagement mit Public-Key-Verfahren

Wenn man ein Public-Key-Verfahren einsetzt, kann man das Problem elegant dadurch lösen, daß man das „elektronische Telefonbuch" als zertifiziertes Register von der TTP führen läßt. Die TTP wird in diesem Zusammenhang oft „**Certification Authority** (**CA**)" genannt. Dazu wählt die TTP ein sicheres Public-Key-Signaturverfahren aus und signiert jeden Eintrag, der aus dem Namen des Teilnehmers und seinem öffentlichen Schlüssel besteht, in das Register; diese elektronische Unterschrift nennt man ein **Zertifikat**.

Die einzelnen Teilnehmer müssen jetzt nur noch den öffentlichen Schlüssel der TTP zum Überprüfen der Zertifikate erhalten und können dann die Authentizität der Einträge im Schlüsselregister selbst überprüfen. Die TTP muß hier also für jeden Teilnehmer nur einmal aktiv werden, nämlich bei der Überprüfung seiner Identität und dem anschließenden Signieren seines öffentlichen Schlüssels.
Dieses Verfahren wurde standardisiert und ist ausführlich beschrieben, z. B. im internationalen Standard C.C.I.T.T. X.509. Fragen der Standardisierung kryptographischer Verfahren werden in [Pre93] behandelt.
In vielen modernen Anwendungen wird ein zertifikatsbasiertes Schlüsselmanagement eingesetzt. Wir erwähnen hier das Internet-Protokoll SSL/TLS (Transport Layer Security, [TLS]), das Protokoll für geschützte Zahlungsvorgänge SET („Secure Elelectronic Transactions" [SET97]) sowie die Email-Standards PEM („Privacy Enhanced Mail" [PEM97]) und S/MIME („Secure MIME" [SMIME]). Das populäre Email-Programm PGP („Pretty Good Privacy" [PGP]) verwendet ebenfalls Zertifikate, allerdings nicht in einer hierarchischen Anordnung.

Protokolle zum Schlüsselmanagement mit symmetrischen Verfahren

Asymmetrische Verfahren bieten zwar eine Vielzahl von Vorteilen, aus Performancegründen spielen heute aber immer noch die symmetrischen Verfahren eine große Rolle. Daher sollen jetzt einige Verfahren zum Schlüsselmanagement auf Basis symmetrischer Verfahren vorgestellt werden. Wir beginnen mit einem Beispiel.

- **Das GSM-Mobilfunknetz**

Der GSM-Standard für Mobilfunksysteme wird in Deutschland von den beiden großen Betreibern solcher Dienste (D1-Netz der Deutschen Telekom, D2-Netz von Mannesmann Mobilfunk) genutzt. Dieser Standard kann als gelungene Integration von Sicherheitsdiensten in ein Gesamtsystem angesehen werden. Es war notwendig, den Mobilfunk zu standardisieren, da ja grenzüberschreitendes Telefonieren möglich sein soll. Die entsprechende Standardisierungsgruppe hieß GSM („Groupe Spécial Mobile").
Die sicherheitstechnische Aufgabe war im wesentlichen, die „Luftschnittstelle" zu schützen, also die Strecke, die das Telefonsignal per Funk überbrücken muß, bevor es in ein festes Netz eingespeist wird. Dabei sollte ein Schutz sowohl gegen unerlaubtes Telefonieren als auch gegen illegales Abhören dieser Schnittstelle gewährleistet sein.
Diese Ziele wurden durch die Verwendung von drei kryptographischen Algorithmen erreicht: dem A3-Algorithmus, der für die Authentikation des Endgerätes gebraucht wird, dem A5-Algorithmus, mit dem das Telefongespräch verschlüsselt wird, und dem A8-Algorithmus, der den dafür benötigten Schlüssel liefert. Diese Algorithmen werden geheimgehalten.
Zur Authentifizierung eines Teilnehmers wird ein Challenge-and-Response-Protokoll verwendet. Dazu erzeugt das Mobilfunksystem eine Zufallszahl RAND, die an den Teilnehmer gesendet wird. Dieser berechnet mit Hilfe seines individuellen Schlüssels

Ki und dem Authentifizierungsalgorithmus A3 eine Antwort SRES („signed response") und sendet diese zurück ans System. Dort wurde bereits der individuelle Schlüssel des Teilnehmers aus einer Datenbank gelesen und mit seiner Hilfe die korrekte Antwort SRES berechnet. Nur wenn die beiden Werte übereinstimmen, wird der Teilnehmer als berechtigt anerkannt und erhält Zugang zum Netz.

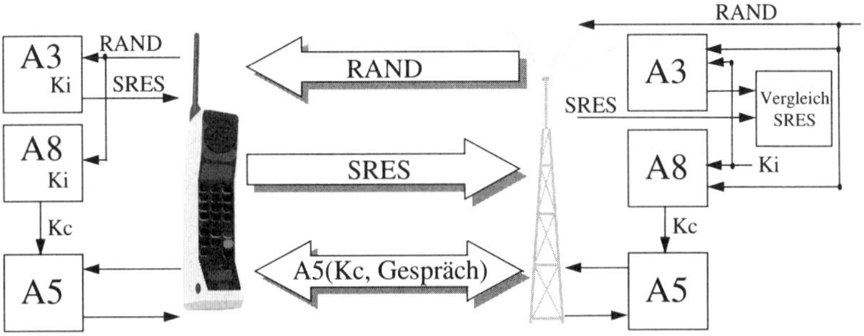

Bild 7.1: Sicherheitsfunktionen im GSM-Standard

Die Zufallszahl wird an dieser Stelle aber nicht weggeworfen, sondern sie wird weiter zur Erzeugung eines Sitzungsschlüssels Kc verwendet. Dies geschieht einerseits im Handy des Teilnehmers (genauer gesagt in der dort befindlichen Chipkarte) und andererseits im System; dazu wird jeweils der Algorithmus A8 verwendet, der als Eingabewerte die Zufallszahl RAND und den individuellen Schlüssel Ki benötigt.

Nun kann das Telefongespräch geführt werden: Alle Sprachdaten werden zunächst digitalisiert und dann auf der Luftschnittstelle mit dem Algorithmus A5 unter dem Schlüssel Kc verschlüsselt.

Wie oft das oben beschriebene Protokoll durchgeführt wird, ist im GSM-Standard nicht genau festgeschrieben. Es muß mindestens beim „Registrieren" eines Geräts durchgeführt werden, also beim Einschalten, kann aber auch vor jedem Anruf oder sogar während eines Anrufs verlangt werden. Dies festzulegen ist Sache des jeweiligen Netzbetreibers.

In GSM wurde auch eine Lösung für das Problem gefunden, wie sich ein Teilnehmer authentifizieren und verschlüsselte Gespräche führen kann, wenn er in einem fremden GSM-Mobilfunknetz „zu Gast" ist (z.B. im Ausland). Der fremde Netzbetreiber kennt nämlich den individuellen Schlüssel des Teilnehmers nicht, und er kann möglicherweise andere Varianten der Algorithmen A3 und A8 verwenden (nur der Algorithmus A5 ist standardisiert).

In der GSM-Lösung schickt das Heimatnetz des Teilnehmers auf sichere Art und Weise einige vorberechnete Tripel (RAND, SRES, Kc) an das fremde Netz. Dieses leitet die Zufallszahl RAND dann an den Teilnehmer weiter, vergleicht dessen Antwort mit dem

Wert SRES und verwendet bei positivem Ausgang dieses Vergleichs den Schlüssel Kc zum Verschlüsseln der Luftschnittstelle.

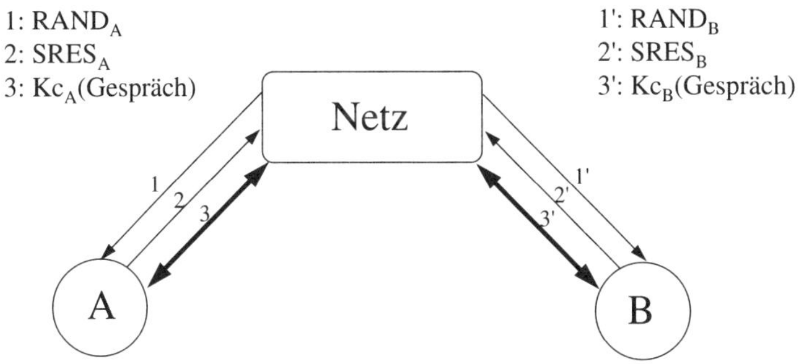

Bild 7.2: Kommunikation zwischen A und B im GSM-System
Im GSM-System läuft die gesamte Kommunikation zwischen zwei Teilnehmern A und B über das Netz. Es wird kein Sitzungsschlüssel zwischen A und B direkt vereinbart, sondern immer nur zwischen A bzw. B und dem Netz.

Im Rest dieses Abschnitts wollen wir noch drei intensiv diskutierte Protokolle zur authentischen Vereinbarung eines Sitzungsschlüssels zwischen zwei Personen A und B vorstellen. Zuvor machen wir noch eine wichtige Bemerkung.

Zur Abwehr der sogenannten „Replay-Attacken" (siehe unten) muß man garantieren, daß die in einem kryptographischen Protokoll gesendeten Nachrichten „frisch" sind, das heißt vorher noch niemals gesendet wurden. Dies wird durch Einbeziehung von **Einmalwerten** (engl. „**nonces**") gewährleistet. Dies können Zufallszahlen, Zeitstempel oder andere sich ständig ändernden Werte sein.
Protokolle unterscheiden sich auch dadurch, ob sie Zeitstempel benötigen oder mit allgemeinen Einmalwerten auskommen. Bei Zeitstempeln tritt nämlich das Problem auf, daß die entsprechenden Parteien synchronisierte Uhren benötigen.

- **Das Breitmaulfrosch-Protokoll**

Das folgende Protokoll wurde von Burrows in [BAN89] vorgeschlagen. Es ist wohl das einfachste Verfahren, wie mit Hilfe einer Trusted Third Party ein authentischer Sitzungsschlüssel zwischen A und B vereinbart werden kann. Im folgenden werden wir die TTP auch mit S („Server") bezeichnen.
A sendet ein Kryptogramm an S, das mit dem gemeinsamen geheimen Schlüssel k_{AS} von A und S verschlüsselt wurde, und das außer einen **Sitzungsschlüssel** k_{AB} noch einen **Zeitstempel** t_A von A und den Namen des gewünschten Gesprächspartners B enthält: k_{AS} (t_A, B, k_{AB}). Außerdem muß A der TTP ihren Namen mitteilen damit diese den richtigen geheimen Schlüssel wählen kann.

Bemerkung: Der Übersichtlichkeit halber schreiben wir hier k(m) für den Geheimtext, der aus m durch Anwenden des Schlüssels k entsteht.
Die TTP generiert dann einen neuen Zeitstempel t_S und verschlüsselt diesen zusammen mit dem Namen von A und dem Sitzungsschlüssel k_{AB}, diesmal aber mit dem gemeinsamen geheimen Schlüssel k_{BS} von B und S.

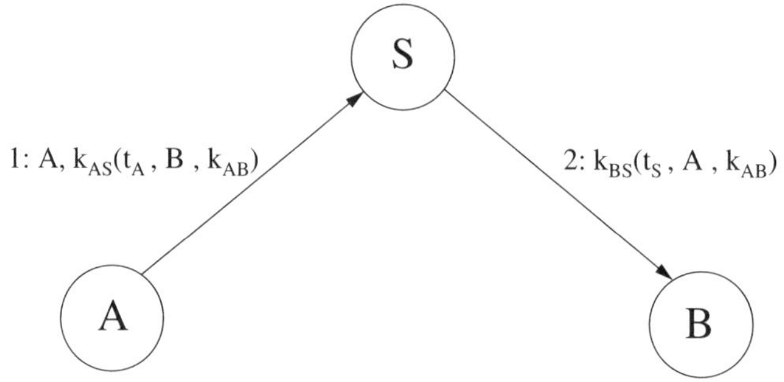

Bild 7.3: Das Breitmaulfrosch-Protokoll

Nach Empfang und Entschlüsselung dieser Nachricht kann B dann Kontakt mit A aufnehmen. Die beiden können sich gegenseitig authentifizieren und geheim kommunizieren, da sie nun ein gemeinsames Geheimnis k_{AB} besitzen.

- **Das Otway-Rees-Protokoll**

Das Breitmaulfrosch-Protokoll ist zwar sehr einfach, sicher und effizient, hat aber den Nachteil, daß es nur eines der beiden Ziele erfüllt: A und B können mit diesem Protokoll nur einen gemeinsamen Schlüssel vereinbaren, aber wenn sie dann eine Verbindung aufgebaut haben, müssen sie nochmals eine wechselseitige Identifikation durchführen.
Das Otway-Rees-Protokoll [OR87] löst beide Probleme gleichzeitig; außerdem braucht keine Verbindung zwischen A und der TTP aufgebaut zu werden.
Im Otway-Rees-Protokoll baut A zunächst eine Verbindung zu B auf, gibt dem soeben gestarteten Protokoll einen Einmalwert t_A, und sendet B zusammen mit den beiden Adressen A und B ein Kryptogramm, das nur die TTP verwerten kann.
B generiert nun ein ähnliches Kryptogramm mit einem eigenen Einmalwert t_B und seinem Schlüssel k_{BS}, den er mit der TTP teilt. Dann gehen alle diese Daten an die TTP.
Diese generiert den Sitzungsschlüssel k_{AB} und verschlüsselt diesen jeweils zusammen mit dem passenden Einmalwert und dem passenden Schlüssel und schickt das Ergebnis an B.
B entschlüsselt sein Kryptogramm, überprüft, ob es seinen Zeitstempel t_B enthält, und akzeptiert gegebenenfalls den darin enthaltenen Schlüssel k_{AB} als Sitzungsschlüssel

für seine Verbindung mit A. Diese tut das gleiche, und wenn auch ihre Überprüfung positiv ausfällt, können die beiden kommunizieren.

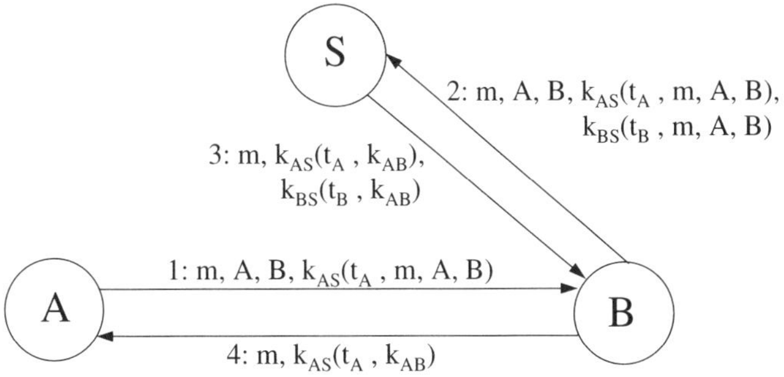

Bild 7.4: Das Otway-Rees-Protokoll

Man benötigt im Anschluß an dieses Protokoll kein zusätzliches Challenge-and-Response-Verfahren. Dieses ist implizit bereits im Protokoll enthalten: Nur A und B können die Nachricht m, A, B so verschlüsseln, daß die TTP überhaupt antwortet!

- **Das Needham-Schroeder-Protokoll**

Das Needham-Schroeder-Protokoll [NS78] diente als Vorbild für viel andere Authentikationsprotokolle. Es ist gut untersucht, besitzt aber eine ernstzunehmende Schwäche.

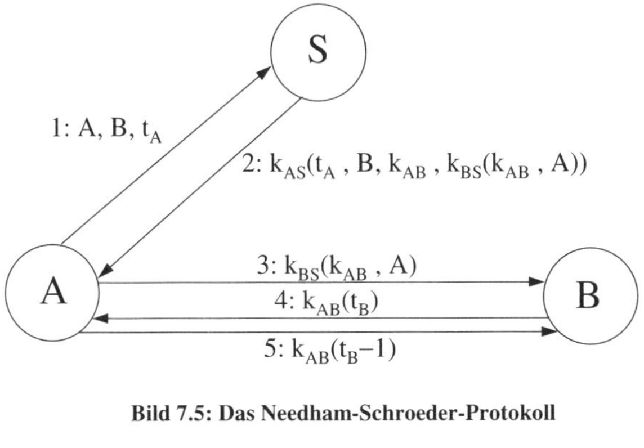

Bild 7.5: Das Needham-Schroeder-Protokoll

Bei diesem Protokoll tritt nur A in Kontakt mit der TTP. Sie sendet ihr zunächst die Namen der Teilnehmer und einen Einmalwert t_A.

Die TTP antwortet mit dem gesendeten Zeitstempel, dem Namen des anderen Teilnehmers, dem Sitzungsschlüssel k_{AB} und einem für B bestimmten Kryptogramm. All dies wurde mit dem nur A und S bekannten Schlüssel k_{AS} verschlüsselt.
A überprüft den Zeitstempel und leitet das Kryptogramm an B weiter. Dieser entschlüsselt es, erfährt den Sitzungsschlüssel und daß A mit ihm kommunizieren möchte. B hat nun einen Sitzungsschlüssel mit A und weiß, daß A mit ihm kommunizieren möchte. Was er nicht weiß ist, ob er tatsächlich mit A verbunden ist. Er initiiert daher noch ein modifiziertes Challenge-and-Response-Protokoll, bei dem er nicht die Challenge t_B selbst als Response erwartet, sondern das Kryptogramm einer Funktion von t_B unter dem Sitzungsschlüssel k_{AB}. Als mögliche Funktion von t_B wurde hier $f(t_B) = t_B-1$ gewählt.

Analyse: Das Needham-Schroeder-Protokoll hat in dieser ersten Version (es gibt auch eine zweite Version, die aber von der Funktionalität her mit dem Otway-Rees-Protokoll identisch ist) eine ernstzunehmende Schwäche: B hat keinerlei Möglichkeit zu überprüfen, ob das Kryptogramm, das er von der TTP erhält, frisch ist. Er wird nämlich erst in das Protokoll einbezogen, wenn die Kommunikation mit der TTP beendet ist, hat also keine Möglichkeit, einen Zeitstempel an die TTP zu schicken.
Das wird dann zu einem Problem, wenn die verwendeten Verschlüsselungsverfahren nicht stark genug sind, um einem Langzeitangriff standzuhalten. Ein Angreifer $\tilde{A}$ könnte einige Monate spendieren, um den Schlüssel k_{AB} zu berechnen, oder er könnte ihn auf andere Art und Weise erhalten, vielleicht durch Auslesen einer geheimen Datei oder einer Chipkarte. Dann sendet er die abgefangene Nachricht $k_{BS}(A, k_{AB})$ an B, der nicht überprüfen kann, ob diese Nachricht frisch ist oder bereits vor einigen Monaten erzeugt wurde. Auch das anschließende Challenge-and-Response-Protokoll hilft B nicht, denn $\tilde{A}$ kann mit Hilfe von k_{AB} auf die Challenge antworten.
Noch gravierender wird es, wenn $\tilde{A}$ den Schlüssel k_{AS} kennt. In diesem Fall ist es ihm möglich, sich auf Vorrat ihn interessierende Schlüssel k_{AX} für viele Teilnehmer X zu besorgen. Selbst wenn A dann merkt, daß ihr Schlüssel k_{AS} mißbraucht wurde (indem sie zum Beispiel eine hohe Rechnung von der TTP über die erbrachten Dienstleistungen erhält), macht eine Änderung des Schlüssels k_{AS} die Sitzungsschlüssel k_{AX}, die $\tilde{A}$ kennt, nicht ungültig! Man hat also bei Verwendung dieses Protokolls keine Möglichkeit, den Mißbrauch abzustellen.

7.2 Angriffe auf Protokolle

Protokolle können erfolgreich angegriffen werden, ohne die ihnen zugrundeliegenden kryptographischen Funktionen (Verschlüsselungs-, Hash- oder Signaturverfahren) auch nur anzutasten! In diesem Abschnitt stellen wir zunächst einige allgemeine Angriffe auf Protokoll vor und gehen dann auf ein besonders eindrückliches Beispiel für eine solche Attacke ein. Schließlich weisen wir auf automatische Analysetools zum Auffinden von

Schwachstellen in Protokollen hin, die zur Zeit in der Kryptographie intensiv diskutiert werden.

Allgemeine Angriffe auf Protokolle

Der Angriff von Simmons beruht auf einer genauen Analyse des TMN-Protokolls und kann nicht ohne weiteres auf andere Protokolle übertragen werden. Es gibt aber eine ganze Reihe von Angriffsprinzipien, die man kennen sollte, wenn man ein Protokoll entwerfen möchte.

- **Impersonation**

Versucht ein Betrüger $\tilde{A}$ sich in einem Protokoll als eine andere Person A auszugeben, so spricht man von einer **Impersonations-Attacke**.
Eine solche Attacke ist z. B. im weiter unten vorgestellten TMN-Protokoll möglich, da jeder den öffentlichen Schlüssel der TTP kennt und somit die entsprechenden Nachrichten generieren kann.
Impersonation kann man dadurch verhindern, daß jedem Teilnehmer zu Beginn von einer vertrauenswürdigen Instanz (der TTP) eine geheime Information eindeutig zugeordnet wird. Dies kann ein Schlüssel eines symmetrischen Kryptoverfahrens sein, welcher der TTP ebenfalls bekannt ist, oder eine asymmetrische Schlüsselinformation (z. B. der private Schlüssel des RSA-Verfahrens oder das zu einem Zero-Knowledge-Verfahren gehörende Geheimnis), wobei dann die entsprechende öffentliche Information von der TTP signiert sein muß.

- **Replay-Attacken**

Bei einer **Replay-Attacke** wird eine Nachricht, die bereits einmal gesendet wurde, erneut in das Protokoll eingeschleust.
Das einfachste Beispiel für eine Replay-Attacke ist das folgende: Ein Angreifer A zahlt bei einer fremden Bank X einen Betrag von DM 100,– auf sein eigenes Konto ein, das bei einer anderen Bank Y geführt wird. Würde die kryptographische Nachricht keine Zeitstempel oder sonstigen Variablen (zum Beispiel Zufallszahlen) enthalten, sondern hätte nur die Form

$$k_{XY}(X, Y, A, DM\ 100),$$

so könnte A die Nachricht aufzeichnen und mehrmals an seine Bank schicken. Diese würde seinem Konto dafür jedesmal DM 100,– gutschreiben. Um diesen Angriff durchführen zu können, muß A die Nachricht nicht entschlüsseln können, sondern braucht sich nur Zugang zur Leitung zwischen X und Y zu verschaffen.
Replay-Attacken kann man durch Einfügen von Zeitstempeln verhindern, falls bei den an einem Protokoll beteiligten Instanzen synchronisierte Uhren vorhanden sind. Gibt es keine Uhren, so kann man sich mit Einmalwerten („nonces“, siehe oben) behelfen.

Auch die meisten Paßwort-Verfahren kann man mit einer Replay-Attacke „knacken“: Da der Name und das Paßwort eines Benutzers sich niemals oder nur sehr selten ändern, kann ein Angreifer diese Nachrichten am Ausgang eines Terminals aufzeichnen und erneut senden.

- **Chess Grandmasters Problem**

Eine andere Attacke besteht darin, daß ein Angreifer zwei Protokolle gleichzeitig durchführt und die Antworten, die er aus Protokoll 1 erhält, als seine eigenen Antworten im Protokoll 2 weitergibt. Diese Attacke läßt sich gut an dem folgenden Beispiel erläutern, von dem sie ihren Namen hat.
Bei einer elektronischen Schachpartie kann selbst ein blutiger Anfänger $\tilde{A}$ gegen einen Großmeister bestehen, wenn er wie folgt vorgeht: Er spielt nicht nur gegen einen, sondern gleichzeitig gegen zwei Großmeister! Dazu eröffnet er zunächst eine Partie gegen den Großmeister W, in der er schwarz spielt (und damit W den ersten Zug hat), und kurz darauf eine Partie gegen S, bei der er weiß spielt.

Bild 7.6: Das Problem der Schachgroßmeister

Dann gibt er jeden Zug, den W ihm nennt, gegenüber S als seinen eigenen aus. Genauso verfährt er dann mit den Antworten von S. Er läßt also eigentlich die beiden Großmeister gegeneinander antreten, jeder Großmeister denkt aber, gegen einen starken Neuling $\tilde{A}$ zu spielen.
Das folgende Beispiel zeigt, daß dieser Angriff durchaus von großer Bedeutung ist: Bei dem No-Key-Protokoll (siehe Abschnitt 3.7) kann sich ein Angreifer X zwischen A und B schieben, ohne daß dies bemerkt wird: X empfängt As Kiste und hängt *sein* Schloß daran. A hat keine Möglichkeit zu sehen, von wem dieses Schloß stammt und schließt also ihres auf und schickt die Kiste wieder ab. X fängt sie wieder ab und kann die Nachricht lesen.

BAN-Logik

Kryptographische Protokolle können schnell so komplex werden, daß eine Analyse von Hand praktisch unmöglich wird. Automatische Tools könnten hier Abhilfe schaffen. Die Suche nach solchen Automatismen zur Verifikation von Protokollen stellt heute einen wichtigen Zweig der kryptologischen Forschung dar.
Die wohl wichtigste Entwicklung auf diesem Gebiet stellt die sogenannte BAN-Logik dar, die nach ihren Autoren Burrows, Abadi und Needham benannt wurde (vgl. [BAN89], [BAN90]). In ihr werden mit einem aus der Logik entlehnten Formalismus Regeln angegeben, wie sich der „Glauben" eines Teilnehmers während der Durchführung eines Protokolls ändert. Mit diesem Formalismus wurden Verfahren wie das Breitmaulfrosch-, das Otway-Rees- oder das Needham-Schroeder-Protokoll untersucht. Zu Beginn dieser Protokolle glaubt der Teilnehmer – grob gesprochen – nur, daß er einen gemeinsamen geheimen Schlüssel mit der TTP besitzt und kann damit Nachrichten der TTP als „frisch" erkennen. Am Ende dieser Protokolle soll der Teilnehmer A dann glauben, daß er auch mit B einen gemeinsamen geheimen Schlüssel besitzt.
Attacken wie die von Simmons auf das TMN-Protokoll können mit der BAN-Logik nicht gut gefunden werden. Dazu bieten sich andere Tools wie der Interrogator von Millen, der NRL-Protokoll-Analysator von Meadows oder Inatest von Kemmerer [KMM94] an. Die drei genannten Systeme stehen allerdings nicht so im Rampenlicht der Forschung wie die BAN-Logik, wohl auch deshalb, weil die BAN-Logik selbst als Forschungsgegenstand eine Fülle interessanter Problemstellungen produziert.

Die Simmons-Attacke auf das TMN-Protokoll

Die oben beschriebene Attacke auf das Needham-Schroeder-Protokoll setzt voraus, daß ein Angreifer einen verwendeten Schlüssel erfahren kann. Dies kann man durch Benutzung einer starken Verschlüsselungsfunktion und geeignete organisatorische Maßnahmen hinreichend erschweren. Es gibt jedoch auch Attacken auf Protokolle, die immer funktionieren, auch wenn die verwendeten Kryptoalgorithmen absolut sicher sind und der Angreifer keine Schlüssel kennt.
Ein Musterbeispiel für einen solchen Angriff hat Simmons vorgestellt (vgl. [Sim94], [Sim94a]). Es handelt sich dabei um einen Angriff auf ein Protokoll zum Schlüsselmanagement in Mobilfunksystemen, das von Tatebayashi, Matsuzaki und Newman [TMN90] vorgestellt wurde. Das Protokoll verwendet zwei sichere Verschlüsselungsverfahren, nämlich das RSA-Verfahren (vgl. 2.8) und das One-Time-Pad (vgl. 2.1), ist aber als Ganzes gesehen unsicher!

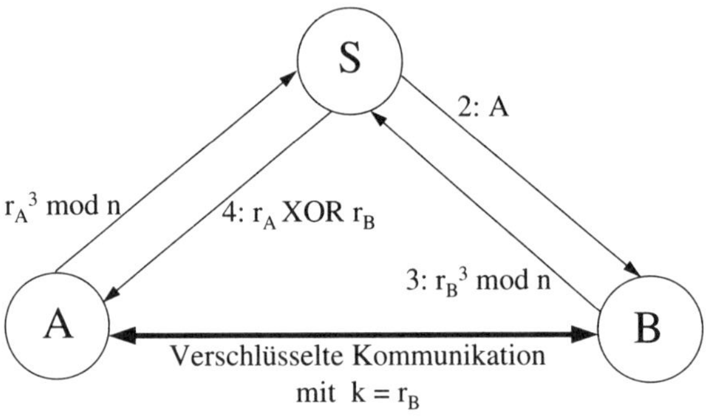

Bild 7.7: Das TMN-Protokoll

Das TMN-Protokoll wurde so gestaltet, daß im Vorfeld keinerlei Schlüsselmanagement nötig ist, nicht einmal die Vereinbarung von geheimen Schlüsseln zwischen der TTP und den einzelnen Benutzern. Die Nutzer dieses Mobilfunksystems müßten lediglich den öffentlichen RSA-Schlüssel (e, n) der TTP kennen. Unklar bleibt bei diesem System, wie die TTP die einzelnen Teilnehmer identifiziert.

Wenn eine Teilnehmerin A mit einem Teilnehmer B verschlüsselt kommunizieren möchte, so generiert sie eine Zufallszahl r_A, verschlüsselt diese mit dem öffentlichen Schlüssel e der TTP und sendet dieses Kryptogramm zusammen mit der Adresse von B an die TTP.

Die TTP teilt B mit, daß ein Kommunikationswunsch von A besteht, und B antwortet ebenfalls mit einer verschlüsselten Zufallszahl r_B, die bei der späteren Kommunikation zwischen A und B als Sitzungsschlüssel verwendet wird.

Die TTP verschlüsselt r_B mit dem One-Time-Pad unter Verwendung des Schlüssels r_A, das heißt, r_A und r_B werden bitweise modulo 2 addiert. A macht die Verschlüsselung rückgängig und erhält so den von B festgelegten Sitzungsschlüssel r_B.

Der Angriff von Simmons funktioniert wie folgt: Zwei Teilnehmer C und D verbünden sich, um die Kommunikation zwischen A und B abzuhören. Sie zeichnen alle Nachrichten des TMN-Protokolls zwischen A, B und S auf, sind aber nur an dem Wert $r_B^e \bmod n$ interessiert. Zusätzlich vereinbaren die beiden eine Zahl r', die den Wert r_D im TMN-Protokoll ersetzt.

Anschließend sendet C die Nachricht

$$r_C^e(r_B^e \bmod n) \bmod n = (r_C r_B)^e \bmod n$$

an die TTP (Man darf den Exponenten e „herausziehen"). Nachdem S den Verbündeten D von C angesprochen hat, sendet dieser den mit e verschlüsselten vereinbarten Wert r' an die TTP. Diese berechnet schließlich

$$r_C r_B \text{ XOR } r'$$

und sendet das Ergebnis an C.

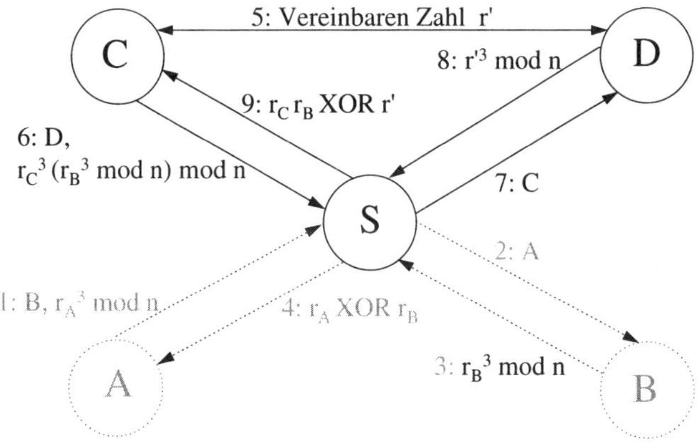

Bild 7.8: Simmons' Attacke auf das TMN-Protokoll

Dieser kann nun den Sitzungsschlüssel r_B von A und B erhalten: Er berechnet einfach

$$[(r_C r_B \text{ XOR } r') \text{ XOR } r'] \cdot r_C^{-1} \bmod n = r_C r_B \cdot r_C^{-1} \bmod n = r_B.$$

Man kann Simmons' Angriff dadurch unmöglich machen, daß man anstelle des One-Time-Pad eine andere Verschlüsselungsfunktion (z. B. DES) verwendet, die eine bestimmte Eigenschaft des One-Time-Pad nicht besitzt, nämlich daß Schlüssel und Klartext gleichwertig sind. Simmons' Angriff basiert darauf, daß in Nachricht 8 aus Bild 7.8 die Rollen von Schlüssel und Klartext vertauscht werden.
Aber selbst bei Verwendung eines beliebigen Verschlüsselungsverfahrens bleibt das Protokoll unsicher, wie Bild 7.9 zeigt.

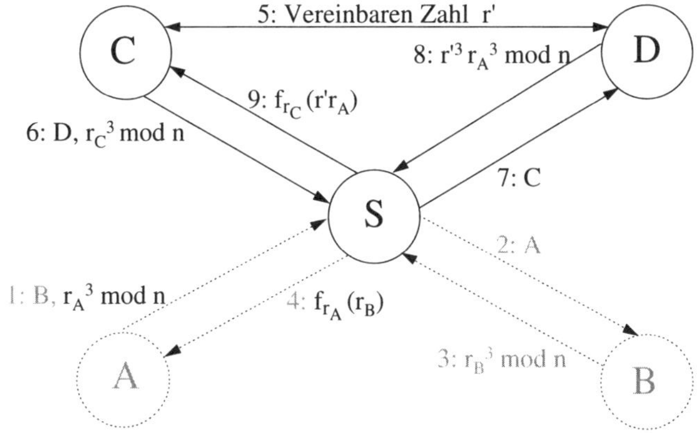

Bild 7.9: Eine Attacke auf das modifizierte TMN-Protokoll

Bei dem Angriff auf das modifizierte Protokoll sendet D eine Nachricht, welche den abgehörten Wert $r_A{}^3$ enthält. C wird es dadurch möglich, r_A zu berechnen und anschließend Nachricht 4 zu entschlüsseln, die den Sitzungsschlüssel enthält.

7.3 Oblivious Transfer

„Oblivious Transfer“ (auf deutsch etwa „Übertragung ohne Gedächtnis“) ist der Name eines auf den ersten Blick seltsam anmutenden Protokolls, das nichtsdestotrotz große Bedeutung hat. Es ist eine Art „kontrolliertes Zufallsexperiment“ und wurde zuerst im Zusammenhang mit der Unterzeichnung von Verträgen beschrieben [EGL85]. Neueste Forschungsergebnisse zeigen, daß man die gesamte Kryptographie auf dem Grundbaustein „Oblivious Transfer“ aufbauen kann [Kil88]. Leider sind alle bekannten Implementierungen zu langsam, als daß ein praktischer Einsatz von Oblivious Transfer heute schon möglich wäre.

Ein mechanisches Modell

Alice möchte Bob eine Nachricht b verraten. Dabei stellen Alice und Bob seltsame Forderungen auf:

- Bob soll die Nachricht b genau mit Wahrscheinlichkeit ½ erhalten, also mit Wahrscheinlichkeit ½ nichts über b erfahren,
- Alice ihrerseits darf nicht wissen, welcher der beiden Fälle eingetreten ist, also ob Bob b kennt oder nicht.

Kann man diese seltsamen Bedingungen mechanisch modellieren oder gar mathematisch realisieren ?

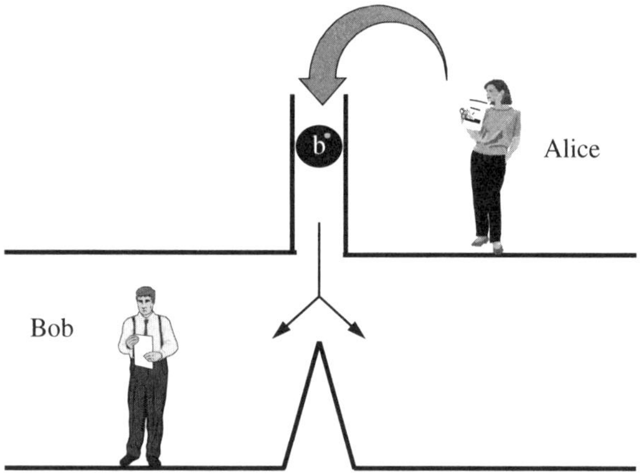

Bild 7.10: Eine mechanische Realisierung der Oblivious Transfer-Protokolls

In der mechanischen Darstellung von Oblivious Transfer (**OT**) in Bild 7.10 wirft Alice einen Ball, auf den sie die Nachricht b geschrieben hat, in einen Schacht, den Alice nicht einsehen kann. Der Schacht endet ein Stockwerk tiefer; diese Etage ist von einer spitz zulaufenden Mauer in zwei Hälften geteilt, von denen nur eine zugänglich ist; in dieser befindet sich Bob. Kommt der Ball nun aus dem Schacht, so springt er jeweils mit Wahrscheinlichkeit ½ in die zugängliche bzw. in die unzugängliche Hälfte der Etage.

Bob erhält also in genau der Hälfte aller Fälle die Nachricht b, und Alice kann nicht sehen, in welche Hälfte der Ball gefallen ist.

Man kann sich auch eine sehr effektive quantenphysikalische Implementierung vorstellen, wie sie in Bild 7.11 dargestellt ist. Hierbei trifft ein einzelnes Lichtquant im Winkel von 45° auf eine Glasscheibe. Es durchdringt diese genau mit Wahrscheinlichkeit ½ bzw. wird mit Wahrscheinlichkeit ½ reflektiert. Die als Wellenlänge codierte Information erreicht also genau in der Hälfte aller Fälle ihren Adressaten, den Photonendetektor.

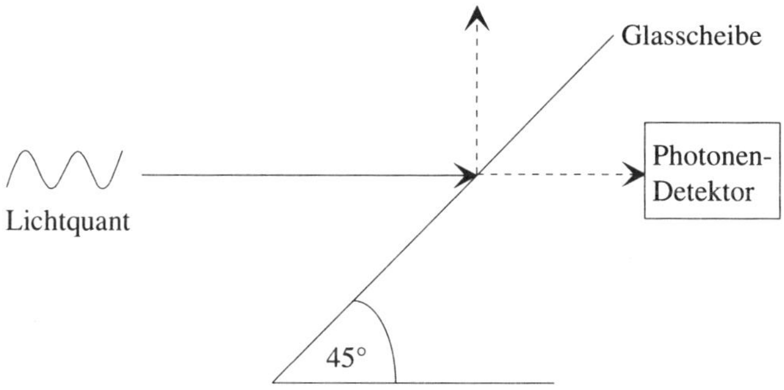

Bild 7.11: Eine physikalische Realisierung von Oblivious Transfer

Eine praktische Variante

Wir stellen uns jetzt vor, daß Alice eine Industriespionin ist, die zwei Geheimnisse b_0 und b_1 zu verkaufen hat. Bob interessiert sich für genau eines der beiden Geheimnisse, möchte aber der unzuverlässigen Alice nicht verraten, für welches. In diesem Fall können beide zur Abwicklung ihrer Transaktion eine Variante von Oblivious Transfer benutzen, den sogenannten **1-aus-2-Oblivious Transfer** (OT_2^1). Dieses Protokoll erfüllt die beiden folgenden Bedingungen:

- Bob erhält genau eines der beiden Geheimnisse und erfährt nichts über das andere.
- Alice weiß nicht, welches Geheimnis Bob erhalten hat.

Wir werden im nächsten Abschnitt sehen, daß dieses „sinnvolle" Protokoll tatsächlich eine Variante von OT ist, das heißt mit Hilfe von OT implementiert werden kann [Cre87].

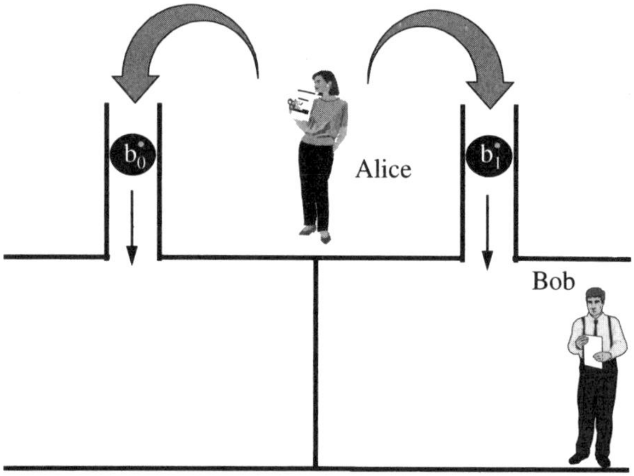

Bild 7.12: Eine mechanische Realisierung von 1-aus-2-Oblivious Transfer

In der in Bild 7.12 geschilderten Situation darf Bob sich entscheiden, welches Geheimnis er erhalten möchte: Um b_0 zu erhalten muß er in die linke Hälfte der unteren Etage, für b_1 in die rechte. Da Bob nur eine der beiden Hälften betreten kann, wird er genau eines der beiden Geheimnisse erhalten, und da Alice das untere Stockwerk nicht einsehen kann, weiß sie nicht, ob Bob b_0 oder b_1 gewählt hat.

OT und OT_2^1 sind äquivalent

Es ist leicht einsehbar, daß man aus einem OT_2^1-Protokoll immer ein OT-Protokoll machen kann: Alice muß zusätzlich noch eine Münze werfen, um zu entscheiden, in welche der beiden Röhren sie den Ball mit der Nachricht b werfen soll (auf dem anderen Ball stehen allgemein bekannte Dinge wie z. B. $E = mc^2$).
Die umgekehrte Frage ist schwieriger zu beantworten: Kann man mit Hilfe eines OT-Protokolls ein OT_2^1-Protokoll konstruieren? Die Antwort ist nicht offensichtlich. Man kann sich z.B. eine physikalische Realisierung von OT vorstellen (vgl. Abbildung 7.11), aber bei OT_2^1 fällt das schon schwer.
Claude Crepeau hat diese Frage mit „ja" beantwortet. Wir geben seine Lösung hier wieder, die sich fast ohne Mathematik darstellen läßt.

1. Schritt: Oblivious Transfer

Alice schreibt n unsinnige Nachrichten $a_1, ..., a_n$ auf von 1 bis n numerierte Bälle und führt für jede dieser Nachrichten ein OT-Protokoll mit Bob durch. Im mechanischen Modell bedeutet dies, daß sie alle Bälle durch die Öffnung wirft. Die Zahl n sei dabei so groß gewählt, daß mit sehr großer Wahrscheinlichkeit in jeder der beiden Hälften des unteren Stockwerks ungefähr gleich viele Bälle liegen. Genauer gesagt sollen auf jede der beiden Seiten mindestens $^n/_3$ und höchstens $^{2n}/_3 - 1$ Bälle fallen.

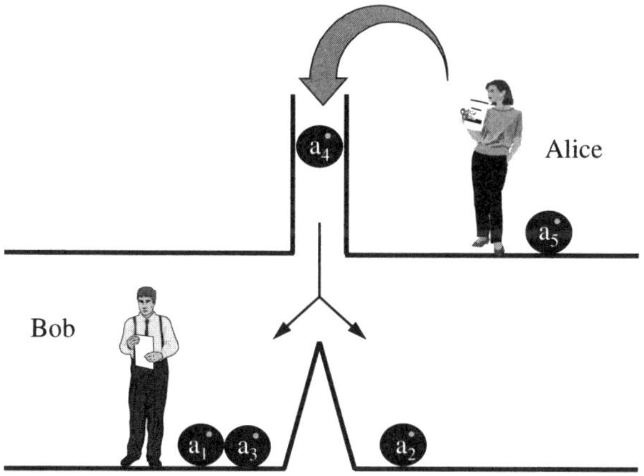

Bild 7.13: Durchführung des Oblivious Transfer-Protokolls für die Bits a_1 bis a_5

2. Schritt: Bob erstellt zwei Listen

Wir nehmen an, daß Bob die Nachricht b_1 erhalten möchte. Dazu erstellt er zwei Listen. Auf die Liste 1 schreibt er die Nummern von $^n/_3$ Nachrichten, die er alle kennt (in der in Bild 7.13 dargestellten Situation also die Nummern a_1 und a_3), und auf die Liste 0 schreibt er $^n/_3$ andere Nummern (z. B. a_2 und a_5). Dann gibt er beide Listen an Alice.

3. Schritt: Alice verschlüsselt b_0 und b_1.

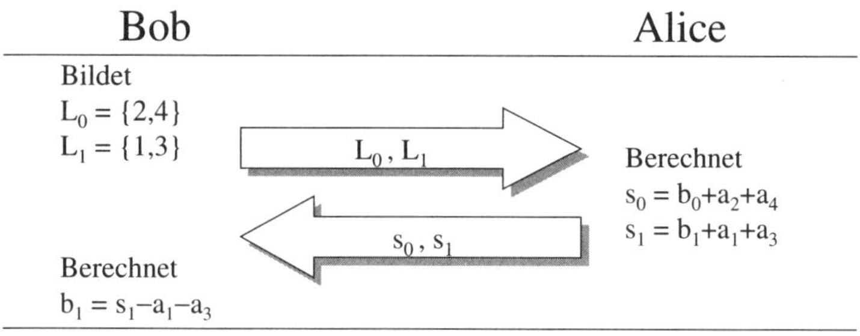

Bild 7.14: Protokoll zum Berechnen von b_1

Es wird vorausgesetzt, daß Bob mindestens zwei (nämlich a_1 und a_3), aber auch höchstens drei der fünf Werte $a_1, a_2, ..., a_5$ kennt. Unter dieser Voraussetzung fehlt ihm zur Berechnung von b_0 mindestens einer der Werte a_2 oder a_4.

Alice addiert alle Nachrichten von Liste 0 und addiert schließlich noch b_0 zu dieser Summe. Das Ergebnis ist s_0. Entsprechend wird s_1 gebildet. Alice übermittelt die Ergebnisse s_0 und s_1 an Bob. Dieser kann genau s_1 zu b_1 entschlüsseln, indem er von s_1 die ihm bekannten Nachrichten von Liste 1 subtrahiert (siehe Bild 7.14).

Unterzeichnen von Verträgen

Alice und Bob haben einen Vertrag v ausgehandelt, und dieser soll auf elektronischem Weg unterschrieben werden. Der Vertrag wird für Alice bindend, wenn sie ihre Unterschrift $D_A(v)$ an den Vertrag angefügt hat. Das Entsprechende gilt für Bob, wobei (D_A, E_A) und (D_B, E_B) die Schlüsselpaare von Alice und Bob für ein Signatursystem sind.
Dabei tritt folgendes Problem auf: Was passiert, wenn Alice unterschreibt und $(v, D_A(v))$ an Bob schickt, dieser sich aber dann weigert, seinerseits zu unterzeichnen und statt dessen darauf pocht, daß Alice ihre Verpflichtungen ihm gegenüber einhält? So könnte Bob beispielsweise verlangen, daß Alice für eine Ware bezahlt, die sie aber dann gar nicht erhält.
Eine Lösung dieses Problems besteht darin, eine TTP (etwa einen Notar) einzuschalten, so daß der Vertrag nur dann gültig wird, wenn zuerst Alice und Bob und dann der Notar unterschrieben haben. Interessanterweise gibt es aber eine schöne Lösung ohne einen vertrauenswürdigen Notar. Dazu müssen Alice und Bob ein Protokoll durchführen, das 1-aus-2-Oblivious Transfer verwendet.

1. Schritt: Vorbereitung

Alice und Bob einigen sich auf ein Verfahren, den Vertrag v insgesamt n-mal auf verschiedene Arten zu halbieren. Dabei sei der Vertrag 2k Bit lang, jede Hälfte enthält also k Bit.

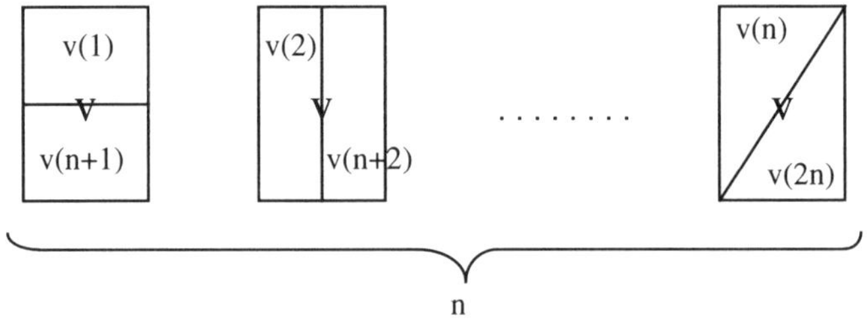

Bild 7.15: Halbierungen des Vertrags v

Die beiden Hälften der ersten Halbierung seien v(1) und v(n+1), die der zweiten Halbierung v(2) und v(n+2) usw. Anschließend berechnen Alice und Bob jeweils Unterschriften der beiden Vertragshälften, das heißt:

$$a_i := D_A(v(i)) \text{ und } b_i := D_B(v(i)) \quad (i = 1, 2, ..., 2n).$$

Die Regel lautet, daß der Vertrag für Alice bindend wird, wenn Bob Unterschriften a_i und a_{n+i} von zueinander passenden Hälften des Vertrages V präsentieren kann. Entsprechend ist der Vertrag für Bob bindend, wenn Alice zusammengehörige Unterschriften b_j und b_{n+j} besitzt.

2. Schritt: 1-aus-2-Oblivious Transfer

Alice gibt mit Hilfe des OT_2^1-Protokolls jeweils genau eine der beiden Hälften von

$$(a_1, a_{n+1}), (a_2, a_{n+2}), \ldots, (a_n, a_{2n})$$

an Bob weiter. Sie weiß nicht, ob Bob sich bei dem Paar (a_i, a_{n+i}) für a_i oder für a_{n+i} entschieden hat. Bob seinerseits kann überprüfen, ob er jeweils unterschriebene Hälften des Vertrags erhalten hat, indem er die Unterschrift a_j mit Hilfe des öffentlichen Schlüssels E_A verifiziert.
Auf entsprechende Art und Weise gibt Bob jeweils die Hälfte seiner Unterschriften an Alice weiter.

3. Schritt: Bitweise Übertragung aller Unterschriften

Alice und Bob senden sich nun Bit für Bit abwechselnd ihre Unterschriften zu. Alice beginnt mit dem ersten Bit von a_1, Bob antwortet mit dem ersten Bit von b_1, dann folgt das erste Bit von a_2 usw. Am Ende dieses Schrittes kennen beide Parteien alle Teilunterschriften ihres Partners, können also insbesondere ein Paar von Unterschriften präsentieren. Damit ist der Vertrag gültig.

Was passiert, wenn Alice oder Bob betrügen?

Nehmen wir an, Bob wolle Alice betrügen, das heißt, er möchte ein Paar (a_i, a_{n+i}) erhalten, ohne seinerseits ein Paar (b_j, b_{n+j}) an Alice weiterzugeben. Dazu fallen ihm folgende Möglichkeiten ein:

- Er könnte in Schritt 2 die b_j fälschen, die er Alice anbietet, das heißt, er bietet ein b_j' an, das keine Signatur von $v(j)$ ist. Da Alice diese Bedingung überprüft, kann Bob jeweils höchstens eine der beiden Teilunterschriften (b_j, b_{n+j}) verändern mit der Hoffnung, daß Alice in Schritt 2 die unveränderte Unterschrift auswählt.
  Um andererseits auch im Schritt 3 betrügen zu können, muß Bob in jedem Paar mindestens eine Hälfte fälschen, denn Alice vergleicht die erhaltenen Bits (falls möglich) mit den in Schritt 2 erhaltenen Teilgeheimnissen.
  Die Wahrscheinlichkeit, daß Alice in allen Fällen die korrekte Hälfte von (b_j, b_{n+j}), $j \in \{1, 2, \ldots, n\}$, wählt, ist verschwindend klein, nämlich $(\frac{1}{2})^n$. Diese Wahrscheinlichkeit wird durch den Sicherheitsparameter n gesteuert. Alice erkennt diesen Betrugsversuch von Bob also praktisch immer.
- Bob könnte in Schritt 3 falsche Bits übertragen. Dazu muß er raten, welche Hälfte von (b_j, b_{n+j}) Alice in Schritt 2 gewählt hat. War dies zum Beispiel b_j, so muß er die Bits von b_j korrekt übertragen und kann die Bits von b_{n+j} verändern.

Die Wahrscheinlichkeit, daß Bob für alle n Paare richtig rät, ist mit $(\frac{1}{2})^n$ verschwindend klein. Alice wird diese Betrugsversuche entdecken.

- Da Bob in Schritt 3 das letzte Bit von a_1 erhält, bevor er das letzte Bit von b_1 senden muß, könnte er in Schritt 2 den Wert a_{n+1} auswählen, um dann in Schritt 3 keine weiteren Nachrichten mehr an Alice zu senden, nachdem er das letzte Bit von a_1 erhalten hat. In diesem Fall besitzt Bob (a_1, a_{n+1}), und Alice ist an den Vertrag gebunden.

  Aber Alice kann hier leicht ein Paar berechnen: Mit hoher Wahrscheinlichkeit hat Alice in Schritt 2 eine Hälfte b_{n+j} für ein $j \in \{1, 2, ..., n\}$ gewählt. In diesem Fall kennt Alice das Paar (b_j, b_{n+j}) bis auf das letzte Bit von b_j, das sie einfach durch Ausprobieren der beiden Möglichkeiten 0 und 1 bestimmen kann.

  Eine ähnliche Argumentation kann man verwenden, wenn Bob die Übertragung schon früher einstellt. Alice benötigt höchstens doppelt soviel Zeit wie Bob, um ein Paar zu vervollständigen.

Implementierung von OT und OT_2^1

Die im folgenden angegebenen Implementierungen sind recht aufwendig, sie zeigen aber sehr schön, wie man mit Mathematik auch scheinbar paradoxe Probleme lösen kann.

Oblivious Transfer

Alice wählt zwei große Primzahlen p, q und benutzt ein zu $m = pq$ gehörendes RSA-System, um ein Geheimnis s zu verschlüsseln. Dann sendet sie m an Bob. Dieser berechnet einen quadratischen Rest $z = x^2 \bmod m$ und gibt z zurück. Alice benutzt nun ihre Kenntnis der Faktorisierung von m, um eine Quadratwurzel y von z zu berechnen, und schickt diese an Bob.

Da es zu jedem quadratischen Rest modulo m genau vier Quadratwurzeln, nämlich a, $-a$ sowie $b, -b$ gibt, ist die Wahrscheinlichkeit, daß Bob eine Wurzel der Form $y = \pm x$ erhält, genau ½. In diesem Fall kann er nichts Neues berechnen.

Mit Wahrscheinlichkeit ½ erhält Bob aber eine Quadratwurzel, die nicht gleich x oder $-x$ ist. In diesem Fall gilt

$$(x+y)(x-y) = x^2-y^2 \equiv 0 \pmod m,$$

das heißt, daß $x+y$ und $x-y$ zwei nichttriviale Teiler von m sind. Indem Bob also mit dem Euklidischen Algorithmus $\text{ggT}(x+y, m) \in \{p, q\}$ berechnet, kann er m faktorisieren und das RSA-System brechen.

Bob kann also genau mit Wahrscheinlichkeit ½ das Geheimnis s berechnen. Wir fassen diese Implementierung von Oblivious Transfer in Bild 7.16 zusammen.

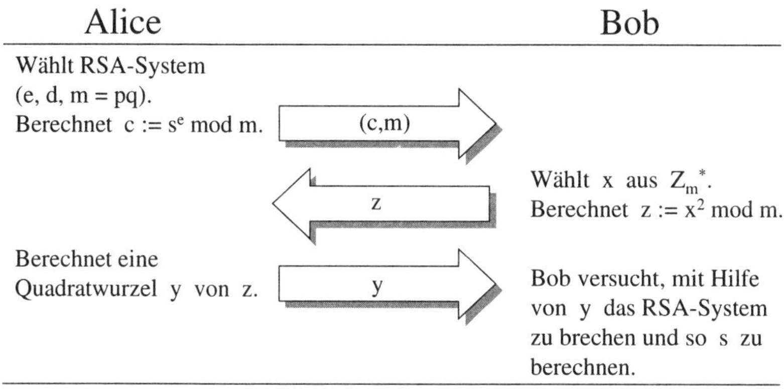

Bild 7.16: Implementierung von Oblivious Transfer mit RSA

1-aus-2-Oblivious Transfer

Die hier wiedergegebene Implementierung für OT_2^1 stammt von Salomaa [Sal90] und verwendet die diskrete Exponentialfunktion in $\mathbf{Z}_p{}^*$ zur Basis g.
Sei c ein Element aus $\mathbf{Z}_p{}^*$, dessen diskreter Logarithmus unbekannt ist. Alice bietet zwei Geheimnisse s_0 und s_1 an. Möchte Bob die Nachricht s_1 erhalten, so wählt er eine zufällige Zahl x aus $\mathbf{Z}_p{}^*$ und berechnet

$$\beta_1 = g^x \quad \text{und} \quad \beta_0 = c(g^x)^{-1}.$$

Er merkt sich den diskreten Logarithmus x von β_1, kann aber den diskreten Logarithmus $\lambda_g(\beta_0)$ nicht berechnen (sonst könnte er auch $\lambda_g(c) = \lambda_g(\beta_0) + x$ erhalten). Anschließend sendet er (β_0, β_1) an Alice. Sie überprüft, ob die beiden Zahlen korrekt gebildet wurden, also ob

$$\beta_0\beta_1 = c$$

ist. Dann verschlüsselt sie beide Geheimnisse s_0 und s_1, indem sie zunächst zwei Zahlen y_0 und y_1 zufällig wählt, dann $\gamma_j = \beta_j{}^{y_j}$ und schließlich $r_j := s_j + \gamma_j$ berechnet. Um Bob die Möglichkeit zu geben, das von ihm ausgewählte Geheimnis s_1 zu entschlüsseln, muß Alice noch zwei Schlüssel mitgeben: $\alpha_j = g^{y_j}$.
Bob kann nun genau das Geheimnis s_1 lesen, indem er zunächst

$$\alpha_1{}^x = g^{xy} = \beta_1{}^{y_1} = \gamma_1$$

berechnet und dann

$$s_j := r_j - \gamma_j$$

erhält.
Alice weiß nicht, welches Geheimnis Bob gewählt hat, da sie x nicht kennt und daher β_0 und β_1 für sie gleich aussehen.

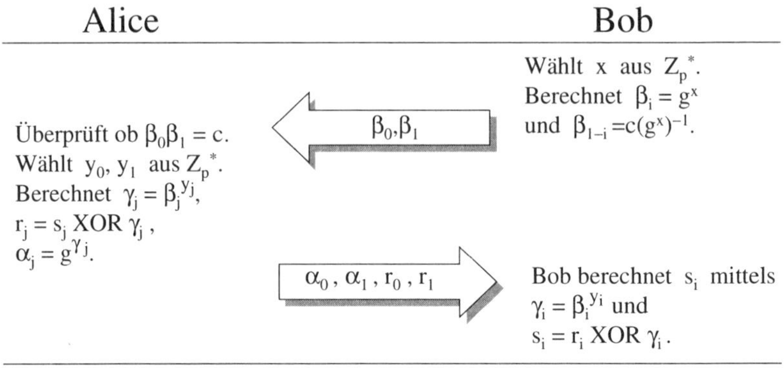

Bild 7.17: Implementierung von 1-aus-2-Oblivious Transfer mit Hilfe des diskreten Logarithmus

7.4 Quantenkryptographie

In der Kryptographie unterscheidet man zwischen „aktiven" und „passiven" Angriffen auf den Übertragungskanal; dabei kann die aktive Beeinflussung der übertragenen Informationen durch kryptographische Authentikationsverfahren und das passive Abhören durch Verschlüsselungsverfahren verhindert werden. Da aber in der klassischen Kryptologie die Tatsache des Belauschens – gleichgültig ob erfolgreich oder nicht – dem Sender und Empfänger verborgen bleibt, besteht dadurch ein prinzipieller Risikorest bei jedweder Art von vertraulicher Übertragung.
Die von den Computerwissenschaftlern Charles H. Bennett und Gilles Brassard seit 1984 entwickelte **Quantenkryptographie** löst dieses Problem, indem sie sich das fundamentale Prinzip der Quantentheorie, die Heisenbergsche Unschärferelation, zunutze macht. Demzufolge ruft jede Messung an einem quantenmechanischen System eine Störung desselben hervor. Insbesondere verbietet sie die gleichzeitige Messung sogenannter komplementärer Paare wie etwa Zeit und Energie oder Ort und Impuls von Teilchen. Die Messung der einen Eigenschaft zerstört die (vollständige) Messung der anderen. Detaillierte Darstellungen der Quantenkryptographie kann man beispielsweise in [BB84], [BB85], [Bra88], [BBE92] finden.

Bei der Quantenkryptographie wird polarisiertes Licht für die Informationsübertragung verwendet. Photonen, also Lichtquanten, schwingen senkrecht zu ihrer Ausbreitungsrichtung in bestimmten Richtungen; diese Phänomen nennt man **Polarisation**. Durch Polarisationsfilter (ähnlich wie bei Sonnenbrillen) lassen sich wohlbestimmte Richtungen gewinnen und auch wieder bestimmen. Allerdings wird die Durchlaßwahrscheinlichkeit für ein Photon verringert, wenn das Filter nicht *im voraus* auf die korrekte Schwingungsrichtung des Photons eingestellt wurde.

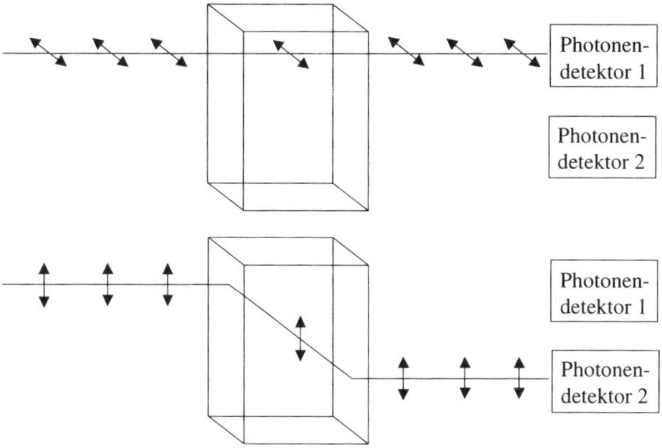

Bild 7.18: Meßanordnung für polarisiertes Licht
Horizontal polarisiertes Licht tritt ungebrochen hindurch, vertikal polarisiertes Licht wird abgelenkt. Mit einem Photonendetektor kann festgestellt werden, welche Polarisation einfallendes Licht hat.

Zwischen Sender und Empfänger sei nun ein Übertragungskanal für solche Photonen, ein **Quantenkanal**, aufgebaut. Der Sender übermittelt Photonen bestimmter Polarisationsrichtungen und der Empfänger mißt diese mit seinem Filter. Man kann dazu einen doppelbrechenden Kristall (z.B. Kalkspat) verwenden, der zwischen horizontal und vertikal polarisierten Photonen eindeutig zu unterscheiden vermag: Horizontal polarisierte Photonen (0 Grad) werden geradlinig durchgelassen, vertikal polarisierte Photonen (90 Grad) werden in eine bestimmte Richtung abgelenkt. Das entscheidende ist, daß schräg polarisiertes Licht (45 Grad oder 135 Grad) zufällig entweder horizontal oder vertikal umpolarisiert und abgelenkt wird. Um die schräg einfallenden Polarisationen exakt messen zu können, muß das Filter um 45 Grad gedreht werden.

Die Vereinbarung geheimer Informationen zwischen Sender und Empfänger verläuft nach folgendem Schema:

Der Sender erzeugt zunächst Photonen mit Polarisation, die in zufälliger Weise die Werte 0, 45, 90, 135 Grad annehmen können, und übermittelt diese Folge dem Empfänger:

Der Empfänger wählt für jedes eintreffende Photon zufällig die Anordnung seines Filters, mit dem er entweder innerhalb der **geraden** Richtungen (0 und 90 Grad) oder innerhalb der **schrägen** Richtungen (45 und 135 Grad), *aber nie bei beiden Richtungstypen zugleich exakt messen kann.* Gerade und schräge Polarisation sind nämlich im Sinne der Unschärferelation zueinander komplementär.

Der Empfänger teilt dem Sender über einen öffentlichen Kanal mit, wie sein Filter bei den einzelnen gemessenen Photonen eingestellt war, worauf der Sender ihm meldet, welche Stellungen die richtigen waren. Die jeweiligen (richtigen) Meßergebnisse halten sie jedoch beide geheim.

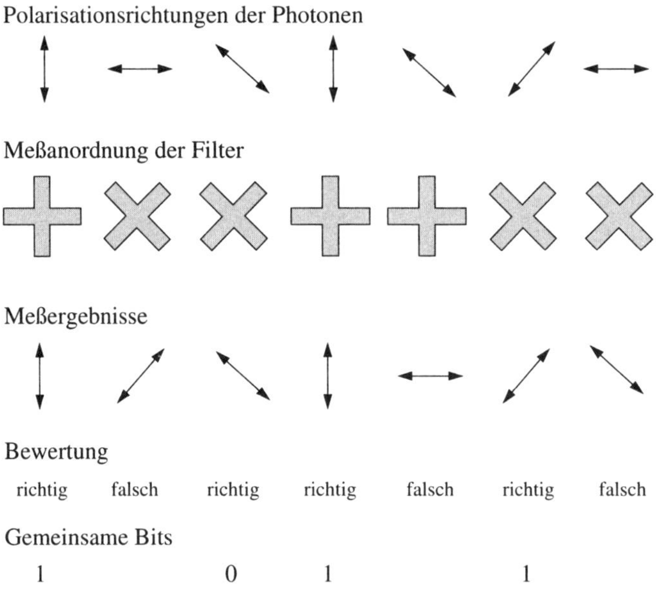

Bild 7.19: Schlüsselvereinbarung mit Hilfe der Quantenkryptographie

Aus den nur dem Sender und Empfänger bekannten, sonst aber geheimen Richtungen können sie eine Bitfolge definieren, indem sie z.B. 0 und 135 Grad als Null und 90 und 45 Grad als Eins festlegen.
Da die Filteranordnung des Empfängers nur in der Hälfte der Fälle mit der Polarisation der Photonen übereinstimmt, wird nur die Hälfte aller Photonen richtig gemessen.
Jeder Versuch eines Angreifers, im Quantenkanal die Polarisation eines Photons zu messen, würde bei richtig eingestelltem Filter des Angreifers die korrekte Polarisation wiedergeben und die Polarisation des Photons nicht verändern. Bei falsch eingestelltem Filter würde durch den Meßprozeß die *Polarisation aber unwiederbringlich zerstört* werden.
Durch diesen doppelten Meßprozeß würde der Empfänger nur ein Viertel aller Photonen richtig messen.

Ungewöhnlich ist, daß die Informationen, die durch Polarisationsrichtungen repräsentiert sind, mit dieser Technik zum vertraulichen Informationsaustausch gar nicht chiffriert oder auch nur durch Einwegfunktionen verdeckt werden, sondern offen übertragen werden. Sender und Empfänger überzeugen sich vielmehr davon, welche Informationen garantiert nicht abgehört wurden.
Die ersten Prototypen dieser Quantentechnik hatten eine Reichweite von nur etwa 30 Zentimeter. Inzwischen ist die Reichweite unter Benutzung von Lichtwellenleitern auf einige Kilometer angewachsen.

8 Mathematische Grundlagen

In diesem Kapitel werden grundlegende mathematische Tatsachen kurz zusammengefaßt, die in diesem Buches immer wieder benötigt werden. Wer sich näher über die mathematischen Grundlagen der modernen Kryptographie informieren möchte, der sei auf das Buch von Kranakis [Kra86], sowie auf Darstellungen der Zahlentheorie (zum Beispiel [BRK95]) verwiesen.

8.1 Natürliche Zahlen

Die moderne Kryptographie basiert ganz wesentlich auf endlichen Systemen. Diese werden in der Regel mit natürlichen Zahlen beschrieben. Wir bezeichnen mit $\mathbf{N}$ die Menge der natürlichen und mit $\mathbf{Z}$ die Menge der ganzen Zahlen:

$$\mathbf{N} = \{0, 1, 2, 3, ...\}, \ \ \mathbf{Z} = \{..., -3, -2, -1, 0, 1, 2, 3, ...\}.$$

Wir sagen, daß eine ganze Zahl a eine ganze Zahl b **teilt** (und schreiben dafür $a \mid b$), wenn es eine ganze Zahl c gibt mit $a \cdot c = b$. Zum Beispiel teilt jede ganze Zahl a die Zahl 0, denn es gilt ja $a \cdot 0 = 0$.

Besonders wichtig sind die Primzahlen; eine **Primzahl** ist eine natürliche Zahl $p \neq 1$, die nur durch p und 1 teilbar ist. Zum Beispiel ist 17 eine Primzahl, da 17 durch keine der Zahlen $2, 3, ..., 16$ teilbar ist. Hingegen ist 21 keine Primzahl, denn es gilt $21 = 3 \cdot 7$.

Größter gemeinsamer Teiler

Seien a und b ganze Zahlen, die nicht beide Null sind. Eine natürliche Zahl g heißt **größter gemeinsamer Teiler** von a und b, falls die folgenden Eigenschaften gelten:

(1) $g \mid a$ und $g \mid b$,

(2) g ist die größte natürliche Zahl mit Eigenschaft (1).

Die Bedingung (2) kann auch wie folgt ausgedrückt werden:

(2') Wenn eine ganze Zahl d sowohl a als auch b teilt, so teilt sie auch g.

Zum Beispiel ist der größte gemeinsame Teiler von einer natürlichen Zahl a und 0 die Zahl a selbst. Je zwei ganze Zahlen a, b, die nicht beide gleich 0 sind, besitzen genau einen größten gemeinsamen Teiler g. Wir schreiben

$$g =: \mathrm{ggT}(a, b).$$

Zum Beispiel ist ggT(6, 15) = 3, ggT(–6, 15) = 3 und ggT(a, 0) = a für jede positive ganze Zahl a. Wenn ggT(a, b) = 1 ist, so heißen a und b **teilerfremd**.
Man berechnet den größten gemeinsamen Teiler in der Regel mit dem **euklidischen Algorithmus**. Dieser funktioniert wie folgt:

> *Seien* a, b *ganze Zahlen mit* b > 0. *Dann gibt es eindeutig bestimmte ganze Zahlen* q *und* r *mit folgenden Eigenschaften:*
>
> - $a = b \cdot q + r$ („a *geteilt durch* b *ergibt* q *mit Rest* r"),
> - $0 \le r < b$.
>
> *Mit obigen Bezeichnungen gilt dann* ggT(a, b) = ggT(b, r).

Das bedeutet: Wir können das Problem der Berechnung des größten gemeinsamen Teilers von a und b auf die Berechnung des größten gemeinsamen Teilers von b und r, also von Zahlen, die kleiner oder höchstens gleich b sind, zurückführen. Wenn wir ggT(a,b) ausrechnen möchten, führen wir die obige Reduktion so lange durch, bis sich als Rest 0 ergibt:

$$ggT(a,b) = \ldots = ggT(c,0) = c.$$

Euklidischer Algorithmus

```
procedure ggT(a,b;g);
{---- berechnet g = ggT(a,b) ----}
if a = 0 then g := b
else if b = 0 then g := a
else   repeat
             r := a mod b;
             a := b;
             b := r;
       until r = 0;
       g := a;
return (g);
```

Einen konkret ausgeführten Algorithmus findet man im Kasten „Euklidischer Algorithmus" in einer an die Programmiersprache PASCAL angelehnten Notation.

Der euklidische Algorithmus legt die Definition des Operators **mod** nahe: Mit den Bezeichnungen des Satzes ist

$$a \bmod b := r.$$

Wir erläutern den Operator mod, der von großer Bedeutung ist, noch etwas genauer: In der Formel a mod b = r ist r die kleinste natürliche Zahl, die sich von a nur durch ein Vielfaches von b unterscheidet. Das heißt:

$$r = a \bmod b \Leftrightarrow r \text{ ist die kleinste natürliche Zahl mit } b \mid a-r.$$

Zum Beispiel gilt 1024 mod 55 = 34, denn 1024–34 = 990 ist durch 55 teilbar.
Die Verwendung von „mod" als Operator ist sinnvoll, wenn man Algorithmen beschreiben möchte. Für die Darstellung mathematischer Beweise ist die Schreibweise $a \equiv b \pmod n$ („a ist kongruent b modulo n") gebräuchlich, die auf C.F. Gauß (1777 - 1855) zurückgeht. Dabei gilt

$$a \equiv b \pmod n \Leftrightarrow a \bmod n = b \bmod n \Leftrightarrow a-b \bmod n = 0.$$

Für diese Kongruenzrelation gelten, wie man leicht anhand der Definition nachprüfen kann, entsprechende Rechenregeln wie für die Gleichheitsrelation. Zum Beispiel folgen aus $a \equiv b \pmod n$ und $c \equiv d \pmod n$ die Kongruenzen $a+c \equiv b+d \pmod n$ und $ac \equiv bd \pmod n$.

In der Kryptographie ist die **Vielfachsummendarstellung** des größten gemeinsamen Teilers (**Lemma von Bézout**) von besonderer Bedeutung:

Sei $g = ggT(a,b)$. *Dann gibt es ganze Zahlen* s *und* t *mit* $g = sa + tb$.

Sei zum Beispiel $a = 4711$ und $b = 1024$. Dann ist $ggT(4711,1024) = 1$, und es gilt

$$1 = 343 \cdot 4711 + (-1578) \cdot 1024.$$

Zur Berechnung von s und t benutzt man eine erweiterte Version des euklidischen Algorithmus. (Siehe Kasten; man kann den n-ten Rest, der bei der Berechnung von $ggT(a,b)$ auftritt, in der Form $r_n = s_n a + t_n b$ schreiben. Die im Algorithmus verwendeten Rekursionsformeln für s_n und t_n ergeben sich, wenn man $r_n = r_{n-2} - q_{n-1} r_{n-1}$ beachtet.)

Erweiterter Euklidischer Algorithmus

```
procedure bezout(a,b ; g,s,t);
{-------- berechnet g = s a + t b --------}
if a = 0 then g := b; s := 0; t := 1
else if b = 0 then g := a; s := 1; t := 0
else    s1 := 1 ; s2  := 0; s := 0 ;
        t1 := 0; t2 := 1 ; t := 1 ;
        while  (a mod b) ≠ 0  do begin
              q := a div b ;
              r := a mod b ;
              s := s1 - qs2 ;
              t := t1 - qt2 ;
              s1 := s2 ; s2 := s ;
              t1 := t2 ; t2 := t ;
              a := b ; b := r ;
        end;
        g := b ;
return(g,s,t) ;
```

Der chinesische Restsatz

Viele Berechnungen modulo $n = pq$ können auf Berechnungen modulo p und q zurückgeführt werden. Man benötigt dazu eine Methode, die Teillösungen bezüglich der Primfaktoren zu einer Gesamtlösung zusammenzusetzen. Dies leistet der **chinesische Restsatz**, den wir hier nur für den in diesem Buch benötigten Spezialfall wiedergeben:

Seien p *und* q *zwei teilerfremde natürliche Zahlen, und sei* $1 = sp+tq$ *die zugehörige Vielfachsummendarstellung. Dann hat das Gleichungssystem*

$$x \equiv a \pmod p$$
$$x \equiv b \pmod q$$

die Lösung

$$x = b \cdot sp + a \cdot tq.$$

Diese Lösung ist eindeutig modulo $n = pq$.

Ein Beweis dieses Satzes ergibt sich daraus, daß aus der Vielfachsummendarstellung die Kongruenzen $sp \equiv 0 \pmod p$ und $tq \equiv 1 \pmod p$ (und analog mit vertauschten Rollen für q) folgen. Damit gilt dann

$$x \equiv b \cdot 0 + a \cdot 1 \equiv a \pmod p \quad \text{und}$$

$$x \equiv b \cdot 1 + a \cdot 0 \equiv b \pmod q.$$

Wenn also a und b die Lösungen sind, die man modulo p und modulo q gefunden hat, so erhält man die Gesamtlösung x, indem man zunächst mit dem erweiterten euklidischen Algorithmus die Vielfachsummendarstellung des größten gemeinsamen Teilers von p und q bestimmt, und dann die Lösung $b \cdot sp + a \cdot tq \bmod n$ berechnet.

8.2 Modulare Arithmetik

Üblicherweise beschäftigen wir uns nicht mit *allen* natürlichen Zahlen, sondern nur mit denen unterhalb einer gewissen Grenze n. Oft treten allerdings bei Berechnungen Zahlen auf, die größer als n sind; dann muß man diese „modular reduzieren". Wir müssen also hier auf die uns bekannte Arithmetik der ganzen Zahlen verzichten und statt dessen eine „modulare Arithmetik" verwenden. Das Überraschende dabei ist, daß diese modulare Arithmetik viel stärkere Eigenschaften haben kann als die Ganzzahlarithmetik: Wenn z. B. der Modul eine Primzahl ist, so kann in dieser Arithmetik durch jede beliebige von Null verschiedene Zahl dividiert werden.

Die Gruppe $(\mathbf{Z}_n, \oplus)$

Wir betrachten die Struktur der natürlichen Zahlen, die kleiner als n sind:

$$\mathbf{Z}_n = \{0, 1, ..., n-1\}.$$

In dieser Menge können wir „addieren", „subtrahieren" und „multiplizieren": Seien $a, b \in \mathbf{Z}_n$. Dann ist die Summe $a \oplus b$, die Differenz $a \ominus b$ und das Produkt $a \otimes b$ wie folgt definiert:

$$a \oplus b := (a+b) \bmod n,$$

$$a \ominus b := (a-b) \bmod n,$$

$$a \otimes b := (a \cdot b) \bmod n,$$

wobei mod der in Abschnitt 8.1 definierte Operator ist. Die Struktur $\mathbf{Z}_n$ zusammen mit $\oplus$ hat viele Eigenschaften, die vom gewöhnlichen Rechnen in $\mathbf{Z}$ bekannt sind:

- Die Summe $a \oplus b$ ist wieder ein Element von $\mathbf{Z}_n$.
- Die Operation $\oplus$ ist assoziativ, d. h. für alle $a, b, c \in \mathbf{Z}_n$ gilt

$$(a \oplus b) \oplus c = a \oplus (b \oplus c).$$

- Es gibt ein neutrales Element, nämlich das Element 0.
- Jedes Element $a \in \mathbf{Z}_n$ hat ein Inverses, nämlich $n-a$.
  (Denn es gilt $a \oplus (n-a) = a+(n-a) \bmod n = n \bmod n = 0$.)

In der Mathematik wird eine Struktur mit diesen Eigenschaften eine **Gruppe** genannt. Wenn die Operation zusätzlich *kommutativ* ist (was z. B. für $\oplus$ gilt, da $a \oplus b = b \oplus a$ ist), so heißt die Struktur eine **kommutative Gruppe**.

Die Gruppe ($\mathbf{Z}_n^*$, $\otimes$)

Die Struktur $\mathbf{Z}_n$ ist zusammen mit der Multiplikation $\otimes$ in der Regel keine Gruppe – selbst wenn man das Nullelement ausnimmt. Zum Beispiel ist $\mathbf{Z}_{55}-\{0\}$ keine Gruppe bezüglich $\otimes$, da z. B. die Elemente 5 und 11 keine multiplikativen Inversen haben. (Es gibt kein $x \in \mathbf{Z}_{55}$, so daß $5 \otimes x = 1$ ist. Das liegt daran, daß 5 nicht teilerfremd zu 55 ist.)
Aber die Teilmenge derjenigen Elemente aus $\mathbf{Z}_n$, die teilerfremd zu n sind, bildet eine multiplikative Gruppe. Diese Menge wird mit $\mathbf{Z}_n^*$ bezeichnet:

$$\mathbf{Z}_n^* = \{a \in \mathbf{Z}_n \mid \mathrm{ggT}(a, n) = 1\}.$$

Das **multiplikative Inverse** eines Elements $a \in \mathbf{Z}_n^*$ kann mit Hilfe der Vielfachsummendarstellung berechnet werden. Genauer gesagt gilt:

Ist $\mathrm{ggT}(a, n) = 1 = sa + tn$, *so ist* $a' := s \bmod n$ *die multiplikative Inverse aus* $\mathbf{Z}_n^*$ *von* a.

Die Anzahl der Elemente von $\mathbf{Z}_n^*$ wird mit $\varphi(n)$ bezeichnet (**Eulersche φ-Funktion**). Mit anderen Worten: $\varphi(n)$ ist die Anzahl der zu n teilerfremden natürlichen Zahlen, die kleiner oder höchstens gleich n sind. Man kann $\varphi(n)$ mittels einer Formel berechnen, wenn man die Faktorisierung von n kennt. Es gilt zum Beispiel:

$\varphi(p) = p-1$ für jede Primzahl p,

$\varphi(pq) = (p-1)(q-1)$ für je zwei verschiedene Primzahlen p und q.

Die Zahl $\varphi(n)$ ist für $n = pq$ genauso schwer zu berechnen wie die Faktorisierung von n (dabei sind p und q zwei verschiedenen Primzahlen). Denn einerseits kann man mit Hilfe der beiden Primfaktoren p und q sofort $\varphi(n) = (p-1)(q-1)$ berechnen. Andererseits gilt aber auch $p+q = n - \varphi(n) + 1$, woraus sich durch Auflösen nach p und Einsetzen dieses Ausdrucks in die Formel $pq = n$ die quadratische Gleichung

$$q^2 - (n - \varphi(n) + 1)q + n = 0$$

ergibt, die man leicht lösen kann.

Für die Anwendung der Gruppe ($\mathbf{Z}_n^*$, $\otimes$) in der Kryptographie, insbesondere im RSA-Verfahren, ist der **Satz von Euler-Fermat** wichtig:

Für alle Zahlen $a \in \mathbf{Z}_n^*$ *gilt* $a^{\varphi(n)} \equiv 1 \pmod{n}$.

Man kann diesen Satz mit Überlegungen aus der Gruppentheorie begründen. Diese besagen, daß wenn man ein Gruppenelement (hier: a) mit der Ordnung der Gruppe (hier: $\varphi(n)$) potenziert, sich immer das neutrale Element (hier: 1) ergibt.

Der Körper $\mathbf{Z}_p$

Für jede Primzahl p gilt $\mathbf{Z}_p^* = \mathbf{Z}_p - \{0\}$; damit ist $\mathbf{Z}_p$ ein **Körper**, das heißt in $\mathbf{Z}_p$ gelten die gleichen Grundrechengesetze wie im Körper der rationalen Zahlen oder im Körper der reellen Zahlen.
Begründung: Wegen $\mathbf{Z}_p - \{0\} = \mathbf{Z}_p^*$ hat jedes von 0 verschiedene Element $a \in \mathbf{Z}_p$ ein multiplikatives Inverses. Die Distributivgesetze gelten im allgemeinen in $\mathbf{Z}_n$.

Wenn Mißverständnisse ausgeschlossen sind, schreiben wir in Zukunft oft einfach + statt $\oplus$, – statt $\ominus$ und · statt $\otimes$.

Die O-Notation

Zur Beschreibung der Komplexität der im folgenden erwähnten Algorithmen brauchen wir die **O-Notation**. Dieser liegt die Idee zugrunde, daß man sich im allgemeinen nicht für konstante Faktoren interessieren muß, da diese zu stark von Details des Algorithmus abhängen, z. B. ob man beim euklidischen Algorithmus die Anzahl der benötigten mod-Operationen zählt, oder die Anzahl der benötigten Rechenschritte auf Bitebene (wobei man zur Durchführung einer mod-Operation eine konstante Anzahl von Bit-Rechenschritten benötigt). Außerdem ändert sich die für einen Algorithmus benötigte absolute Zeit bei Einführung einer neuen Computergeneration um einen konstanten Faktor.
Man führt daher die folgende Notation ein, die es ermöglicht, konstante Faktoren zu unterdrücken: Sei $f(n)$ eine (monoton wachsende) Funktion. Man sagt, daß ein Algorithmus A die Zeitkomplexität (Speicherkomplexität) $O(f)$ besitzt, wenn es eine Konstante M und eine natürliche Zahl n_0 gibt, so daß die Laufzeit (oder der benötigte Speicherplatz) von A bei Eingaben der Länge $n \geq n_0$ durch $M \cdot f(n)$ beschränkt wird.

Primzahltests und Faktorisierungsalgorithmen

Es gibt Algorithmen, mit denen man vergleichsweise schnell überprüfen kann, ob eine natürliche Zahl eine Primzahl ist oder nicht. Z. B. kann man mit Hilfe des Satzes von Euler-Fermat, wenn man Glück hat, relativ schnell nachweisen, daß eine Zahl n *keine* Primzahl ist, ohne n faktorisieren zu müssen.
Dazu muß man den Satz zunächst für den Spezialfall formulieren, daß n eine Primzahl ist. Dieser Spezialfall ist als der **kleine Fermatsche Satz** (nach Pierre Fermat, 1601-1655) bekannt und lautet:

Für jede Primzahl p *und jede natürliche Zahl* a *mit* $1 \leq a < p$ *gilt* $a^{p-1} \equiv 1 \pmod{p}$.

Wir erhalten den folgenden „negativen" Primzahltest für n: Falls n eine Primzahl ist, muß nach dem kleinen Fermatschen Satz jede beliebige, zufällig gewählte Zahl a, wenn sie mit $n-1$ potenziert und modulo n reduziert wird, den Wert 1 ergeben. Wenn eine

Zahl a gefunden wird, die diese Eigenschaft nicht hat, so weiß man, daß n *keine* Primzahl ist.
Wenn man kein solches a findet, kann man aber trotzdem nicht sicher sein, daß n eine Primzahl ist, denn es gibt zusammengesetzte Zahlen n mit der Eigenschaft $a^{n-1} \equiv 1 \pmod n$ für alle zu n teilerfremden ganzen Zahlen a. Diese heißen **Carmichael-Zahlen**. Diese (unendlich vielen) Zahlen kann man mit Hilfe probabilistischer Tests, etwa des Miller-Rabin-Tests mit beliebig großer Wahrscheinlichkeit ausschließen. Details findet man in [BRK95], Kapitel 4 und [Kra86].

Demgegenüber ist es ein sehr schwieriges Problem, eine natürliche Zahl n (von der man weiß, daß sie keine Primzahl ist) in ihre Primfaktoren zu zerlegen. Der einfachste Faktorisierungsalgorithmus besteht darin, „einfach" alle möglichen Teiler von n durchzuprobieren. Im Extremfall muß man dies allerdings für alle Zahlen von 1 bis $\sqrt{n}$ tun, was für große Zahlen (über 150 Dezimalstellen oder ca. 500 Bits) schlicht unmöglich ist. Weitere Faktorisierungsalgorithmen wie z. B. **Pollards** (p−1)-**Methode**, die für Zahlen $n = pq$ gut funktioniert, bei denen $p-1$ oder $q-1$ kleine Primteiler besitzen, sind in [Sti95] beschrieben.
Die drei heute in der Praxis zur Faktorisierung großer Zahlen verwendeten Algorithmen sind der **Quadratic-Sieve**-Algorithmus, der **Elliptic-Curve**-Algorithmus und der **Number-Field-Sieve**-Algorithmus. Ihre Komplexität ist in der folgenden Tabelle wiedergegeben [Sti95], wobei o(1) einen Wert bezeichnet, der bei wachsendem n rasch gegen 0 geht.

Name	Komplexität
Quadratic Sieve	$O(e^{(1+o(1))\sqrt{\ln(n)\ln^2(n)}})$
Elliptic Curve	$O(e^{(1+o(1))\sqrt{2\cdot\ln(p)\ln^2(p)}})$
Number Field Sieve	$O(e^{(1{,}92+o(1))\sqrt[3]{\ln(n)(\ln^2(n))^2}})$

Zur Faktorisierung einer 512 Bit lange Zahl benötigt der Quadratic Sieve Algorithmus auf einer 200 MIPS Workstation (200.000.000 Befehle pro Sekunde) also etwa

$$\frac{e^{\sqrt{354{,}9\cdot 5{,}9}}}{2\cdot 10^8\,\frac{1}{\text{sek}}\cdot 3{,}2\cdot 10^7\,\frac{\text{sek}}{\text{Jahr}}} \approx \frac{7{,}5\cdot 10^{19}}{6{,}4\cdot 10^{15}}\text{Jahre} \approx 11700 \text{ Jahre.}$$

Für zufällig gewählte Zahlen mit zwei etwa gleich großen Primfaktoren liegt der derzeitige Weltrekord bei 129 Dezimalstellen: Im April 1994 wurde von Atkins, Graff, Lenstra und Leyland mit dem Quadratic-Sieve-Algorithmus eine Zahl faktorisiert, die als RSA-129 bekannt war. Diese als „Faktorisierung per e-mail" bezeichnete Verfahren benötigte 5000 MIPS-Jahre verteilt auf mehr als 600 Workstations überall auf der Welt.

8.3 Quadratische Reste

Sei n eine natürliche Zahl. Das Element $a \in \mathbf{Z}_n^*$ heißt **quadratischer Rest modulo** n, falls es ein $b \in \mathbf{Z}_n^*$ gibt mit

$$b^2 = b \cdot b = a \ (\text{mod } n).$$

Man nennt dann b eine **Quadratwurzel von** a **modulo** n. Wenn a kein quadratischer Rest ist, heißt a ein **quadratischer Nichtrest modulo** n.

Sei zum Beispiel n = 55. Dann hat die Zahl $34 \in \mathbf{Z}_{55}^*$ die Quadratwurzeln 12, 43 und 23, 32, denn es gilt z. B. $12 \otimes 12 = 144 \bmod 55 = 34$.

Im allgemeinen hat eine Zahl mehr als zwei modulare Quadratwurzeln. Die uns vertraute Situation, daß jede Zahl entweder keine oder genau zwei Quadratwurzeln hat, gilt in $\mathbf{Z}_n^*$ genau dann, wenn n eine Primzahl ist. Ist dagegen n = pq das Produkt von zwei verschiedenen Primzahlen, so hat jedes Element von $\mathbf{Z}_n^*$ entweder keine oder genau vier Quadratwurzeln x, n–x, y, n–y.

Quadratwurzeln und Faktorisierung

Ob es schwer oder leicht ist, modulare Quadratwurzeln zu berechnen, hängt entscheidend von dem Modul n ab: Wenn n eine Primzahl ist, so gibt es schnelle Verfahren, um Quadratwurzeln modulo n zu berechnen. Wenn n aber eine zusammengesetzte Zahl ist, so ist es im allgemeinen sehr schwer, Quadratwurzeln zu finden, da dieses Problem eng mit der Faktorisierung zusammenhängt. In dem für die Kryptographie wichtigsten Fall gilt:

> *Sei* n = pq *das Produkt von zwei verschiedenen Primzahlen* p *und* q. *Dann ist das Berechnen von Quadratwurzeln modulo* n *genauso schwierig wie das Faktorisieren von* n.

Wir zeigen hier nur, daß das Berechnen von Quadratwurzeln modulo n *mindestens* so schwierig ist wie das Faktorisieren von n. Dazu zeigen wir, daß sich jeder Algorithmus zur Bestimmung von Quadratwurzeln zu einem Faktorisierungsalgorithmus ausbauen läßt (siehe auch den Kasten):

Man wählt zufällig ein Element $b_1 \in \mathbf{Z}_n^*$ und quadriert dieses: $a := b_1^2 \bmod n$ $(= b_1 \otimes b_1)$. Nun wendet man auf a den Algorithmus zur Berechnung einer Quadratwurzel an und erhält eine Wurzel b_2. Da b_1 zufällig gewählt wurde und da es

Faktorisieren mit quadratischen Resten

```
procedure qr_factoring(n ; t);
{--- Gibt einen Faktor t der Zahl n aus ---}
input(n);
repeat
     t := 1;
     random(r); random(s);
     x := r mod n; y := s mod n;
     a := x^2 mod n; b := y^2 mod n;
     if ggT(x,n)≠1 then t := ggT(x,n);
     else if ggT(y,n)≠1 then t := ggT(y,n);
     else if (a = b) and (y ∉ {x, n–x}) then
          c := x+y mod n;
          t := ggT(c,n);
until t ≠ 1;
return(t);
```

genau vier verschiedene Quadratwurzeln x, n–x, y, n–y von a gibt, ist b_2 mit Wahrscheinlichkeit ½ nicht aus $\{b_1, n-b_1\}$.
Der Fall, daß $b_2 \in \{b_1, n-b_1\}$ ist, ist der schlechte Fall; in dieser Situation startet man die Prozedur mit einem neuen b_1 von vorne.
Im guten Fall $b_2 \notin \{b_1, n-b_1\}$ gilt in $\mathbf{Z}_n{}^*$

$$(b_1+b_2)(b_1-b_2) = b_1{}^2 - b_2{}^2 = a - a = 0.$$

Das bedeutet, daß p und q das Produkt $(b_1+b_2)(b_1-b_2)$ teilen. Also teilt p einen Faktor; da $b_1 \neq b_2$ und $b_1 \neq n-b_2$ ist, muß q den anderen Faktor teilen. Man berechnet nun $ggT(n, b_1+b_2)$, erhält daraus p oder q und hat somit n faktorisiert.
Im Durchschnitt muß man die Prozedur zweimal durchführen, um n faktorisieren zu können.

Die Quadratische-Reste-Annahme

Im allgemeinen ist es nicht nur schwierig, Quadratwurzeln zu berechnen, sondern auch zu entscheiden, ob eine Zahl ein quadratischer Rest ist oder nicht. Dieses Problem spielt in der modernen Kryptographie eine so wichtige Rolle, daß wir es genau formulieren müssen. Dazu benötigen wir noch zwei Begriffe.
Das **Legendresymbol** $(x|p)$ ist für Primzahlen p und Zahlen $x \in \mathbf{Z}_p{}^*$ wie folgt definiert:

$$(x|p) := \begin{cases} 1 & \text{falls x ein quadratischer Rest modulo p ist,} \\ -1 & \text{falls x ein quadratischer Nichtrest modulo p ist.} \end{cases}$$

Das **Jacobisymbol** $(x|n)$ ist für alle Zahlen n und $x \in \mathbf{Z}_n{}^*$ definiert; uns interessiert aber nur der Fall $n = pq$:

$$(x|n) := (x|p)(x|q).$$

Für das Legendre- und das Jacobisymbol gelten die folgenden Rechenregeln [Kra86]; dabei sind x und y ganze Zahlen, die teilerfremd zu n sind.

(1) $(x|n) = (x \bmod n|n)$.
(2) $(x|n)\cdot(y|n) = (x\cdot y|n)$.
(3) $(-1|n) = (-1)^{(n-1)/2}$.
(4) $(2|n) = (-1)^{(n^2-1)/8}$ falls n ungerade ist.

Mit Hilfe des **quadratischen Reziprozitätsgesetzes**, das auf Gauß zurückgeht, kann das Jacobisymbol ebenso wie das Legendresymbol auch ohne Kenntnis der Faktorisierung von n leicht berechnet werden (vgl. [Kra86]):

Für alle ungeraden und zueinander teilerfremden Zahlen $m, k > 2$ *gilt*

$$(k|m)\cdot(m|k) = (-1)^{(m-1)(k-1)/4}.$$

Jeder quadratische Rest modulo $n = pq$ muß quadratischer Rest modulo p *und* modulo q sein. Daher ist jede Zahl mit Jacobisymbol -1 ein quadratischer Nichtrest, da für sie genau eine der genannten Bedingungen nicht zutrifft. Die Umkehrung gilt aber nicht: Besitzt eine Zahl x das Jacobisymbol $+1$, so kann man nichts mehr über sie aussagen, da $+1 = 1 \cdot 1 = (-1)(-1)$ gilt, also entweder beide Bedingungen zutreffen oder beide Bedingungen nicht zutreffen können. Für solche Zahlen gilt die **Quadratische-Reste-Annahme**:

> Beispiel: Berechnung des Legendresymbols $(76|131)$.
>
> $$(76|131) = (2|131)\cdot(2|131)\cdot(19|131)$$
> $$= (19|131) = (131|19)\cdot(-1)^{(131-1)(19-1)/4}$$
> $$= (17|19)\cdot(-1) = -(19|17)\cdot(-1)^{(19-1)(17-1)/4}$$
> $$= -(19|17) = -(2|17) = -(-1)^{(17^2-1)/8} = -1.$$
>
> Also ist 76 ein quadratischer Nichtrest modulo der Primzahl 131.

Sei $n = pq$ *und sei* x *eine Zahl aus* $\mathbf{Z}_n{}^*$ *mit Jacobisymbol* $+1$. *Dann ist es praktisch unmöglich, zu entscheiden, ob* x *ein quadratischer Rest ist oder nicht.*

Wählt man die Primzahlen p und q so, daß $p \equiv 3 \pmod 4$ und $q \equiv 3 \pmod 4$ gilt, so kann man Quadratwurzeln modulo p und modulo q besonders einfach berechnen: Die Wurzeln des quadratischen Restes $a \in \mathbf{Z}_p{}^*$ sind die Zahlen $w_1 := a^{(p+1)/4}$ und $w_2 := p-w_1$. Außerdem kennt man in diesem Fall einen quadratischen Nichtrest mit Jacobisymbol $+1$, nämlich die Zahl -1.

8.4 Der diskrete Logarithmus

Wichtige Grundbausteine der Kryptographie sind Funktionen, die leicht berechnet, aber möglichst schwer umgekehrt werden können („Einwegfunktionen", siehe Abschnitt 2.3). Ein Beispiel für eine solche Funktion ist die Multiplikation natürlicher Zahlen; diese ist einfach durchzuführen, aber ihre Umkehrung, also die Faktorisierung, ist für große Zahlen praktisch unmöglich. Eine wichtige Klasse von Einwegfunktionen sind die diskreten Exponentialfunktionen:

Sei p eine Primzahl, und sei g eine natürliche Zahl mit $g \le p-1$. Dann ist die **diskrete Exponentialfunktion** zur Basis g definiert durch

$$k \mapsto g^k \bmod p \quad (1 \le k \le p-1).$$

Die Umkehrfunktion wird **diskrete Logarithmusfunktion** dl_g genannt; es gilt:

$$dl_g(g^k) = k.$$

Unter dem **Problem des diskreten Logarithmus** versteht man das folgende:

Gegeben p, g *und* y, *bestimme* k *so, daß* $y = g^k \bmod p$ *gilt.*

Zum Beispiel besitzt die Gleichung $7 = 3^k \bmod 17$ die Lösung $k = 11$.

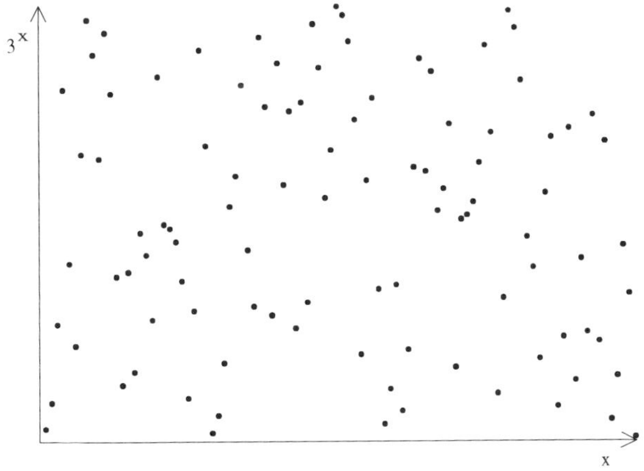

Bild 8.1 Graph der diskreten Exponentialfunktion modulo p = 101 zur Basis 3

Die diskrete Exponentialfunktion zu berechnen ist einfach (siehe Kasten „Square-and-multiply"), während das Problem des diskreten Logarithmus sehr schwer zu sein scheint. Bild 8.1 macht diese Annahme plausibel: Im Gegensatz zur reellen Exponentialfunktion ist die diskrete Exponentialfunktion nicht stetig, sondern macht unvorhersagbare „Sprünge".

Square-and-multiply

```
procedure square-and-multiply(g, k; y);
{------------- Berechnet  y = g^k -----------}
input(g,k);
{--- stelle k als Binärzahl k=b_n...b_1b_0 dar.--}
n := log_2 k
for  i = 0  to  n  do
      begin
            b[i] := (k mod 2^(i+1));
            k := (k-b[i])/2;
      end;
y := g;
for  i = n–1  downto  0  do
      begin
            y := y^2;
            if  b[i] = 1 then  y := y · g;
      end;
return(y);
```

Berechnung der diskreten Exponentialfunktion

Für $k = 17$ kann man g^k wie folgt berechnen: $g^{17} = g^{16} \cdot g^1 = (((g^2)^2)^2)^2 \cdot g$. Man muß also g nicht siebzehnmal mit sich selbst multiplizieren, sondern man kommt mit wesentlich weniger Gruppenoperationen aus, nämlich mit fünf Multiplikationen.

Das im obigen Beispiel verwendete Verfahren heißt „**Square-and-multiply**“, weil man nur quadrieren und multiplizieren muß. Es benötigt maximal $2 \cdot \log_2 k$ Multiplikationen zur Berechnung von g^k.

Berechnung der diskreten Logarithmusfunktion

Ein einfaches Verfahren zur Berechnung des diskreten Logarithmus eines Gruppenelements, das wesentlich effizienter ist als das bloße Durchprobieren aller möglichen Werte für k, ist der „**Baby-Step-Giant-Step**“-Algorithmus: Ist N die Anzahl der Elemente der Gruppe, so wählt man zunächst eine natürliche Zahl $w \geq \sqrt{N}$ (d. h. man rundet $\sqrt{N}$ auf). Man kann dann jeden diskreten Logarithmus k in der Form $k = aw+b$ mit $0 \leq b \leq w$ darstellen. Der diskrete Logarithmus k von $y = g^k$ läßt sich in der oben beschriebenen Form darstellen. Wir können daher die Gleichung

$$y = g^k = g^{aw+b}$$

umformen in die Gleichung

$$yg^{-b} = g^{aw}.$$

Wenn wir ein k finden wollen, das die erste Gleichung erfüllt, so müssen wir Zahlen a und b bestimmen, die der zweiten Gleichung genügen. Dazu legen wir zwei Listen an:

Baby-step-giant-step-Verfahren

```
procedure baby-step-giant-step(y,g,N ; k);
{---------- Berechnet k mit y = g^k -----------}
      input(y,g,N);
      w := round(sqrt(N)+1);
      for i := 0 to w do begin
                        baby[i] := y g^-i;
                        giant[i] := g^wi;
                    end;
      suche (i,j) mit baby[i] = giant[j];
      k := wj+i;
      return(k);
```

eine Liste, die alle Elemente der Form yg^{-b} (für $b \in \{0,1,...,w\}$) enthält, und eine Liste, die alle Elemente der Form g^{aw} (für $a \in \{0,1,...,w\}$) umfaßt. Die erste Liste heißt **Baby-step**-Liste, die zweite **Giant-step**-Liste. Nun ordnen wir beide Listen und suchen ein gemeinsames Element. Sind z. B. die Elemente yg^{-17} und g^{123w} gleich, so gilt $y = g^{123w+17}$, und man hat den diskreten Logarithmus $k = 123w+17$ gefunden.

Man kann sich mit Hilfe des Baby-Step-Giant-Step-Algorithmus klar machen, daß die Berechnung des diskreten Logarithmus sehr viel schwieriger ist als die Auswertung der diskreten Exponentialfunktion. Wenn die auftretenden Zahlen etwa 1000 Bit Länge haben, so benötigt man zur Berechnung von g^k nur etwa 2000 Multiplikationen, zur Berechnung des diskreten Logarithmus mit dem Baby-Step-Giant-Step-Algorithmus aber etwa $2^{500} \approx 10^{150}$ Operationen.

Name	Komplexität
Baby-Step-Giant-Step	$O(\sqrt{p})$
Silver-Pohlig-Hellman	polynomial in q, dem größten Primteiler von $p-1$
Index-Calculus	$O(e^{(1+o(1))\sqrt{\ln(p)\ln^2(p)}})$

Neben dem Baby-Step-Giant-Step-Algorithmus gibt es noch zahlreiche andere Verfahren zur Berechnung des diskreten Logarithmus [Sti95]. Die wichtigsten davon sind der **Silver-Pohlig-Hellman**-Algorithmus, der gut anwendbar ist, wenn $p-1$ ausschließlich sehr kleine Primteiler besitzt, und die Klasse der **Index-Calculus**-Algorithmen. Die oben angegebenen Komplexitäten beziehen sich ausschließlich auf den Körper $\mathbf{Z}_p{}^*$.

Wenn man den diskreten Logarithmus bezüglich einer Basis g berechnen kann, so kann man ihn bezüglich jeder Basis h berechnen, die eine Potenz von g ist: Sei $h = g^k$. Dann ist

$$k \cdot dl_g(x) \bmod p-1$$

eine Zahl, die das Problem des diskreten Logarithmus von x zur Basis h löst. Da es stets Elemente g gibt, so daß jedes Element von $\mathbf{Z}_p{}^*$ eine Potenz von g ist, genügt es, den diskreten Logarithmus bezüglich eines solchen „primitiven" Elements g berechnen zu können.

Rechnen mit Exponenten

Beim Berechnen der diskreten Exponential- bzw. Logarithmusfunktionen haben wir die Tatsache ausgenutzt, daß der Exponent eine ganze Zahl ist. Wir konnten diese Zahl in Binärdarstellung wiedergeben (Square-and-multiply) oder sie mit Rest durch eine ganze Zahl w teilen (Baby-Step-Giant-Step), mit anderen Worten: Wir können mit dem Exponenten *rechnen*. Genauer gesagt gilt:

> *Die Exponenten, die bei der Berechnung der diskreten Exponentialfunktion modulo* p *auftreten, werden modulo* $p-1$ *addiert und multipliziert.*

Dies ergibt sich aus dem kleinen Fermatschen Satz (vgl. Abschnitt 8.2), den wir hier noch einmal anders formulieren möchten:

> *Ist* p *eine Primzahl, so gilt für jede natürliche Zahl* x *die Gleichung*
> $$x^{p-1} \bmod p = 1.$$

Mit Hilfe dieses Satzes ergibt sich, daß $g^a \cdot g^b \bmod p = g^{a+b} \bmod p = g^{a+b \bmod p-1}$ und $(g^a)^b \bmod p = g^{a \cdot b} \bmod p = g^{a \cdot b \bmod p-1}$ ist.

8.5 Isomorphie von Graphen

Ein **Graph** besteht aus einer Menge von **Ecken** (Punkten), von denen je zwei durch eine **Kante** verbunden sind oder nicht (siehe Bild 8.2). Jede Kante verbindet genau zwei Ecken.

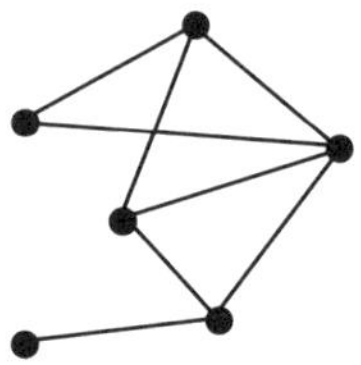

Bild 8.2: Ein Graph

Zwei Graphen werden **isomorph** („strukturgleich") genannt, wenn der eine aus dem anderen durch Umordnen der Ecken hervorgeht. Zum Beispiel sind die beiden Graphen in Bild 8.3 isomorph.

Bild 8.3: Zwei isomorphe Graphen

Wir definieren präziser: Ein **Isomorphismus** eines Graphen G_1 auf einen Graphen G_2 ist eine bijektive („eineindeutige") Abbildung der Eckenmenge von G_1 auf die Eckenmenge von G_2, so daß zwei Ecken von G_2 genau dann durch eine Kante verbunden sind, wenn die Urbilder in G_1 durch eine Kante verbunden sind. Zwei Graphen heißen **isomorph**, falls es einen Isomorphismus zwischen ihnen gibt.

Bijektive Abbildungen von endlichen Mengen in sich heißen **Permutationen**. Man kann eine Permutation einer endlichen Menge dadurch genau beschrieben, daß man die Elemente der Menge durchnumeriert und dann angibt, welche Elemente auf welche anderen Elemente abgebildet werden. Z. B. ist die Permutation $\pi = (1\ 2)(3)$ die Abbildung der Menge $\{1,2,3\}$ in sich, die 1 auf 2, 2 auf 1, und 3 auf sich selbst abbildet (**Zykelschreibweise**).

Man kann leicht Graphen erzeugen, die zu einem gegebenen Graphen G isomorph sind: Dazu braucht man nur die Eckenmenge von G zu permutieren. Umgekehrt ist es im allgemeinen sehr schwer, von zwei vorgelegten Graphen zu entscheiden, ob sie isomorph sind oder nicht und gegebenenfalls einen Isomorphismus anzugeben. Beispielsweise ist es schwer, für die in Bild 8.4 angegebenen Graphen nachzuweisen, daß sie isomorph sind. Wenn andererseits eine Permutation gegeben ist, z. B. $\pi = (1\ 3\ 5\ 6)(2\ 7)$ $(4\ 12\ 9\ 8\ 10\ 11)$, ist es leicht zu verifizieren, ob π ein Isomorphismus ist oder nicht.

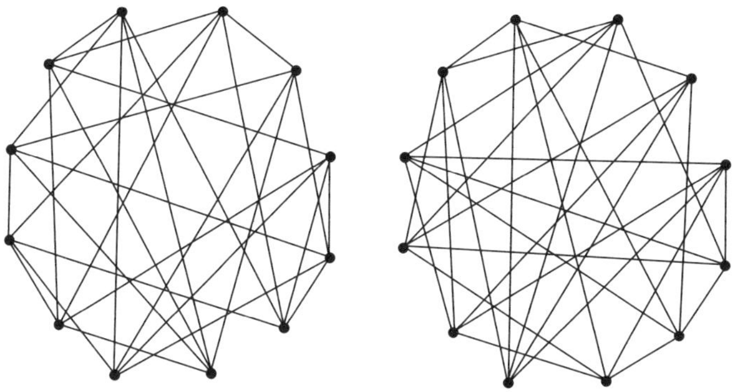

Bild 8.4: Isomorphie von „großen" Graphen

Schon bei relativ kleinen Graphen muß man, wenn sie einige offensichtlich erforderliche Regularitätskriterien erfüllen, viel Rechenzeit aufwenden, um einen Isomorphismus zu finden. Bei dem abgebildeten Graphen (bei dem jede Ecke auf genau 5 Kanten liegt) müßten etwa $12! \approx 479001600$ mögliche Permutationen überprüft werden. Werden jedoch die Ecken der Graphen beginnend mit der rechten oberen Ecke im Uhrzeigersinn durchnumeriert, so kann man dagegen leicht verifizieren, daß $\pi = (1\ 3\ 5\ 6)(2\ 7)(4\ 12\ 9\ 8\ 10\ 11)$ ein Isomorphismus ist.

8.6 Der Zufall in der Kryptographie

In kryptographischen Protokollen spielen Zufallszahlen und Zufallsfolgen eine oft entscheidende Rolle. Dabei muß man zwei Aspekte unterscheiden:

- In vielen Protokollen muß eine Partei an einer gewissen Stelle einen zufälligen Wert wählen. Dabei korreliert die Sicherheit des Protokolls direkt mit der Frage, *wie* zufällig dieser Wert gewählt wurde: Im eigenen Sicherheitsinteresse muß diese Partei darauf achten, den entsprechenden Wert mit einem möglichst guten Zufallsgenerator zu wählen. Ein Musterbeispiel hierfür ist das Challenge-and-Response Protokoll (siehe Abschnitt 3.3).
- In manchen Fällen ist es praktisch unmöglich, echte Zufallszahlen oder Zufallsfolgen zu verwenden; dies ist immer dann der Fall, wenn die entsprechenden Zahlen oder Folgen von mehreren Parteien erzeugt werden müssen. Man verwendet dann Pseudozufallswerte, die mit Hilfe eines deterministischen Algorithmus berechnet werden, aber für Außenstehende zufällig aussehen. Dieses Verfahren wird etwa bei Stromchiffren (siehe Abschnitt 2.1) angewendet.

Echte Zufallszahlen oder Zufallsfolgen werden mit Hilfe physikalischer Phänomene erzeugt, zum Beispiel mit Hilfe des Rauschens elektronischer Bauelemente oder dem radioaktiven Zerfall. Ein klassisches Beispiel für die Erzeugung von Zufallsfolgen ist das Werfen einer „fairen Münze" (Kopf = 0, Zahl = 1).

Ein prinzipielles Problem bei der Beurteilung der Güte eines Zufallsfolgengenerators ergibt sich aus der Tatsache, daß es prinzipiell unmöglich ist, die Zufälligkeit einer Folge zu beweisen; nur das Gegenteil läßt sich durch Angabe eines Algorithmus zur Erzeugung der nicht-zufälligen Folge nachweisen.

Bei Pseudozufallsfolgen steht man vor dem gleichen Problem: Da man keine Beurteilungskriterien für wirklich zufällige Folgen kennt, kann man auch nicht entscheiden, wie zufällig eine Pseudozufallsfolge aussieht. Man kann wiederum nur das Gegenteil nachweisen, nämlich daß eine Folge nicht zufällig aussieht. Dazu gibt es Kriterien wie die statistische Verteilung von Bits oder Zahlen, die Vorhersagbarkeit einer Folge oder die lineare Komplexität. Diese Kriterien hier zu erläutern würde den Rahmen dieses Buches sprengen. Man findet jedoch eine gut lesbare Einführung in [Beu94] und weiterführende Erläuterungen in [BP82] und [Rue86]. Wir wollen hier nur einige Beispiele für Pseudozufallsfolgengeneratoren nennen.

- In vielen Computerprogrammen ist der **modulare Kongruenzgenerator** implementiert. Man wählt zunächst einen Modul n und anschließend natürliche Zahlen $a, c \leq n$ mit $ggT(a, n) = 1$. Dann berechnet man aus einem Startwert x_0 sukzessive die Folge $x_0, x_1, x_2, x_3, ...$ mit der Formel $x_{k+1} := (a \cdot x_k + c) \bmod n$. Die so erhaltene Folge hat zwar gute statistische Eigenschaften, ist aber für die meisten kryptographischen Anwendungen unbrauchbar, da man aus wenigen Werten alle künftigen vorhersagen kann. (Kennt man zum Beispiel die Werte x_1, x_2, x_3 und den Modul n, so kann man a und c durch Auflösen der beiden Gleichungen $x_2 = (a \cdot x_1 + c) \bmod n$ und $x_3 = (a \cdot x_2 + c) \bmod n$ erhalten.)
- Für viele kryptographische Algorithmen bilden lineare Schieberegister einen wesentlichen Grundbaustein, da sie hardwaremäßig leicht zu realisieren sind. Mit ihnen werden binäre Pseudozufallsfolgen erzeugt. Ein typisches lineares Schieberegister sieht wie folgt aus:

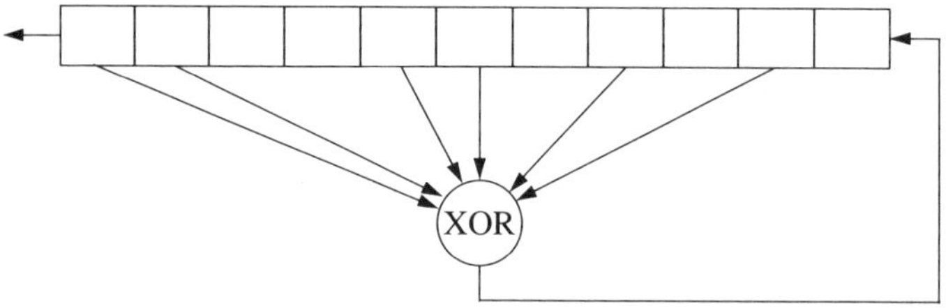

Bild 8.5: Lineares Schieberegister

Ein **binäres lineares Schieberegister** mit n Zellen („der **Länge** n“) wird zunächst mit je einem Startbit pro Zelle initialisiert. Das Schieberegister arbeitet in Takten, und für jeden Takt werden die folgenden Operationen durchgeführt:

- Die Inhalte gewisser, vorher festgelegter Zellen werden modulo 2 addiert (XOR).
- Der Inhalt jeder Zelle wird um eine Zelle nach links verschoben.

- Der Überlauf am linken Rand ist das Outputbit dieses Taktes.
- Die leere Speicherzelle am rechten Rand wird mit der vorberechneten Summe besetzt.

Auch Folgen, die mit linearen Schieberegistern erzeugt werden, haben gute statistische Eigenschaften (z. B. gleichmäßige Verteilung von Nullen und Einsen), aber auch diese Folgen sind aus der Kenntnis sehr weniger Bits vollständig vorhersagbar. In der Praxis werden deshalb entweder nichtlineare Schieberegister benutzt (das sind Schieberegister, bei denen die Rückkopplung komplexer ist), oder mehrere lineare Schieberegister werden auf nichtlineare Weise gekoppelt.

8.7 Komplexitätstheorie

Die Grundfrage der Komplexitätstheorie ist die nach dem Aufwand zur Lösung eines Problems.

Es ist klar, daß der Aufwand zum Lösen eines Problems größer wird, wenn das Problem selbst „größer" wird, d. h. wenn die Parameter, von denen das Problem abhängt, wachsen. Die Frage ist, wie stark der Aufwand im Verhältnis zu den Eingangsparametern wächst.

Ein Beispiel für ein solches Problem ist das Sortieren einer Liste aus natürlichen Zahlen. Der Aufwand an Zeit und Speicherkapazität zur Lösung dieses Problems hängt stark von der Anzahl n der Zahlen der Liste ab. Es gibt verschiedene Algorithmen zur Lösung dieses Sortierproblems. Der Algorithmus „Bubblesort" benötigt etwa n^2 Schritte (Vertauschungen von Zahlen), während der Algorithmus „Quicksort" nur etwa $n \cdot \log n$ braucht.

In der Komplexitätstheorie interessiert man sich nur für die bestmöglichen Algorithmen zur Lösung eines Problems. Für obiges Beispiel kann man beweisen, daß jeder Sortieralgorithmus mindestens $n \cdot \log n$ Schritte braucht. Man sagt auch: Das Sortierproblem hat die **Komplexität** $n \cdot \log n$.

Dazu sind zwei wichtige Bemerkungen zu machen:

1. In der Komplexitätstheorie betrachtet man den „worst case". Natürlich gibt es Listen, für deren Sortierung man weniger als $n \cdot \log n$ Schritte braucht, zum Beispiel wenn die Liste bereits sortiert vorliegt. Das obige Ergebnis bedeutet also: Zu jedem Sortieralgorithmus gibt es mindestens eine Liste, so daß der Algorithmus mindestens $n \cdot \log n$ Schritte braucht.
2. Bei der Berechnung der Komplexität eines Problems vernachlässigen wir konstante Faktoren. Zum Beispiel sagen wir auch, daß ein Problem, zu dessen Lösung $1000 \cdot n \cdot \log n$ Schritte notwendig sind, die Komplexität $n \cdot \log n$ hat. (Verschiedene Konstanten entsprechen verschiedenen Maßeinheiten: Ob man einen Sortieralgorithmus nach der Anzahl der Vertauschungen mißt oder nach der Anzahl der Taktzyklen eines Prozessors, der diese Vertauschungen durchführt, darf nicht in die Komplexität des Problems eingehen.)

Die wichtigste Unterscheidung in der Komplexitätstheorie ist die in Probleme mit **polynomialer** und Probleme mit **nichtpolynomialer** Komplexität. Im ersten Fall wachsen die benötigten Ressourcen (Zeit oder Speicherplatz) zur Lösung des Problems nur polynomial, das heißt, es gibt ein Polynom $f(x)$, so daß die Komplexität des Problems höchstens $f(n)$ ist, wenn die Eingabe die Länge n hat, im zweiten Fall schneller als polynomial, etwa exponentiell. Dieser grundsätzliche Unterschied wird in folgender Tabelle (aus [BP82]) deutlich:

Eingabelänge/ Zeitkomplexität (μs)	20	30	40	50	60
x	$2\cdot10^{-5}$ Sek.	$3\cdot10^{-5}$ Sek.	$4\cdot10^{-5}$ Sek.	$5\cdot10^{-5}$ Sek.	$6\cdot10^{-5}$ Sek.
x^2	$4\cdot10^{-4}$ Sek.	$9\cdot10^{-4}$ Sek.	$1{,}6\cdot10^{-3}$ Sek.	$2{,}5\cdot10^{-3}$ Sek.	$3{,}6\cdot10^{-3}$ Sek.
x^3	$8\cdot10^{-3}$ Sek.	$2{,}7\cdot10^{-2}$ Sek.	$6{,}4\cdot10^{-2}$ Sek.	$1{,}25\cdot10^{-1}$ Sek.	$2{,}16\cdot10^{-1}$ Sek.
x^5	3,2 Sek.	24,3 Sek.	1,7 Min.	5,2 Min.	13,0 Min.
2^x	1 Sek.	17,9 Min.	12,7 Tage	37,7 Jahre	366 Jahrhunderte
3^x	5,2 Sekunden	6,5 Jahre	3855 Jahrhunderte	$2\cdot10^8$ Jahrhunderte	$1{,}3\cdot10^{13}$ Jahrhunderte

Man kann aus dieser Tabelle erkennen, daß sich exponentielle Zeitkomplexitäten schon bei relativ kleinen Eingabewerten sehr unangenehm auf die benötigte Rechenzeit auswirken.
Oft wird die Meinung vertreten, daß durch die Einführung von immer schnelleren Computern alle Probleme gelöst werden können. Dies ist aber nicht richtig. Die Verdopplung der Geschwindigkeit von Rechnern wirkt sich auf die Lösbarkeit exponentieller Probleme fast nicht aus. Die obige Tabelle verdeutlicht diese Tatsache: Kann man mit den alten Computern in 12,7 Tagen ein Problem der Länge 40 lösen, so sind es bei den neuen Computern gerade einmal die Probleme der Länge 41.

Um Ordnung in die verwirrende Vielfalt von möglichen Problemen und ihre Komplexitäten zu bringen, faßt man Probleme mit ähnlicher Komplexität zu *Klassen* zusammen. Die beiden wichtigsten Komplexitätsklassen sind die Klassen **P** und **NP**, die wir jetzt kurz vorstellen.
Die **Klasse P:** In diese Klasse fallen diejenigen Probleme, die mit polynomialem *Zeit*aufwand lösbar sind. Dazu gehören das Sortieren, die Addition, Multiplikation und das Potenzieren natürlicher Zahlen, sowie alle auf herkömmlichen Computern exakt lösbaren Probleme.
Die **Klasse NP:** Bei der Definition dieser Problemklasse betrachten wir nicht den Aufwand zur Lösung eines Problems, sondern den Aufwand *zur Verifizierung einer gegebenen Lösung*. Daß die Aufgabenstellungen der Lösung eines Problems einerseits und der Verifizierung einer Lösung andererseits unterschiedlichen Charakter haben, kann man an folgenden Beispielen erkennen:

- Das Faktorisieren großer Zahlen ist schwierig, die Überprüfung einer solchen Faktorisierung dagegen einfach: Man muß die gegebenen Faktoren nur miteinander multiplizieren und das Produkt mit der gegebenen Zahl vergleichen.
- Die diskrete Exponentialfunktion ist einfach, während das Problem des diskreten Logarithmus sehr schwierig ist.
- Der Nachweis der Isomorphie zweier Graphen ist schwierig, während die Verifikation, daß eine gegebene Abbildung ein Isomorphismus ist, einfach ist.

Wir können die Klasse **NP** also wie folgt definieren: Die Klasse **NP** besteht aus denjenigen Problemen, bei denen die Verifizierung einer gegebenen Lösung mit polynomialem *Zeit*aufwand möglich ist.

Die obigen Beispiele liegen in der Klasse **NP**.

Die Klasse **P** ist in der Klasse **NP** enthalten. Ein berühmtes offenes Problem ist die Frage, ob $\mathbf{P} \neq \mathbf{NP}$ gilt oder nicht.

Eine wichtige Eigenschaft der Klasse **NP** ist, daß sie sogenannte „vollständige" Probleme enthält. Dies sind Probleme, welche die Klasse **NP** in folgendem Sinne vollständig repräsentieren: Wenn es einen „guten" Algorithmus für ein solches Problem gibt, dann existieren für alle Probleme aus **NP** „gute" Algorithmen. Insbesondere gilt: Wenn auch nur ein vollständiges Problem in **P** läge, d. h. wenn es einen polynomialen Lösungsalgorithmus für dieses Problem gäbe, so wäre $\mathbf{P} = \mathbf{NP}$. In diesem Sinn sind die **NP-vollständigen Probleme** die schwierigsten Probleme in **NP**.

Viele Probleme der Graphentheorie sind **NP**-vollständig, z. B. das Finden eines hamiltonschen Kreises oder das „Travelling Salesman-Problem" [Jun90].

Bemerkung: Der Name **NP** bedeutet „nichtdeterministisch polynomial", und bezieht sich auf ein Berechnungsmodell, d. h. auf einen nur in der Theorie existierenden Computer, der richtige Lösungen nichtdeterministisch „raten" und diese Lösungen dann in polynomialer Zeit verifizieren kann.

Viele kryptographische Protokolle sind so gemacht, daß die „guten" Teilnehmer nur Probleme aus **P** lösen müssen, während sich ein Angreifer vor Probleme aus **NP** gestellt sieht.

Das Verhältnis von Kryptographie und Komplexitätstheorie ist allerdings noch komplexer, als bisher in diesem Abschnitt dargestellt. Es ist zwar wichtig, daß ein Problem, vor das sich ein Angreifer in einem kryptographischen Protokoll gestellt sieht, in **NP–P** liegt, aber dieses Kriterium genügt nicht. Es besagt nach dem „worst case"-Paradigma ja nur, daß es mindestens eine Instanz dieses Problems gibt, die in **NP–P** liegt. Für die Anwendung in der Kryptographie muß ein Problem aber „fast immer" seine worst-case-Komplexität annehmen, und diese Eigenschaft ist in der Regel schwer zu beweisen.

8.8 Große Zahlen

Bei der Beschreibung kryptographischer Protokolle und Algorithmen treten Zahlen auf, die so groß bzw. so klein sind, daß sie einem intuitiven Verständnis nicht zugänglich sind. Es kann daher nützlich sein, Vergleichszahlen aus der uns umgebenden realen

Welt bereitzustellen, so daß man ein Gefühl für die Sicherheit kryptographischer Algorithmen entwickeln kann. Die hier angegebenen Werte stammen teilweise aus [Schn96].

Wahrscheinlichkeit, daß Sie auf Ihrem nächsten Flug entführt werden	$5{,}5 \cdot 10^{-6}$
Wahrscheinlichkeit für 6 Richtige im Lotto	$7{,}1 \cdot 10^{-8}$
Jährliche Wahrscheinlichkeit, von einem Blitz getroffen zu werden	10^{-7}
Risiko, von einem Meteoriten erschlagen zu werden	$1{,}6 \cdot 10^{-12}$
Anzahl der Moleküle in einem Mol (bei Gasen 22,4 Liter unter Normalbedingungen)	$6{,}023 \cdot 10^{23}$
Anzahl der Atome der Erde	10^{51} (2^{170})
Anzahl der Atome in der Sonne	10^{57} (2^{190})
Anzahl der Atome in unserer Galaxis	10^{67} (2^{223})
Anzahl der Atome im Weltall (ohne dunkle Materie)	10^{77} (2^{265})
Zeit bis zur nächsten Eiszeit	14.000 (2^{14}) Jahre
Zeit, bis die Sonne zu einer Nova wird	10^{9} (2^{30}) Jahre
Alter der Erde	10^{9} (2^{30}) Jahre
Alter des Universums	10^{10} (2^{34}) Jahre
Wenn das Weltall geschlossen ist:	
Lebensdauer des Weltalls	10^{11} (2^{37}) Jahre
Wenn das Weltall offen ist:	
Zeit bis sich die Planeten aus den Sonnensystemen lösen	10^{15} (2^{50}) Jahre
Zeit bis sich die Sterne aus den Galaxienverbänden lösen	10^{19} (2^{64}) Jahre

Viele der in diesem Buch auftretenden Zahlen überschreiten diese physikalischen Werte. So würde z. B. ein Computer, der pro Sekunde 2.000.000.000 IDEA-Verschlüsselungen berechnen kann, zum Durchprobieren aller 2^{128} möglichen Schlüssel

$$\frac{2^{128}}{2 \cdot 10^{9} \frac{1}{\text{sek}} \cdot 3{,}2 \cdot 10^{7} \frac{\text{sek}}{\text{Jahr}}} \approx \frac{3{,}4 \cdot 10^{38}}{6{,}4 \cdot 10^{16}} \text{Jahre} \approx 5{,}3 \cdot 10^{21} \text{ Jahre benötigen.}$$

Wenn das Weltall geschlossen ist, läßt sich diese Berechnung nicht mehr vollständig durchführen.

Literaturverzeichnis

[AF90] M. Abadi und J. Feigenbaum, *Secure Circuit Evaluation.* J. Cryptology 2 (1990), 1-12.

[AFK89] M. Abadi, J. Feigenbaum und J. Kilian, *On Hiding Information from an Oracle.* JCSS 39 (1989), 21-50.

[Bab85] L. Babai, *Trading Group Theory for Randomness.* Proc. 17. STOC 1985, 421-429.

[BBE92] C. H. Bennet, G. Brassard und K. Ekert, *Quanten-Kryptographie.* Spektrum der Wissenschaft, Dezember 1992, 96-104.

[BAN89] M. Burrows, M. Abadi und R. M. Needham, *A Logic of Authentication.* Rep. 39. Digital Equipment Corporation Systems Research Center, Palo Alto, Calif., Feb. 1989.

[BAN90] M. Burrows, M. Abadi und R. M. Needham, *A Logic of Authentication.* ACM Transactions on Computer Systems, Vol. 8, Nr. 1 (1990), 18-36.

[Bau93] F. L. Bauer, *Kryptologie.* Springer Verlag, 2. Auflage, Heidelberg 1997.

[BB84] C. H. Bennet und G. Brassard, *Quantum Cryptography: Public Key Distribution and Coin Tossing.* Proc. IEEE Conf. on Computers, Systems and Signal Processing, Banjalore, Indien (1984), 175-179.

[BB85] C. H. Bennet und G. Brassard, *An Update on Quantum Cryptography.* CRYPTO ´84, Springer LNCS 196 (1985), 475-480.

[BDG88] J. L. Balcázar, J. Díaz und J. Gabarró, *Structural Complexity I.* Springer Verlag 1988.

[Beu96] A. Beutelspacher, *Kryptologie.* 5. Auflage, Verlag Vieweg, Wiesbaden 1994.

[BFL90] L. Babai, L. Fortnow und C. Lund, *Nondeterministic Exponential Time has Two-Prover Interactive Proofs.* Proc. 31. FOCS 1990, 16-25.

[BFM88] M. Blum, P. Feldman und S. Micali, *Non-Interactive Zero-Knowledge Proof Systems and Applications.* Proc 20. STOC 1988.

[BGGHKMR88] M. Ben-or, O. Goldreich, S. Goldwasser, J. Hastad, J. Kilian, S. Micali und P. Rogaway, *Everything Provable is Provable in Zero-Knowledge.* CRYPTO ´88, Springer LNCS 403, 37-56.

[BGKW88] M. Ben-or, S. Goldwasser, J. Kilian, A. Wigderson, *Multi-Prover Interactive Proofs: How to Remove Intractability Assumptions.* Proc. 20. STOC 1988, 113-122.

[Bie96] W. Bieser, *Sachstand der gesetzlichen Regelung zur digitalen Signatur.* In: Digitale Signaturen, P. Horster (Hrsg.), Vieweg Verlag, Wiesbaden 1996.

[Bih93] Eli Biham, *On Modes of Operation.* Proceedings of Fast Software Encryption 1, Cambridge Security Workshop, 1993, Springer LNCS 809.

[Blu86] M. Blum, *How to Prove a Theorem So No One Else Can Claim It.* Proceedings of the International Congress of Mathematicians, Berkeley, CA, 1986, 1444-1451.

[BM88] L. Babai und S. Moran, *Arthur-Melin Games: A Randomized Proof System, and a Hierarchy of Complexity Classes.* JCSS 36 (1988), 254-276.

[BP82] H. Beker und F. Piper, *Cipher Systems. The Protection of Communication.* Northwood, London 1982.

[Bra88] G. Brassard, Modern Cryptology. Springer LNCS 325.

[BR92] A. Beutelspacher und U. Rosenbaum, *Projektive Geometrie.* Vieweg-Verlag 1992.

[BRK95] A. Bartholomé, J. Rung und H. Kern: *Zahlentheorie für Einsteiger.* Verlag Vieweg, Braunschweig und Wiesbaden 1995.

[BS93] A. Beutelspacher und J. Schwenk, *Was ist Zero-Knowledge?* Math. Semesterberichte 40 (1993), 73-85.

[BS96] A. Beutelspacher und J. Schwenk, *Was ist ein Beweis?* Überblicke Mathematik 1996, Vieweg Verlag, Wiesbaden 1996.

[CFN88] D. Chaum, A. Fiat und M. Naor, *Untraceable Electronic Cash.* Proc. CRYPTO ´88, Springer LNCS 403, 319-327.

[CFPR96] D. Coppersmith, M. Franklin, J. Patarin and M. Reiter, *Low-Exponent RSA with Related Messages.* EUROCRYPT '96, Springer LNCS 1070, 1-9.

[CG399] Crypto-Gram March 15, 1999, http://www.counterpane.com/crypto-gram-9903.html.

[Cha81] D. Chaum, *Untraceable Electronic Mail, Return Addresses, and Digital Pseudonyms.* Comm. ACM 24 (1981), 84-88.

[Cha85] D. Chaum, *Security without Identification: Transaction Systems to Make Big Brother Obsolete.* Comm. ACM 28 (1985), 1030-1044.

[Cha88] D. Chaum, *The Dining Cryptographers Problem: Unconditional Sender and Receiver Untraceability.* J. Cryptology Vol 1 Nr. 1 (1988), 65-75.

[Cop85] D. Coppersmith, *Cheating at mental Poker.* Proc. CRYPTO ´85, H. C. Williams (ed.), Springer LNCS 218, 104-107.

[Cop97] D. Coppersmith, *Small Solutions to Polynomial Equations, and Low Exponent RSA Vulnerabilities.* J. Cryptology Vol 10 Nr. 4 (1997), 233-260.

[CR88] B. Chor and R. Rivest, *A Knapsack-Type Public Key Cryptosystem Based on Arithmetic in Finite Fields.* IEEE Transactions on Information Theory, 45 (1988), 901-909.

[Cre86] C. Crepeau, *A zero-knowledge Poker protocol that achieves confidentiality of the players´ strategy* or *How to achieve an electronic Poker face.* Proc. CRYPTO ´86, A. M. Odlyzko (ed.), Springer LNCS 263, 239-247.

[Cre87] C. Crepeau, *Equivalence between two flavours of Oblivious Transfer.* Proc. CRYPTO ´87, Springer LNCS 293, 350-354.

[Dif92] W. Diffie, *The first ten years of Public Key Cryptography.* In: Contemporary Cryptology: The Science of Information Integrity, G. J. Simmons, ed., IEEE Press 1992, 65-134.

[DH76] W. Diffie und M. E. Hellman, *New Directions in Cryptography.* IEEE Transactions on Information Theory, 6, November 1976, 644-654.

[Dob96] H. Dobbertin, *Welche Hash-Funktionen sind für digitale Signaturen geeignet?* In: Digitale Signaturen, P. Horster (Hrsg.), Vieweg Verlag, Wiesbaden 1996.

[EFF99] Cracking DES. Electronic Frontier Foundation. http://www.eff.org/descracker/.

[EGL85] S. Even, O. Goldreich, A. Lempel, *A randomized protocol for signing contracts.* Comm. ACM 28 (1985), 6, 637-647.

[ElG85] T. ElGamal, *A Public Key Cryptosystem and a Signature Scheme based on Diskrete Logarithms.* IEEE Trans. on Information Theory, Vol. IT-31 (1985), 469-472.

[EP91] European Patent Application 0 428 252 A2, *A System for Controlling Access to Broadcast Transmissions.* (1991)

[Fei92] J. Feigenbaum, *Overview of Interactive Proof Systems and Zero-Knowledge.* In: Contemporary Cryptology: The Science of Information Integrity, G. J. Simmons, ed., IEEE Press 1992, 423-439.

[FeS90] U. Feige und A. Shamir, *Zero Knowledge Proofs of Knowledge in Two Rounds.* CRYPTO ´89, Springer LNCS 435, 526-544.

[FIPS91] FIPS PUB 186, *Digital Signature Standard.* Federal Information Processing Standard, National Institute of Standards and Technology, US Department of Commerce, Washington D. C. (1994).

[FR94] W. Fumy und H. P. Ries, *Kryptographie.* Oldenbourg Verlag, 2. Auflage, München 1994.

[FS87] A. Fiat und A. Shamir, *How to Prove Yourself: Practical Solutions to Identification and Signature Problems.* CRYPTO ´86, Springer LNCS 263, 186-194.

[GS91] J. W. Goebel und J. Scheller, *Elektronische Unterschriftsverfahren in der Telekommunikation.* Verlag Vieweg, Brauschweig und Wiesbaden 1991.

[GMR85] S. Goldwasser, S. Micali und C. Rackoff, *The Knowledge Complexity of Interactive Proof Systems.* Proc. 17. STOC 1985, 291-304.

[GMR89] S. Goldwasser, S. Micali und C. Rackoff, *The Knowledge Complexity of Interactive Proof Systems.* SIAM J. Comput. 8(1) (1989), 186-208.

[GMW86] O. Goldreich, S. Micali und A. Wigderson, Proofs that Yield Nothing but their Validity and a Methodology of Cryptographic Protocol Design. Proc. 27. FOCS 1986, 171-185.

[GO94] O. Goldreich und Y. Oren, *Definitions and Properties of Zero-Knowledge Proof Systems.* J. Cryptology, Vol. 7 Nr. 1 (1994), 1-32.

[HMP95] P. Horster, V. Michels und H. Petersen, *Das Meta-ElGamal Signaturverfahren und seine Anwendungen.* Proc. VIS'95, Vieweg Verlag, Wiesbaden 1995, 207-228.

[Hor85] P. Horster, *Kryptologie.* BI-Verlag, Mannheim 1985.

[IY87] R. Impagliazzo und M. Yung, *Direct Minimum-Knowledge Computations.* CRYPTO ´87, Springer LNCS 293 (1988), 40-51.

[Jun90] D. Jungnickel, *Graphen, Netzwerke und Algorithmen.* BI Wissenschaftsverlag, 2. Auflage 1990.

[Ker92] A. G. Kersten, *Shared Secret Schemes aus Geometrischer Sicht.* Mitt. aus dem Math. Sem. Giessen, Heft 208 (1992).

[KH92] H.-J. Knobloch und P. Horster, *Eine Krypto-Toolbox für Smartcard-Chips mit speziellen Calculation Units.* Proc. 2. GMD-SmartCard Workshop, Darmstadt (1992).

[Kil88] J. Kilian, *Founding Cryptography on Oblivious Transfer.* Proc. 20. STOC 1988, 20-31.

[KMM94] R. Kemmerer, C. Meadows und J. Millen, *Three Systems for Cryptographic Protocol Analysis.* J. Cryptology Vol. 7 Nr. 2 (1994), 79-130.

[Knu69] D. E. Knuth, *The Art of Computer Programming. Volume 2/Seminumerical Algorithms.* Addison-Wesley, Reading, Mass., 1969.

[KR95] B. Kaliski and M. Robshaw, *The Secure Use of RSA.* CryptoBytes Vol. 1 No.3, RSA Laboratories, Autumn 1995.

[Kra86] E. Kranakis, *Primality and Cryptography.* Teubner Verlag, Stuttgart 1986.

[LS90] D. Lapidot und A. Shamir, *Publicly Verifiable Non-Interactive Zero-Knowledge Proofs.* CRYPTO ´90, Springer LNCS 537, 339-356.

[Mas90] J. L. Massey, *Folien des Seminars „Cryptography: Fundamentals and Applications".* Advanced Technology Seminars (1990).

[Mau94] U. Maurer, *Towards the Equivalence of Breaking the Diffie-Hellman Protocol and Computing Diskrete Logarithms.* CRYPTO ´94, Springer LNCS 839, 271-281.

[McE78] R. McEliece, *A Public-Key Cryptosystem based on Algebraic Coding Theory.* DSN Progress Report, 42-44 (1978), 114-116.

[MH78] R. C. Merkle und M. E. Hellman, *Hiding Information and Signatures in Trapdoor Knapsacks.* IEEE Transactions on Information Theory, 24 (1978), 525-530.

[Mey76] Kurt Meyberg, *Algebra Teil 2.* Carl Hanser Verlag München, April 1976

[Moo92] J. H. Moore, *Protocol Failures in Cryptosystems.* In: Contemporary Cryptology, Hrsg. G. J. Simmons, IEEE Press 1992.

[MOV97] A. J. Menezes, P. C. van Oorschot und S. A. Vanstone, *Handbook of Applied Cryptography.* CRC Press, New York 1997.

[NIST00] National Institute of Standards and Technology, *Advanced Encryption Standard*. www.nist.gov/aes.

[NR96] K. Nyberg und R. Rueppel, *Message Recovery for Signature Schemes Based on the Discrete Logarithm Problem.* Designs, Codes and Cryptography, 7, 61-81 (1996).

[NS78] R. M. Needham und M. D. Schroeder, *Using Encryption for Authentication in Large Networks of Computers.* Comm. ACM Vol. 21 Nr. 12 (1978), 993-999.

[OR87] D. Otway und O. Ries, *Efficient and Timely Mutual Authentication.* Operating Systems Review Vol. 21 Nr. 1 (1987), 8-10.

[PEM97] Network Working Group, RfC 1421, http://ftp.gwdg.de/pub/rfc/rfc1421.txt.

[PGP] Pretty Good Privacy International, http://www.pgpi.com.

[PGV93] B. Preneel, R. Govaerts und J. Vandewalle, *Information Authentication: Hash Functions and Digital Signatures.* In: Computer Security and Industrial Cryptography, Hrsg. B. Preneel, R. Govaerts und J. Vandewalle, Springer LNCS 741 (1993), 87-131.

[Pre93] B. Preneel, *Standardization of Cryptographic Techniques.* In: Computer Security and Industrial Cryptography, Hrsg. B. Preneel, R. Govaerts und J. Vandewalle, Springer LNCS 741 (1993), 162-173.

[PSW95] B. Pfitzmann, M. Schunter und M Waidner, *How to Break Another „Provably Secure" Payment System.* EUROCRYPT '95, Springer LNCS 921, 121-132.

[QG90] J.-J., M., M., M., Quisquater und L., M., G., A., G., S. Guillou, *How to explain Zero-Knowledge to your Children.* CRYPTO ´89, Springer LNCS 435, 628-631.

[RSA78] R. Rivest, A. Shamir und L. Adleman, *A Method for Obtaining Digital Signatures and Public Key Cryptosystems.* Comm. ACM, Vol. 21, Nr. 2 (1978), 120-126.

[Rue86] R. Rueppel, *Analysis and Design of Stream Ciphers*. Springer Verlag Berlin 1986.

[Sal90] A. Salomaa, *Public-Key Cryptography*. Springer Verlag Berlin Heidelberg 1990.

[Sch96] J. Schwenk, *Conditional Access.* In: taschenbuch der telekom praxis 1996, Hrsg. B. Seiler, Verlag Schiele & Schön, Berlin.

[Schn90] C. P. Schnorr, *Efficient Identification and Signature Schemes for Smart Cards.* CRYPTO ´89, Springer LNCS 435 (1990), 239-251.

[Schn96] B. Schneier, *Angewandte Kryptographie.* Addison-Wesley, Bonn 1996.

[SET97] VISA New Technologies, http://www.visa.com/nt/ecomm/set/

[Sha49] C. E. Shannon, *Communication theory of secrecy systems.* Bell. Sys. Tech. J. 30 (1949), 657-715.

[Sha79] A. Shamir, *How to Share a Secret*. Comm. ACM, Vol. 24, Nr. 11 (1979), 612-613.

[Sha90] A. Shamir, *IP = PSPACE.* Proc. 31. FOCS 1990, 11-15.

[SigG] http://www.datenschutz-und-datensicherheit.de/dudserver/signatur.htm

[SigG97] Gesetz zur digitalen Signatur (Signaturgesetz - SigG). Bundesgesetzblatt I S. 1870, 1872 (oder http://www.regtp.de/tech_reg_tele/start/in_06-02-01-00-00_m/index.html)

[SigG01] Gesetz über Rahmenbedingungen für elektronische Signaturen und zur Änderung weiterer Vorschriften. www.dud.de/dud/documents/sigg010214.pdf

[SigV97] Verordnung zur digitalen Signatur (Signaturverordnung - SigV) www.regtp.de/tech_reg_tele/start/in_06-02-01-00-00_m/index.html

[Sim92] G. J. Simmons (Hrsg.), Contemporary Cryptology. IEEE Press 1992.

[Sim94] G. J. Simmons, *Cryptanalysis and Protocol Failures.* Comm. ACM Vol. 37 Nr. 11 (1994), 56-65.

[Sim94a] G. J. Simmons, *Proofs of Soundness (Integrity) of Cryptographic Protocols.* J. Cryptology Vol. 7 Nr. 2 (1994), 69-77.

[SMIME] IETF S/MIME Mail Security (smime) working group, *RFC 2311, 2312, 2630, 2632.* http://www.ietf.org/html.charters/smime-charter.html

[SRA79] A. Shamir, R. L. Rivest, L. M. Adleman, *Mental Poker.* Technical report MIT/LCS/TM-125, 1979.

[Ste92] A. Steinacker, *Anonyme Kommunikation in Netzen.* B.I.-Wissenschaftsverlag, Mannheim 1993.

[Sti95] D. R. Stinson, Cryptography. CRC Press Boca Raton, London, Tokyo 1995.

[IMC] Internet Mail Consortium, http://www.imc.org.

[TLS] IETF Transport Layer Security (tls) working group, *The TLS Protocol Version 1.0 (RFC2246).* http://www.ietf.org/html.charters/tls-charter.html

[TMN90] M. Tatebayashi, N. Matsuzaki und D. B. Newman, *Key Distribution Protocol for Digital Mobile Communication Systems.* CRYPTO '89, Springer LNCS 435, 324-333.

[WA75] H. Wußing und W. Arnold, *Biographien bedeutender Mathematiker.* Aulis Verlag Deubner & Co., Köln 1975.

Verwendete Abkürzungen:

FOCS: IEEE Symposium on the Foundations of Computer Science

JCSS: Journal of Computer and System Sciences

LNCS: Lecture Notes in Computer Science

STOC: ACM Symposium on the Theory of Computing

Für einige Verweise gab es zum Zeitpunkt der Drucklegung (noch) keine gedruckten Referenzen. Wir haben uns aber bemüht, nur solche Internet-Adressen zu zitieren, die auch längerfristig verfügbar sind.

Stichwortverzeichnis